데이터
시각적 분석

태블로로
끝내기

현직 태블로 전문 강사가 알려주는
고급 데이터 분석 기술

데이터
시각적 분석

강승일 지음

서문

2020년 새해를 앞두고 Tableau 전문 서적인 『태블로 굿모닝 굿애프터눈』을 출간했습니다. 책을 준비하는 과정에서 스스로 부족한 부분을 많이 느꼈고, 아쉬움도 남았지만, 국내에 제대로 된 Tableau 전문 서적을 출간하게 된 것에 의미를 두었습니다. 많은 분의 관심과 응원에 『태블로 굿모닝 굿애프터눈』은 필자의 생각보다 많은 분이 보고 피드백을 주었습니다. 다시 한 번 감사의 인사를 드립니다.

첫 번째 책은 처음이라 마냥 재미있게 참여했다면, 두 번째 책은 이전 책보다 더 나아야 한다는 부담도 있었습니다. 『태블로 굿모닝 굿애프터눈』을 통해 도움이 많이 되었다는 분들 덕분에 두 번째 책도 잘 마무리한 것 같습니다.

필자가 처음 Tableau를 사용하던 2016년에 비해 Tableau 사용자가 훨씬 많아졌습니다. 사내 업무 효율화와 사업 관점에서 인사이트를 찾고 빠른 의사 결정을 하는 데 도움이 된다는 피드백뿐만 아니라 데이터 기반으로 개인 역량 강화 및 커리어에 활용하는 분들도 자주 뵈었습니다. 또한 사내 챔피언이 되고, 자신의 커리어로 잘 활용해 이직하는 케이스를 보면서, 필자도 많은 자극이 됩니다.

2020년 한 해는 참으로 많은 일과 함께 큰 변화를 맞이했습니다. 각자 자신의 위치에서 발생하는 여러 변화의 흐름을 Tableau를 활용한 데이터 시각적 분석으로 유의미한 변화를 발견하고, 여러분의 비즈니스 및 실무에 잘 활용해서 뉴노멀에 잘 대응해 가길 바랍니다.

마지막으로 책을 집필하는 데 도움을 주신 비제이퍼블릭 관계자 여러분들과 인터뷰에 참여해 주신 열한 분의 사용자분들 그리고 빅스데이터 동료분들, 사랑하는 아내와 딸, 아들에게 감사 인사를 드립니다.

저자 소개

강승일

국내 대기업에서 10년 동안 포털, 미디어 서비스 기획 및 데이터 분석을 했고, Tableau 기반 데이터 시각적 분석 전문가로 활동한 지 4년 정도 되었습니다. 데이터 시각화 경연대회에서 최우수상을 수상했고 Tableau Specialist 및 Desktop Certified Associate, CA Consultant 자격증을 보유하고 있습니다. 현재 빅스데이터(BigxData)에서 교육&마케팅 담당 이사로 재직 중이며, 유튜브 채널(Monday Data Visualization)을 통해 누구나 데이터를 활용해 시각적 분석을 할 수 있도록 노력하고 있습니다. 저서로 『태블로 굿모닝 굿애프터눈』을 집필했습니다.

YouTube   : http://bit.ly/YT_MDV
Portfolio   : https://bit.ly/SeungilKang
Certification : https://bit.ly/SeungilKangCert
LinkedIn   : https://bit.ly/SeungilKangIn
Instagram   : https://bit.ly/SeungilKangIG
Blog   : https://bit.ly/SeungilKangBlog

추천사

Tableau 입문자를 위한 지난번 책 이후에 Tableau를 사용하고 있지만 더 잘 사용하고 싶은 사람들을 위한 책이 출간된다는 반가운 소식을 접하고 독자들보다 먼저 읽을 수 있는 기회를 얻게 되었습니다.

강사로서 수많은 Tableau 사용자를 교육한 경험에 더해 Tableau와 시각적 분석이라는 주제로 오랫동안 고민을 거듭한 사람이 아니라면 풀어낼 수 없는 내용이 담겨 있어 좋았습니다. 셀 수 없이 많은 시각화 지식과 테크닉이 다양한 주제의 시각적 분석 예시 구석구석에 담겨 있어서 고수를 꿈꾸는 분들에게 도움이 될 것이 분명합니다.

'좋은 시각화'라는 것은 정해져 있지 않지만 '더 좋은 시각화'를 위한 방법은 이 책에서 충분히 얻을 수 있을 것으로 확신합니다. 거기다 개인의 시각화 포트폴리오로 확장하는 법과 Tableau를 이용하여 커리어를 발전시키기 위한 조언까지 담겨 있습니다. 제품 사용법을 가르쳐 주는 매뉴얼을 넘어 Tableau가 얼마나 많은 가능성을 가지고 있는지 알려 주는 안내자의 역할까지 해 주고 있어서 든든함을 느낍니다. 앞으로도 이 책이 한국에서 Tableau 활용의 폭을 넓히는 계기가 되기를 기대하겠습니다.

Tableau Korea 이사 우재하

'기업의 디지털 전환(digital transformation)의 핵심은 데이터이다'라는 말이 있습니다. 데이터는 4차 산업혁명 시대의 원유에 비유되고 있습니다.

데이터의 중요성에 대한 사회적 인식과 모든 비즈니스 영역에서 데이터 활용을 통한 경쟁력 향상에 관심이 높아지고 있고, 데이터의 시각적 분석 도구인 Tableau 역시 기업의 업무 담당자부터 데이터 분석가에게까지 큰 인기를 얻고 있습니다.

글로벌 정보기술 리서치업체 가트너(Gartner)는 데이터 분석과 관련하여 묘사 분석(어떤 일이 일어났는가?) 단계부터 진단 분석(왜 일어났는가?), 예측 분석(무슨 일이 일어날 것인가?), 처방 분석(우리는 무엇을 해야 할 것인가?)까지 4단계의 '분석 가치 에스컬레이터'를 통해 데이터로부터 인사이트를 얻는 과정을 설명하고 있습니다.

많은 분이 Tableau는 데이터 시각화 도구로 인식하고, '어떤 일이 일어났는가'에 대한 데이터 시각화의 관점에서 주로 활용하는 것에 비해 이 책에서는 시각적/탐색적 분석을 통해 묘사, 진단, 예측의 단계까지 활용할 수 있도록 노하우와 가이드를 제시하고 있습니다.

Tableau를 활용한 기업의 디지털 전환(Digital Transformation)과 빅데이터를 활용하여 의사 결정에 도움을 주는 시스템 구축에 주력해 온 필자와 당사의 분석/시각화 전문가의 입장에서 데이터 분석을 위한 수학적 · 통계적 전문 기술이 없어도 누구나 쉽게 데이터를 탐색하고, 시각적 패턴을 근거로 데이터를 묘사하고, 진단하여 데이터 인사이트를 얻을 수 있도록 데이터 활용 범위를 넓히고, 더 나아가 새로운 가치 창출의 범위를 확대하고자 하는 모든 분에게 이 책을 추천합니다.

Bigxdata 대표이사 김대중

Tableau 유저들의 생생한 인터뷰

필자가 Tableau를 처음 활용하기 시작한 2016년과 비교해서 5년이 지난 현재는 Tableau를 활용하는 기업 및 개인이 많이 늘어난 것을 쉽게 알 수 있습니다. 불과 2년 전에는 Tableau를 강의하러 가서 제품에 대한 기본 소개를 반드시 했다면, 요즘에는 대부분 어떤 소프트웨어인지 대략은 알고 강의를 들으러 와서 그 시간이 많이 줄어들었습니다. 또한 『태블로 굿모닝 굿애프터눈』책을 내고 한동안 연락이 뜸했던 예전 직장 동료에게 연락을 받기도 했습니다.

필자가 강의 및 커뮤니티 활동 등을 통해 소중한 인연을 맺은 Tableau 사용자들의 인터뷰 내용을 소개합니다.

1. Tableau를 통한 Digital Transformation, 유한킴벌리 백상기 님

Ⓠ **자기 소개 부탁합니다. (소속, 하는 일 등)**

Ⓐ 유한킴벌리 HR 부문 인력개발 재직자 직무교육 담당 백상기 부장입니다.

Ⓠ **사내 구성원들이 Tableau를 잘 활용하는 사례를 소개해 줄 수 있나요?**

Ⓐ 영업 부문에서 매출 집계한 자료를 Tableau 대시보드로 만들어 임원진과 리더들에게 실시간으로 공유합니다.

Ⓠ **자신이 생각하기에 데이터 시각적 분석은 왜 중요하다고 생각하나요?**

Ⓐ 적절한 비유가 있어서 대신합니다.

"세상에서 최고의 비법으로 만들 요리를 평범한 그릇에 부어서 먹으라고 한다. vs 그 요리를 아주 아름다운 그릇에 장식해서 내놓고 먹으라고 한다."

중요한 의사 결정을 하기 위해서 다양한 자료를 통해 분석한 정보를 밋밋하게 숫자와 단순한 그래프로 지금까지 비즈니스해 왔지만, 복잡하고 다양한 변수가 많아지면서 다루어야 할 데이터가 점점 많아지고, 현명한 결정에 필요한 분석적이면서 실시간으로 연동되는 그런 정보가 필요해지면서 데이터 시각적 분석은 중요해질 수밖에 없습니다.

Q 이 책을 추천한다면 어떤 분들에게 도움이 될까요?

A 첫째, 의사 결정을 하는 모든 리더에게 도움이 됩니다.

둘째, 엑셀로 열심히 자료를 만들어 밋밋한 보고를 하는 분들에게 도움이 됩니다.

셋째, 자신이 만들 자료가 실시간으로 반영되어 두 번 작업하지 않아도 보고서가 늘 최신으로 유지되는 것을 희망하는 분들에게 도움이 됩니다.

넷째, 열심히 일하지만, 성과가 나지 않는 분들에게 도움이 됩니다.

다섯째, 취준생 여러분이 입사하고 싶은 회사에 지원할 때, 이력서에 데이터 시각화 전문가라는 한 문장만 있어도 이미 내 자리는 창가에 마련될지도 모릅니다.

2. ZERO-BASE에서 자격증 취득까지, 나이키코리아 조준희 님

Q 자기 소개 부탁합니다. (소속, 하는 일 등)

A 안녕하세요? 나이키코리아에서 Data Analyst 포지션을 맡은 조준희입니다. Tableau를 활용하여 데이터 시각화 및 분석 업무를 맡고 있습니다.

Q Tableau를 활용한 지 얼마나 되었나요? (기간 등) 그리고 Tableau를 활용해 업무나 커리어에 활용한 것이 있다면 소개해 줄 수 있나요?

A 2019년 5월부터 Tableau를 사용하기 시작하여, 이제 1년 반쯤 되어 갑니다. 2019년 6월 데이터 시각화 커뮤니티를 통해 본격적으로 Tableau 실력을 키우기 시작했으며, 2020년 4월에 Tableau Desktop Specialist와 2021년 1월에 Tableau Desktop CA 자격증을 취득했습니다. 2020년 5월에는 〈ZERO-BASE에서 자격증 취득까지 Tableau 적응기〉라는 제목으로 인터뷰 영상이 실리기도 하였습니다. 2020년 9월부터 TABLEAU WIKI BLOG 공동 집필진으로 활동하고 있습니다.

(개인적으로 강승일 필자님께 많은 도움을 받아 단시간에 Tableau 실력을 향상할 수 있었습니다. 항상 감사드립니다!)

매일매일의 업무에서 Tableau를 활용하며 비즈니스 분석을 위한 대시보드를 만들고, 인사이트를 도출하는 역할을 맡고 있습니다. 빠르게 변화하는 시장을 다각적으로 분석하는 과정에서, Tableau를 활용한 시각화 및 분석은 비즈니스 이해 및 방향성 제시에 큰 도움이 됩니다. 회사 내 Tableau 전문가로서의 입지를 굳히기 위해 열심히 노력하고 있습니다.

Q 자신이 생각하기에 데이터 시각적 분석은 왜 중요하다고 생각하나요?

A 데이터의 중요성은 군이 강조할 필요가 없을 정도로, 이른바 데이터의 시대가 되었다고 생각합니다. 이에 데이터를 올바르게 정의하고 효과적으로 활용하는 일이 더욱 중요해졌습니다.

유의미한 데이터를 시각적으로 분석할 수 있다면, 데이터 기반의 의사 결정이 빠르고 효율적으로 잘 이루어질 수 있다고 생각합니다. 이는 업무 효율성 향상은 물론 비즈니스 성장에도 큰 도움이 될 것입니다. 따라서, 향후 데이터 시각적 분석은 더욱 중요해지리라 확신합니다.

Q 이 책을 추천한다면 어떤 분들에게 도움이 될까요?

A 데이터 시각적 분석에 관심이 있는 모든 분에게 도움이 되리라 생각합니다. 이미 Tableau를 접한 분들은 매우 유용한 정보와 인사이트를 얻어 갈 것이고, Tableau를 아직 접해 보지 않은 분들에게는 입문을 위한 훌륭한 가이드 및 자극제가 되리라 확신합니다.

Tableau를 활용한 데이터 시각적 분석에 조금이라도 관심이 있는 분들이라면, 주저 없이 이 책을 통해 Tableau의 무궁무진한 세계를 맛보기를 강력하게 권유합니다.

3. Tableau야, 내 미래를 부탁해! 유한킴벌리 이희원 님

Q 자기 소개 부탁합니다. (소속, 하는 일 등)

A 숫자는 적성에 맞지 않는다고 생각하며 20여 년간 재무 업무를 하였고, 지금은 구매를 담당하고 있습니다. 긴 시간 숫자와 함께했지만 Tableau를 만난 이후로 숫자를 보는 시각이 바뀌었고, 더 열정적으로 숫자를 대하며 생활하고 있습니다.

Q Tableau를 활용한 지 얼마나 되었나요? (기간 등) 그리고 Tableau를 활용해 업무나 커리어에 활용한 것

이 있다면 소개해 줄 수 있나요?

🅰 2년이 지났습니다. Tableau를 처음 만났을 때부터 내 것으로 만들고 싶은 간절함이 생겼습니다. 숫자를 보면 무조건 시각화해 보고 싶었고, 동료들에게도 Tableau를 통하여 쉽고 빠르게 데이터를 분석하는 방법을 전해 주고 있습니다. 회의할 때도 즉각적으로 의견을 수렴하여 쉽게 데이터를 시각화합니다. 복잡한 데이터를 읽고 해석하기보다는 한눈에 보고 이해하는 시간이 늘어 가면서, 이제 Tableau는 많은 사람이 사용하는 업무의 필수 아이템이 되었습니다.

🆀 자신이 생각하기에 데이터 시각적 분석은 왜 중요하다고 생각하나요?

🅰 숫자가 그림이 되는 순간 어렵고 멀게만 느껴졌던 데이터가 한눈에 쏙 들어오고, 오래오래 머릿속에 남는 마법을 경험했습니다. 엑셀과 경직된 PPT로 보던 숫자들이 다양한 모습으로 변신하는 것을 본 이후로는, 모든 숫자가 양질의 정보가 되어 전달되기 위해서는 무엇보다 시각화가 중요하다는 것을 느꼈습니다. 보기 좋은 떡이 먹기도 좋다는 속담처럼, 숫자도 어떤 그릇에 어떻게 담느냐에 따라 전해지는 정보의 질은 달라진다고 믿습니다.

🆀 이 책을 추천한다면 어떤 분들에게 도움이 될까요?

🅰 엑셀을 알고 있는 모든 사람, 숫자를 통하여 한 단계 성장하고 싶은 사람, 취업이 필요한 학생들, 이 시대에 숫자를 다루는 모든 사람이 이 책을 본다면, 무릎을 딱 치는 선택이 될 것입니다.

4. Tableau 섭렵 후 사내 강사 데뷔, 명화공업 박경덕 님

🆀 자기 소개 부탁합니다. (소속, 하는 일 등)

🅰 자동차부품 제조회사 명화공업㈜ 본사 디지털혁신팀의 박경덕 과장입니다. 디지털혁신팀은 회사의 디지털 트랜스포메이션을 전담하고, 사내 시스템(MES, SAP, GQMS 등) 데이터 분석을 통한 생산성 개선 업무와 BI, RPA 프로젝트 기획 및 개발을 담당하고 있습니다.

🆀 Tableau를 활용한 지 얼마나 되었나요? (기간 등) 그리고 Tableau를 활용해 업무나 커리어에 활용한 것이 있다면 소개해 줄 수 있나요?

🅰 1년 6개월 되었습니다. 주요 업무 중 하나가 사내 시스템에서 필요한 데이터를 BI 서버로 가져오고, 이를 Tableau Prep으로 클리닝해 Tableau Desktop으로 분석 및 시각화하고, BI 사이트에 게시하는 업무라 거의 매일 사용하고 있습니다. 1년 6개월 전 오프라인 기초교육과 중급교육까지 듣고 2개월 뒤 처음으로 만들었던 '주간 설비 고장률 현황' 대시보드가 가장 기억에 남고 애착이 갑니다. 기존에는 국내 7개 사업장 보전팀 담당자들이 매주 엑셀로 데이터를 정리하고, 본사에서는 이를 취합해 PPT로 보고하던 자료를 이제는 누구도 작성할 필요 없이 BI 사이트에서 실시간 확인하고, 이를 주간 보고 자료로 그대로 사용하게 된 것은 회사에도 디지털 업무 전환의 새로운 시작이 되는 계기였고, 제가 Tableau의 파워풀한 성능에 푹 빠지는 계기가 되었습니다.

🆀 **자신이 생각하기에 데이터 시각적 분석은 왜 중요하다고 생각하나요?**

🅰 임원과 경영진분들에게 보고서를 이해시키기 위해서는 데이터 시각적 분석이 꼭 필요하다고 생각합니다. 그분들에게 보고서를 보여 드렸을 때, '그래서 뭐 어쩌라고?'라는 반응이 나온다면, 그 보고서는 실패한 보고서입니다. 그러한 보고서나 기획안은 임원과 경영진의 동의를 구하기 힘들어 결국 사장되게 마련입니다. 임원과 경영진이 보자마자 무릎을 탁! 치며 동의하는 그런 보고서를 만들기 위해 상황에 맞는 차트나 컬러 하이라이트를 통해 한눈에 문제점이나 결정해야 할 결론을 볼 수 있도록 하는 시각화 기술은 필수입니다. 이는 Tableau가 가장 잘하는 일이기도 합니다.

🆀 **이 책을 추천한다면 어떤 분들에게 도움이 될까요?**

🅰 저는 실제로 이 책을 세 부류에 추천하고 있습니다. 첫 번째는, 데이터 분석을 통해 개선점을 도출하고 싶은 주변 동료나 타 회사 지인들입니다. 두 번째는, 업무용 보고서를 처음 써 보기 시작하는 신입사원입니다. 그리고 마지막으로, 진로 고민이 많은 대학생입니다. 여기서 중요한 점은 Tableau를 배우고 싶은 사람(그분들은 이미 알고 있을 정도로 바이블이기에)이 아닌 데이터 분석, 보고서 작성, 진로 고민에 답이 필요한 분들에게 추천하고 싶습니다. 무료 버전으로 Tableau를 처음 접하며 이 책과 함께 차근차근 한 장씩 실습 과제를 해 나아가다 보면, 데이터 분석을 통해 문제를 파악하는 능력과 결론을 압축하는 시각화 기술을 익힐 수 있으며, 전공이나 부서 구분 없이 전 분야에 적용할 수 있는 분석 툴을 경험하며 남과 다른 경쟁력을 확보할 수 있으리라 확신합니다.

5. 부동산 데이터는 Tableau와 찰떡궁합! 한국부동산원 권오인 님

Q 자기 소개 부탁합니다. (소속, 하는 일 등)

A 강승일 필자님의 도움으로 Tableau를 익히게 된 권오인입니다. 저는 한국부동산원(2020년 12월부터 명칭 변경, 구 한국감정원)에 근무하고 있으며, 감정평가·공시·조사 업무 등을 거쳐 현재는 건물 에너지 통계, 온실가스 감축 지원 업무를 하고 있습니다. 무엇보다 필자님의 두 번째 책 출간을 진심으로 축하합니다.

Q Tableau를 활용한 지 얼마나 되었나요? (기간 등) 그리고 Tableau를 활용해 업무나 커리어에 활용한 것이 있다면 소개해 줄 수 있나요?

A 처음 설치했던 버전이 Tableau 8.3입니다. 아마 2016년 정도로 기억됩니다. 그러나 익히는 게 쉽지 않아 손 놓고 잊어 가던 차에, 강승일 필자님이 진행하는 교육 과정을 알게 되었습니다. 2018년부터 배우고 익히며 4년째 사용 중입니다. 데이터를 활용한 보고 자료에 Tableau를 활용한 차트를 넣거나 발표 내용 일부를 Tableau로 전달하기도 합니다.

Q 자신이 생각하기에 데이터 시각적 분석은 왜 중요하다고 생각하나요?

A 데이터를 들여다보는 측면과 그 내용을 전달하는 측면으로 나누어 보겠습니다. 전자의 경우, 데이터를 손쉽게 여러 각도에서 살펴볼 필요가 있습니다. 기초 통계량을 보는 것 외에도 충분한 탐색적 분석이 이뤄져야만 데이터에 담긴 의미를 알 수 있습니다. 이를 위해서는 데이터를 시각화하여 직관적으로 알 수 있게 도와주는 시각적인 분석이 필수적이며, 진흙 더미에서 진주를 찾는 과정에 비유할 수 있습니다.

단순 표 형태의 평면적인 데이터 나열은 상대방에게 전달되는 정보가 제한적일 수밖에 없기에, 다른 이에게 설명하는 입장에서는 시각화 분석이 더욱 중요합니다. 시각화 분석을 통해 입체적이고 동적인 형태로 데이터를 표현함으로써 데이터와 스토리가 결합하고 분석이 구체적인 실행 단계로 나아갈 수 있습니다. 데이터를 이용하는 이유는 무언가를 하기 위해서입니다. 시각화는 데이터로 의도한 목적을 달성하고 소통하는 핵심 수단이며, 데이터를 씹고 뜯고 맛보는 조리 기구로 Tableau, 조리 방법으로는 이 책을 추천합니다.

Q 이 책을 추천한다면 어떤 분들에게 도움이 될까요?

A 물론 Tableau를 처음 익히는 분들에게도 유용할 것입니다. 주제별 분석 사례를 다양하게 담

아 어느 정도 사용 경험이 있는 분들에게도 이런 데이터는 이렇게 시각화하고, 저런 데이터는 저렇게 시각화하는 귀한 가이드가 되리라 생각됩니다. 새로운 기능들도 책에서 별도로 다뤄서, 오랜만에 사용하는 분들에게도 당연히 좋겠습니다. Tableau 관련 자격시험을 준비하는 분들도 필자님의 코치가 꿀팁이 되리라 믿습니다.

6. 업무를 더욱 효율적으로, S전자 김그린 님

Ⓠ 자기 소개 부탁합니다. (소속, 하는 일 등)

Ⓐ 안녕하세요? 저는 S전자 무선사업부에서 근무하고 있습니다. 회사에서 개발하는 제품의 SW를 배포하고, 배포 시스템을 개발 및 운영하는 일을 담당합니다.

Ⓠ Tableau를 활용한 지 얼마나 되었나요? (기간 등) 그리고 Tableau를 활용해 업무나 커리어에 활용한 것이 있다면 소개해 줄 수 있나요?

Ⓐ Tableau를 업무에 활용한 지는 2년 정도 되었습니다.

우선 업무적으로는 파트 내 업무 현황을 시각화하여 주기적으로 보고하고, 정기적인 보고 자료도 Tableau를 활용해서 만들고 있습니다. 또 저는 여러 해외 연구소와 협업하고 있습니다. KPI 대시보드를 만들어 해외에 있는 동료들과 업무 실적을 실시간으로 공유하고 있습니다.

필자님의 강의와 유튜브, 책 등 다양한 채널을 통해 받은 많은 가르침을 바탕으로 활용 범위를 점차 늘려 가고 있습니다. 개인적으로는 Tableau Desktop Specialist를 시작으로 차근차근 커리어를 쌓기 위해 준비하고 있습니다.

Ⓠ 자신이 생각하기에 데이터 시각적 분석은 왜 중요하다고 생각하나요?

Ⓐ 데이터 분석에서 '시각화'는 데이터를 정확하게 이해하고, 그 안에서 인사이트를 발견할 수 있는 필수 요소라고 감히 말할 수 있습니다. 그런데 여기에서 진짜 중요한 것은 시각적 분석을 '어떻게' 하느냐 하는 것입니다.

이 책에서 언급한 것처럼 동일한 데이터도 보는 사람의 목적과 이유나 만드는 사람의 시각에 따라서 가치가 다른 수 개, 수십 개의 다른 문서로 재탄생될 수 있기 때문입니다. 예쁘고 보기 좋은 대시보드를 만드는 것에 더해, 데이터를 정확하게 해석하고 목적에 맞게 데이터의 가치를 '찐'으로 활용할 수 있어야 합니다. 그 대시보드를 통해서 회사에서는 중요한 의사 결정을 할 수도 있고, 언론 및 공공 데이터에 활용한다면 수많은 사람에게 영향력을 끼칠 수도 있기 때문입니다.

말하다 보니 너무 거창해졌습니다. 데이터를 다루는 능력을 더욱 키워서 정확한 판단과 결정에 도움되는 대시보드를 만들자는 말을 하고 싶었습니다.

Q 이 책을 추천한다면 어떤 분들에게 도움이 될까요?

A Tableau를 사용해 보거나 지금 사용하는 모든 분에게 권하고 싶은 책입니다. 가려운 곳을 정확하게 콕! 집어서 살며시 긁어 주는 책이랄까요?

* Tableau를 이용해서 데이터를 시각화하고 있으나 내 대시보드는 왜 2% 부족하지? 라고 생각하는 분들!

* 직관적이면서도 인사이트를 줄 수 있는 대시보드를 만들고 싶지만, 방법이나 아이디어가 떠오르지 않는 분들!

* Tableau 실력을 한 단계 업그레이드하고 싶은 분들! 이런 분들께는 더더욱 추천합니다.

또한, 저처럼 마음속 깊이 Tableau 자격증을 따겠다고 생각하지만, 실천을 미루는 분들도 저와 함께 이 책으로 시작해 보길 바랍니다!

---

7. 데이터 시각화 전문가, VizLab 최정민 님

Q 자기 소개 부탁합니다. (소속, 하는 일 등)

A VizLab에서 Tableau와 알터릭스를 활용한 데이터 시각화 콘텐츠를 제작하고 있습니다. Tableau 소프트웨어에 대한 교육, 데이터 시각화 코칭 및 컨설팅, 데이터 시각화 프로젝트 등을 수행하고 있습니다.

Q Tableau를 활용한 지 얼마나 되었나요? (기간 등) 그리고 Tableau를 활용해 업무나 커리어에 활용한 것이 있다면 소개해 줄 수 있나요?

A Tableau를 처음 사용하기 시작한 시기는 2015년 말 즈음으로 기억하는데, 그때부터 지금까

지 약 5년 정도 사용한 것으로 보입니다. 글로벌 Tableau 커뮤니티에서 진행하는 데이터 시각화 프로젝트 MakeoverMonday, WorkoutWednesday에 참여하면서 Tableau에 대한 시야를 넓힐 수 있었고, Tableau 퍼블릭 포트폴리오도 구성할 수 있었습니다. 2018년에는 Tableau 파트너사에 잠깐 몸담았다가, 2019년부터 VizLab 이름으로 프로젝트를 진행하기 시작했습니다. 2020년 12월 현재까지 다양한 고객을 만나며 그분들의 니즈를 듣고, 비즈니스 질문들에 대한 대답을 대시보드 형태로 제공합니다. 개인적으로는 사회 현상들에 대한 다양한 관심을 좋은 디자인의 데이터 시각화 결과물로 완성하는 데 관심이 많습니다. 추후 이런 콘텐츠 분야 쪽으로 더욱 깊이 공부하고, 비즈니스의 방향을 이끌어 갈 생각입니다.

Q 자신이 생각하기에 데이터 시각적 분석은 왜 중요하다고 생각하나요?

A 시각화는 곧 커뮤니케이션이기 때문입니다. 데이터를 획득하고, 정제하고, 탐색하고, 분석한 후 이어지는 마지막 과정이 시각화인데, 이는 말 그대로 마지막 과정입니다. 데이터 시각화 이후에는 우리가 소통해야 할 대상만 남아 있을 뿐입니다. 따라서 앞선 과정에서 얻은 훌륭한 결과들을 이해하기 쉽고 받아들이기 쉬운 형태로 보여 주는 것은 데이터 시각화의 핵심 중의 핵심입니다. 아무리 좋은 결론을 가지고 있어도 이를 효과적으로 "전달"할 수 없거나 그 "전달"에 실패한다면, 과연 우리의 소통 대상들이 이 프로젝트에 높은 점수를 줄 수 있을까요? 저는 그렇지 않다고 생각합니다. 바야흐로 소통의 시대입니다. 소통의 가치는 지금보다 미래에 더 빛나리라 생각하는데, 그렇기 때문에 데이터 시각화의 가치는 점점 더 높아지리라는 것이 제 생각입니다.

Q 이 책을 추천한다면 어떤 분들에게 도움이 될까요?

A 강승일 필자님을 개인적으로 오랫동안 알고 지냈습니다. Tableau를 활용한 데이터 시각화 분야에 수년간 종사하면서 나름의 전문성과 노하우를 쌓아 온 트레이너입니다. 지금까지 깊은 고민을 통해 다양한 콘텐츠를 생산해 왔을 것입니다. 또한 여러 고객을 접하면서 Tableau를 활용한 데이터 시각화가 현실 세계에서 어떻게 활용되는지에 대한 경험을 축적해 왔으리라 생각합니다. 이런 측면에서 데이터 시각화 분야를 먼저 겪었던 선배의 조언을 기대하는 분이라면, 이 책이 큰 도움이 될 것입니다. 아울러 취업 및 이직을 고민하는 분들 또한 이 책을 통해 현업에서 겪은 데이터 시각화 이야기를 생생하게 들을 수 있을 것입니다.

8. Tableau를 통한 시각적 분석의 중요성, 쿠팡 김동환 님

Q 자기 소개 부탁합니다. (소속, 하는 일 등)

A 안녕하세요? 저는 현재 국내 E-Commerce 기업 쿠팡에서 데이터 분석가로 재직 중인 김동환이라고 합니다. 현재 고객들이 사용하는 웹과 앱에서 발생하는 데이터들, 물류 센터에서 발생하는 재고 상태 데이터, 고객들의 제품에 대한 평점, 리뷰 등 제품의 구매 과정 전반에서 발생하는 데이터들을 분석하고 비즈니스 의사 결정을 지원하는 일을 합니다.

Q Tableau를 활용한 지 얼마나 되었나요? 그리고 Tableau를 업무에서 활용해 본 경우가 있다면 소개해 줄 수 있을까요?

A 2016년 여름 즈음 한 데이터 시각화 컴피티션에서 처음 Tableau를 접하고 사용하기 시작했습니다. 이후 필터와 같은 동적 시각화 기능과 대시보드, 스토리 모드와 같은 기능들을 위주로 업무에서도 활용해 왔고, 데이터를 분석하는 과정에 앞서 데이터를 빠르게 탐색해 보아야 할 때도 Tableau를 유용하게 활용해 왔습니다. EDA 과정이라고도 하는데, 이상치, 변수별 분포, 카테고리별 구성 비율 등을 빠르고 효율적으로 살펴보는 데 '쉬운 시각화 툴'로서 Tableau를 십분 활용해 본 것 같습니다.

Q 자신이 생각하기에 데이터 시각적 분석은 왜 중요하다고 생각하나요?

A "중요한 정보를 더 쉽고 빠르게 받아들일 수 있다."는 점이 핵심 이유라고 생각합니다. 통계치나 집계된 값들이 엑셀 등에서 나열된 채로 보는 것과 색과 형태로 각 항목이 구분된 그래프나 그림으로 보는 것은 사람이 눈으로 정보를 받아들이는 속도와 효과 차원에서 차이가 있곤 합니다. 예를 들어, A와 B 두 제품의 시간에 따른 매출 변화를 나열된 월별 평균값들로 보는 것과 증감을 빨갛고 파란 꺾은선 그래프로 보는 것은 증감의 형태나 폭을 보는 데 훨씬 더 효과적입니다. 여기에 필터와 같은 Tableau의 가장 큰 장점인 동적 기능을 더하면 더 많은 상품 간 비교나 대비, 드릴다운도 쉽게 해 볼 수 있습니다. 또한 분석이나 기계 학습 등의 결과들을 더욱 효과적으로 전달하기 위해서도 데이터 시각화 분석은 중요하다고 생각합니다. 그룹화된 개체들을 어떤 차원에서 어떤 효과들로 보여 주는지, 항목별로 증감, 구성비, 분포 등을 어떻게 보여 주는지에 따라 분석의 질이 달라지기도 합니다. 데이터를 분석하고 시각화하는 목적이 결국 우리가 찾아낸 인사이트를 의사 결정권자 등 데이터를 소비하는 사람들에게 전달하고 이해시키는 것이기 때문입니다.

Q 이 책을 추천한다면 어떤 분들에게 도움이 될까요?

A 이 책은 Tableau를 통해 데이터를 자유자재로 다루는 방법을 시작 단계부터 디테일한 부분까지 차근차근 서술하고 있습니다. 고급 스킬들은 물론 공개된 기업의 데이터를 이용해 실습해 볼 수 있는 대시보드 예제들도 소개하니 따라 해 보며 Tableau의 스킬을 한 단계 더 업그레이드하고 싶은 분들에게 큰 도움이 될 것 같습니다. 이 책의 필자인 강승일 님은 다양한 도메인의 데이터를 접해 왔고, 그 노하우가 녹아 있어 더욱 다양한 활용을 간접적으로 경험하려는 분들에게도 유용한 도구가 될 것입니다.

9. 컨설팅에서 더 잘 먹히는 Tableau! 딜로이트 명완식 님

Q 자기 소개 부탁합니다. (소속, 하는 일 등)

A 안녕하세요? 딜로이트 안진회계법인 리스크 자문 본부에서 데이터 분석을 담당하는 명완식 컨설턴트입니다. 제가 하는 일은 고객이 경영 환경에서 마주치는 리스크를 인터뷰 및 데이터를 통해 정확히 식별하고, 해당 문제를 다양한 분석 방법을 통해 해결하도록 도와주는 업무를 맡고 있습니다.

Q Tableau를 활용한 지 얼마나 되었나요? (기간 등) 그리고 Tableau를 활용해 업무나 커리어에 활용한 것이 있다면 소개해 줄 수 있나요?

A Tableau를 처음 만난 건 2016 ~ 2017년 사이 호주 유학생 시절입니다. 당시 교수님의 지원으로 Tableau를 접하게 되어 지금까지 쓰고 있습니다. 실력은 높지 않으나 다룬 연수로는 벌써 4년이 훌쩍 지났습니다.

대학생 시절에는 데이터 분석 대회에서 Tableau를 자주 사용하였습니다. Tableau를 통해 제가 R로 분석한 내용을 효과적으로 심사위원에게 대시보드로 보여 줄 수 있었고, 데이터 설명 부분에서 큰 이점을 발휘하여 두 번이나 데이터 분석 대회에서 수상했습니다.

현재 컨설팅 업무에서도 Tableau를 자주 사용합니다. Tableau는 다른 BI 툴이나 프로그래밍보다 훨씬 빠르고 사용하기 쉽습니다. 특히, Tableau의 대시보드 구성 기능은 SQL, R 혹은 파이썬 코딩보다 훨씬 논리적으로 데이터 분석을 실행하도록 도와줍니다. 또한, Tableau가 가진 디자인 커스터마이징 기능은 데이터 안에 숨겨진 핵심적인 인사이트들을 강조할 수 있게 하여 고객과 함께 문제점에 대해 효율적으로 논의할 수 있도록 도와줍니다.

Q 자신이 생각하기에 데이터 시각적 분석은 왜 중요하다고 생각하나요?

A 데이터를 통해 나온 결과를 이해하고 다음 실행 단계로 움직이기 위해서는 데이터 시각화 과정이 꼭 필요합니다. 현재 상황에 어떠한 문제점이 있는지 파악하고, 조직 내에서 특정한 대응을 실행하기 위해서는 문제와 관련된 이해 관계자들을 설득시키는 과정이 필수적으로 수반됩니다. 해당 과정에서 데이터 시각화는 많은 사람이 머릿속으로만 이해하는 것들을 문제로 와닿게 보여 줄 뿐만 아니라, 자연스럽게 데이터를 기반으로 한 결정을 내리게 합니다. 따라서 시각적 분석은 데이터 관련 업무에서 윤활유 역할을 하므로 저는 필수적인 과정이라고 생각합니다.

Q 이 책을 추천한다면 어떤 분들에게 도움이 될까요?

A 저와 동일한 일을 수행하는 컨설턴트분들에게 이 책을 강력히 추천하고 싶습니다. 많은 컨설턴트가 필드에 나가면 느끼겠지만, 빅데이터 분석을 동반한 컨설팅 과제들이 매년 더 많아집니다. 컨설턴트들의 업무상 당연히 수행하는 프로젝트의 시간은 언제나 촉박하며, 수천만 건의 데이터를 빠르게 분석하여 인사이트를 뽑고 해당 결과를 고객에게 논리적으로 설명하기란 정말 쉽지 않습니다. 하지만 이 책에 소개된 분석 예시를 통해 데이터를 분석하고 시각화하는 법을 배운다면, 데이터 분석 파트에서 지금보다 더 빠르고 정확한 결과물을 만들어 여러분의 분석에 날개를 달아 줄 겁니다.

10. 문과생, 스타트업 창업가로 날다! 이은정 님

Q 자기 소개 부탁합니다. (소속, 하는 일 등)

A 안녕하세요? 저는 현재 대학교에서 철학을 공부하며 창업팀을 꾸려 나가고 있습니다. 데이터에 대한 모든 것에 관심이 있습니다. 2019년 10월에 필자님이 진행하는 '데이터 시각화 커뮤니티'에 선발되어 처음 Tableau를 시작했고, 12월에 Tableau Specialist 자격증을 취득했습니다.

Q Tableau를 활용한 지 얼마나 되었나요? (기간 등) 그리고 Tableau를 활용해 업무나 커리어에 활용한 것이 있다면 소개해 줄 수 있나요?

Ⓐ Tableau를 활용한 지 딱 12개월 되었습니다. 자금이 부족한 스타트업팀의 특성상 외부 피칭 자리가 많습니다. 이런 자리는 주어진 시간이 길어야 10분 내외라 정확한 자료를 압축적으로 제시하는 게 중요합니다. 우리 팀은 Tableau 대시보드를 PT 자료에 사용하고 나서 발표 준비 시간을 획기적으로 단축했습니다. 전반적으로 심사위원분들의 반응도 좋아졌습니다. 팀 내부에서도 태스크 타임라인 정리, 내부 데이터 공유에 유용하게 사용하고 있습니다.

개인적으로는 Tableau를 접한 후에 DB 전반에 대한 이해가 늘었습니다. 처음엔 그저 배우면 재밌겠다는 생각으로 시작했습니다. 하지만 대시보드를 만들어 내는 일련의 과정들을 통해, 데이터 자체에 대해서도 많은 공부를 할 수 있었습니다. 똑같이 주어진 숫자라도 원하는 의도에 맞추려면 어떤 차트를 구성해야 하는지, 똑같은 크롤링을 하더라도 어떤 자료를 뽑아내야 하는지 생각하게 됩니다.

그리고 LinkedIn에 Tableau에 관한 활동들을 적어 두었더니, 이력서를 보내 달라는 메시지가 종종 오기도 합니다.

Ⓠ **자신이 생각하기에 데이터 시각적 분석은 왜 중요하다고 생각하나요?**

Ⓐ 데이터 시각적 분석 능력은 이제 중요함을 넘어서 필수라고 생각합니다. 수년 내에 데이터 활용 능력이 없는 사람을 문맹이라고 부르는 시기가 올 것입니다. 마치 현재 컴퓨터나 스마트폰을 못 다루는 사람은 일상생활이 거의 불가능한 것처럼 말입니다.

Ⓠ **이 책을 추천한다면 어떤 분들에게 도움이 될까요?**

Ⓐ 한국어를 쓰는 Tableau 사용자는 모두 보아야 합니다. 단언컨대 이 책이 Tableau 공식 문서를 보는 것보다 훨씬 낫습니다. 특히 Tableau 사용 예제를 접해 보고 싶은 분들은 이 책을 꼭 살펴보길 바랍니다. 처음부터 끝까지 한 번 따라 하기만 해도 어느 상황에 어떤 형식의 데이터를 어떤 차트로 표현해야 하는지 인사이트를 얻을 수 있을 겁니다. 그리고 책꽂이에 두고 궁금한 게 생길 때마다 찾아보길 바랍니다. 이 책 자체가 Tableau 사전입니다.

11. 빅데이터 시각화 공모전 행안부 장관상 수상, 대학생 전서연 님

Ⓠ **자기 소개 부탁합니다. (소속, 하는 일 등)**

Ⓐ 안녕하세요? 저는 유튜브 '위비즈' 채널 운영자이자 인스타그램 @tableau_viz에 Tableau 작업

을 올리는 대학생 전서연입니다. 수상 경력으로는 Tableau student viz on test 세계 3위, 행안부 공공빅데이터 공모전 시각화 부문 대상 등이 있습니다.

Q Tableau를 활용한 지 얼마나 되었나요? (기간 등) 그리고 Tableau를 활용해 업무나 커리어에 활용한 것이 있다면 소개해 줄 수 있나요?

A 2019년 9월에 동아리에서 처음 Tableau를 접했습니다. 현재 Tableau 데이터 스토리텔링 유튜브 채널 '위비즈'를 운영하고 있습니다. 국회의원 출석률, 영화 '기생충'에 대한 평가 등 다양한 사회 트렌드를 Tableau로 시각화해 일반 대중도 쉽게 데이터 시각화에 접근할 수 있게 하는 것이 목적입니다.

Q 자신이 생각하기에 데이터 시각적 분석은 왜 중요하다고 생각하나요?

A 시각적 분석은 질문에 대한 답을 찾기 위해 정말 중요한 부분이라고 생각합니다. 빠르게 데이터를 탐색하고, 이를 바탕으로 새로운 인사이트를 찾기 위해 필수적이라고 생각합니다. 또 이런 시각적 분석을 공부하는 데는 이 책이 최고라고 생각합니다.

Q 이 책을 추천한다면 어떤 분들에게 도움이 될까요?

A 저처럼 데이터 시각화 관련 진로를 꿈꾸는 대학생들에게도 큰 도움이 될 것 같습니다. 특히 Tableau 자격증을 취득하고 Tableau 포트폴리오 구축을 잘해 놓으면 취업에도 분명히 큰 도움이 되리라 생각합니다. 강승일 필자님이 커뮤니티 멤버들에게만 알려 줬던 소중한 꿀팁들을 가득가득 담은 좋은 책입니다. 강추합니다!

이 책을 통해 얻게 되는 점

1 요즘 화두인 Digital Transformation과 Data Literacy에 대한 이해

2 데이터 시각적 분석을 잘하기 위한 노하우

3 Tableau를 활용한 데이터 시각적 분석 방법

4 Tableau 자격증에 대한 정보

5 Tableau Public을 활용해 포트폴리오 만들기

목차

Chapter 5 우수한 대시보드 구성하기

Chapter 6 데이터 구하기

01 | 비대면의 확산

필자는 2019년까지는 직접 회사나 기관에 찾아가 강의하거나 공유 오피스의 미팅룸을 활용해 오프라인 강의를 주로 했습니다. 그러나 2020년 1월부터 발생한 코로나19로 인해 직접 회사에 방문해 진행하는 온사이트 교육은 대부분 취소되고, 재택근무를 기본적으로 시행하는 기업이 많아졌습니다.

이로 인해 매주 진행하는 Tableau 교육을 유튜브를 통해 두 달간 매주 진행했고, 이후에는 똑같은 방식으로 계속 진행할 수 없어 주제별 / 인더스트리별 영상을 제작하기도 했습니다. 머지않은 시기에 잠잠해지리라는 기대와 달리 다시 재확산되어, 오프라인 교육은 다시 취소하고 비대면 강의로 변경할 수밖에 없었습니다.

많은 분이 회사와 학교에서 화상회의 및 강의를 수강한 것처럼 회사에서 활용하는 화상회의 프로그램들을 활용해, 직접 회사에 방문하지 않더라도 비대면 강의를 진행했습니다. Microsoft Teams를 비롯해 Zoom, Slack, Google Meet와 같은 프로그램을 활용해 고객들을 만났습니다.

안녕하세요 강승일입니다.

태블로 대시보드를 만들고 상단에 작성자를 배치했었는데
1) 이 때 '작성자'는 텍스트 개체가 아니라 시트로 만들고
2) 시트에서 도구 설명 마크를 커스텀 편집한 다음에
3) 대시보드 동작(or 작업 or action) > 작업 추가 > URL로 이동에서
원본 시트는 앞에서 만든 시트를 선택하고
URL을 mailto : 메일 주소 입력 하시면 됩니다.

이번 한 주도 수고 많으셨습니다.

편안한 주말 되세요~

고맙습니다.
강승일 드림.

그림 1-2 비대면 강의의 장점 중 하나는 참가자들과 다양한 인터랙션이 가능하다는 점

(1) 비대면 강의의 장점

1) 강의 장소까지 이동할 필요가 없습니다.

2) 사전 협의에 따라 강의 내용을 녹화 후 복습 가능합니다.

3) 다른 사람 시선을 신경 쓰지 않고 1:1 문의가 가능합니다.

(2) 비대면 강의의 단점

1) 오프라인에서 직접 보고 질의하면 빠르게 해결할 수 있으나 비대면에서는 어려울 수 있습니다.

2) 참석자들과 인터랙션을 통해 호흡하며 시너지를 내기가 쉽지 않습니다.

02 | 불확실성의 증가

이전에는 하루 중 1/3을 직장 동료들과 같은 공간에서 생활했다면, 이제는 비대면 활동의 증가에 따라 많은 업무를 동료들과 직접 만나지 않고 처리하는 것이 자연스러워졌습니다. 이전에는 같은 사무 공간에서 눈에 보이지 않는 경우에는 조직 및 인력 관리에 불안함을 느끼거나 어떤 일을 하는지 수시로 대면해서 체크했다면, 이제는 중간 과정 없이 업무나 미션에 따른 결과만이 남는 시대가 되었습니다. 따라서 중간 관리자의 파워는 줄어들고, 정성적인 평가보다는 객관적인 평가로 이어지는 수치로 남는 정량적인 평가가 우선되리라 보입니다.

또한 오프라인 기반 산업이었던 여행 및 숙박 산업은 위기지만, 온라인 쇼핑 및 디지털 콘텐츠처럼 사람과 접촉 없이 안전한 소비 영역은 발전하리라 예상됩니다. 기존 방식의 답습이 아니라 변화에 발맞춰 새로운 시도는 지속해야 할 것으로 보입니다.

불확실하다는 것은 눈에 보이지 않아 결정하기 어렵다는 뜻으로 해석할 수 있습니다. 이 와중에도 확실한 것들은 있습니다. 비즈니스 과정에서 중요한 의사 결정들을 데이터 기반으로 하는 것입니다.

리더들이나 개인들은 각각 업력이나 경력에서 나오는 직관에 따라 의사 결정을 하는 경우들이 많았습니다. 이제는 중요한 순간마다 데이터를 기반으로 적시에 의사 결정을 내린다면, 이 불확실성을 줄일 수 있을 것입니다.

중요 의사 결정 단계를 위해 아래에서부터 엑셀과 파워포인트로 며칠 동안 업데이트하고, 중간 리더들마다 검사받고 최종 보고하는 것이 아니라, 누구나 필요할 때마다 쉽게 데이터에 접근해서 빠르게 데이터에 기반한 의사 결정을 내리게 하는 것입니다. 이를 위해 데이터베이스 스킬이 약한 일반 직원들까지 누구나 활용할 수 있도록 작게는 Tableau 전용 마트를 구성하거나 좀 더 나간다면 BI 시스템을 도입합니다. 그보다 더 큰 규모의 기업들은 기업 내 부문별로 흩어진 데이터들을 한곳에 모아 Data Lake를 구축하기도 합니다.

03 | Digital Transformation

요즘 기업에서 가장 큰 화두는 Digital Transformation입니다. Digital Transformation이란 디지털로 변신(변혁)한다는 뜻입니다. 예전에는 전통적인 회사들이 제조업, 금융업, 유통업처럼 하나의 분야에서 성장하는 방식이었다면, 이제는 모든 산업 분야 및 회사들이 IT를 기반으로 변화하고 있습니다. 예를 들어, 현대카드는 카드 / 금융 회사가 아니라 수년 전부터 모토를 DIGITAL Hyundai Card로 변경했습니다.

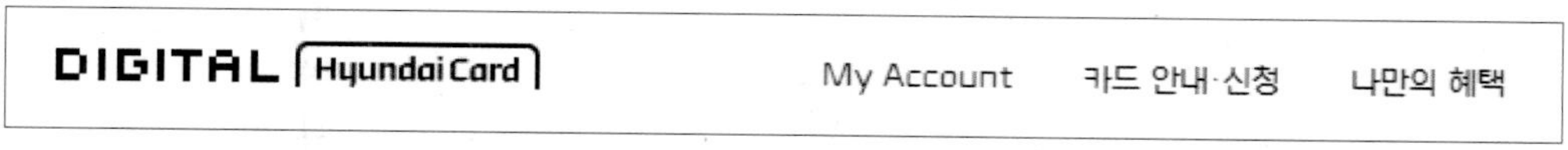

| DIGITAL [Hyundai Card] | | My Account | 카드 안내·신청 | 나만의 혜택 |

그림 1-3 현대카드 홈페이지

또한 나이키는 모든 사업 구조를 Digital Transformation에 맞게 변경하고 있습니다. 그 일환으로 AI 전문기업 Celect와 데이터 분석 기업인 Zodiac을 인수했습니다. 나이키는 이제 고객을 단순히 성별이나 사이즈로만 제품을 분류하는 것이 아니라, 고객들의 행동을 기반으로 모은 데이터를 세분화해서 오프라인 매장의 구매 패턴을 파악하고, 온라인 구매 사이트에서 어느 지점에서 클릭이 발생하는지 등을 체크합니다. 그리고 Holiday 시즌에 맞춰서 고객의 취향에 맞는 컬러와 사이즈가 반영된 제품을 추천해 자연스럽게 제품을 구매하도록 유도합니다.

또한 타사의 오프라인과 온라인 쇼핑몰을 통해서 판매하는 방식은 줄이는 대신에 자사 쇼핑몰을 더 강화하여 고객들의 데이터를 축적하면서 효율적인 재고 관리를 실시간으로 반영하고, 다른 브랜드에서 경험할 수 없는 맞춤 서비스를 제공할 수 있게 되었습니다. 다양한 옵션을 고객들이 직접 고를 수 있게 커스텀 서비스를 제공하는 한편, 제품의 구매 내역을 근거로 계절에 맞게 상품을 추천하는 것도 고객을 중심에 둔 DT 전략 중 하나의 예시입니다. 다른 쇼핑 사이트에서 구매하기보다 직접 고객이 자사의 쇼핑몰을 방문해 구매 경험에서 얻는 가치를 제공함으로써, 지속해서 나이키의 제품 및 나아가서 브랜드에 대한 특별한 가치를 경험할 수 있게 합니다.

그림 1-4 나이키에서는 소비자 맞춤형 서비스의 일환으로 커스텀 서비스 제공

고객들에게 가치 경험을 제공하는 부분은 앞서 언급한 현대카드에서도 볼 수 있습니다. 슈퍼 콘서트 시리즈를 기획하고, 미국을 제외하고 유일하게 스타벅스 카드를 출시한 것은 데이터를 기반으로 한 고객의 요구를 파악하고, 고객에게 자사의 브랜드(제품)에 대한 더 나은 가치 경험을 제공함으로써 디지털로 혁신을 추구한 사례라고 할 수 있습니다.

04 | Data Literacy

그렇다면 Data Literacy는 무엇일까요? Data Literacy란 데이터를 보고 활용할 수 있는 능력을 말합니다. 좀 더 풀어서 쓰자면 데이터를 보는(See) 것이 아니라 탐색(Explore)을 통해 자신이 이해(Understand)하고, 이를 다른 사람과 대화(Communication)와 협업(Collaboration)을 통해 찾은 통찰(Insight)을 공유(Share)하는 일련의 능력을 말합니다.

조직 내 발생하는 데이터를 한 방향으로 제공하고 수동적으로 보는 것이 아니라 누구나 데이터를 보고 이해하고 인사이트를 도출해 비즈니스의 성장과 관리에 활용하는 능력입니다. 앞에서 말한 Digital Transformation이 기업 입장에서 맞이한 당면 과제라면, 그 기업에 소속된 개별 구성원들에게 요구되는 조건이 바로 Data Literacy입니다.

이전에는 구성원들이 각자 PC에서 관리하는 스프레드시트 형태로 데이터를 관리하고 필요한 데이터는 관련 부서에 요청하고 하염없이 기다렸다면, 이제는 누구나 쉽게 데이터에 접근하고 활용할 수 있도록 언제든 필요할 때마다 데이터에 접근해 의사 결정을 내릴 수 있도록 변해야 합니다.

이것은 의지 있는 한 사람 혹은 하나의 조직에서 끌고 갈 수 있는 것이 아닙니다. 전반적인 문화가 변경되도록 조직과 구성원들 간 협업 및 관리가 필요하고, 상위 레벨에서는 지속적인 참여와 독려를 이끌 필요가 있습니다. 따라서 내부적으로 챔피언을 만들고 이들이 스타가 되도록 아낌없이 지원한다면, 나머지 구성원들도 이들을 따라 하기 위해 노력하게 되고 이들의 노력으로 조직 내 의사 결정을 데이터 기반으로 빠르고 정확하게 내릴 수 있을 것입니다.

(1) 활용 사례

필자가 강의를 몇 년째 이어 오는 고객사는 업무 특성상 데이터도 많을 뿐만 아니라 데이터 변동이 심한 곳입니다. 이곳에서는 영업이나 마케팅 담당자들이 사내에서 쌓인 데이터를 활용해서 많은 인사이트를 도출하기 위해 Tableau를 적극적으로 활용합니다.

(2) 이전 방식

1) SAP 데이터를 다운로드 받습니다.
2) Excel에서 가공합니다.
3) PowerPoint나 Excel에서 시각화합니다.

(3) 새로운 방식

1) SAP 데이터를 Tableau에서 바로 연결하고 실시간으로 데이터의 흐름을 추적합니다.
2) Tableau Desktop에서 시각적 분석을 합니다.
3) Tableau Server로 공유합니다.

(4) 이전 대비 좋아진 점

1) 데이터를 기반으로 한 의사 결정이 빨라졌습니다.
2) 비즈니스에 대한 이해와 흐름이 이전보다 훨씬 좋아졌습니다.
3) 글로벌 회사라 다른 나라에서도 벤치마킹하러 옵니다.
4) Tableau를 기반으로 한 데이터 시각적 분석을 통해 업무에 잘 활용하는 챔피언들이 다수 나옵니다.
5) 표 중심의 단순 반복 작업에서 벗어나 인사이트를 도출하기 위한 학습에 동참하는 인원들이 많아지고, Digital Transformation에 대한 경영진의 기대치가 높아지면서, 구성원들의 교육에 적극적으로 지원합니다.

(5) 오프라인 교육 접근 방식

1) 구성원들에게 단순히 Tableau 활용 능력 교육을 제공하는 것이 아니라 데이터 시각적 분석을 위한 학습 계획을 세워 제공합니다.
2) 처음부터 교육 프로그램 계획을 세울 때 마지막에 임원들 앞에서 교육 참석자들이 만든 대시보드로 발표하는 시간을 마련합니다. 그러면 교육 참여 전에 참석자들 스스로 목표를 설정하고 학습 계획을 세울 수 있습니다.
3) 본사에서 진행해 봤으나 업무에서 완전히 벗어날 수 없는 경우도 발생해서 회사 외 스마트워크 플레이스

로 모두 이동해 교육을 진행합니다.

4) 교육 중에는 임원 대상 마지막 발표를 위해서 교육 중간마다 자신이 구현하려는 대시보드에 대해서 아이디어를 공유하고, 이를 바탕으로 코칭을 통해 계속 업데이트합니다. 이 과정에서 교육 참석자들은 교육 시간을 허투루 쓰지 않고 적극적으로 참여합니다.

5) 마지막에 발표를 통해서 자신이 교육 기간에 수행한 결과물을 발표하고, 임원들에게 받은 피드백을 반영합니다. 그리고 이에 따라 자신의 노력에 따른 적절한 보상까지 이어지면 자기 스스로 성과물에 대해 인정받을 수 있어, 각 구성원의 업무 스킬이 향상될 뿐만 아니라 주변 동료와 조직에까지 Data Literacy에 대한 긍정적인 분위기를 공유할 수 있습니다.

(6) 온라인 교육 접근 방식

1) 전체적인 학습 계획을 공유합니다.

2) 비대면 화상 프로그램을 통해 교육을 수행합니다.

3) 교육 실습 결과물을 업로드합니다.

4) 실습 내용에 대한 강사의 피드백을 공유합니다.

5) 교육에서 받은 분석 방법을 자신의 데이터로 활용하고 질의응답을 가집니다. 피드백을 업데이트합니다.

Data Literacy는 조직 문화가 변해야 합니다. 어느 한 조직만의 일은 아니며, 리더의 강력한 의지와 지원을 바탕으로 구성원들의 적극적인 참여가 필요합니다. 회사에서는 Tableau와 같이 좋은 소프트웨어를 구매한 것으로 역할이 끝난 것이 아닙니다.

사내 데이터에 누구나 쉽게 접근할 수 있도록 시스템을 구축하는 것 외에도, 기존의 문서 및 대면으로 받는 보고 방식에서 벗어나는 것도 필요합니다. 또한 구성원들의 개인 역량을 키우기 위한 교육에 대한 지원 및 이를 통해 발견되는 우수 사례에 대한 적극적인 포상도 필요합니다.

누구나 데이터를 보고 이해하는 능력을 키우고, 그로 인해 비즈니스 성장에 도움이 될 수 있도록 환경을 마련하는 것이 필요합니다. 이 책에서는 Tableau를 활용해 데이터 시각적 분석을 위한 다양한 사례를 만나 보고, 이를 통해 자신의 포트폴리오로 확장하고 개인 커리어 발전에도 활용하는 노하우를 공유하겠습니다.

CHAPTER 02

효율적인 대시보드 계획하기

대시보드라는 얘기는 많이 들어 봤을 것입니다. 대시보드는 사전적 정의로는 자동차나 비행기에서 운전석 앞에 나오는 계기 형태들을 말합니다. 그러면 Tableau에서 대시보드는 어떤 의미일까요?

대시보드라는 얘기는 많이 들어 봤을 것입니다. 대시보드는 사전적 정의로는 자동차나 비행기에서 운전석 앞에 나오는 계기 형태들을 말합니다. 그러면 Tableau에서 대시보드는 어떤 의미일까요?

일단 필자가 정의하는 바는 다음과 같습니다.

첫 번째는, 복수 개의 시트로 구성합니다.

두 번째는, 시트 간 상호 작용이 존재합니다.

세 번째는, 발견 → 탐색 → 인사이트를 구하는 과정이 있습니다.

01 │ 제대로 계획 세우기

(1) 보(고받)는 사람은 누구인가?

대시보드는 자기만족을 위해서 구현하는 것이 아닙니다. 반드시 그 대시보드를 보는 다른 사람이 존재합니다. 따라서 보는 사람이 누구인지를 먼저 정의하는 것이 첫 번째로 우선되어야 합니다. 예를 들어, 그 대시보드를 보는 사람이 임원이라고 가정해 보겠습니다. 임원은 찾는 사람들이 많아 스케줄 관리가 타이트합니다. 따라서 시간을 길게 할애해서 탐색하는 대시보드보다 바로 한눈에 주요 지표를 알 수 있도록 구성해야 합니다.

다음 대시보드는 『태블로 굿모닝 굿애프터눈』에서 실습해 본 매출 대시보드입니다. 상단에는 요약적인 정보인 월간 매출에 대한 부분이, 하단에는 그보다 세부적인 일간 매출로 구성한 대시보드입니다.

시간 순서상 전월 매출이 더 이전의 데이터라서 더 왼쪽에 나와야 할 것 같지만, 여기에서는 현재 당월이 더 관심 있을 것이므로 당월 매출이 전월 매출보다 더 먼저 나오도록 구성했습니다.

또한 그에 맞춰서 하단에 있는 캘린더 차트도 당월에 일간 캘린더가 나오도록 구성한 것입니다.

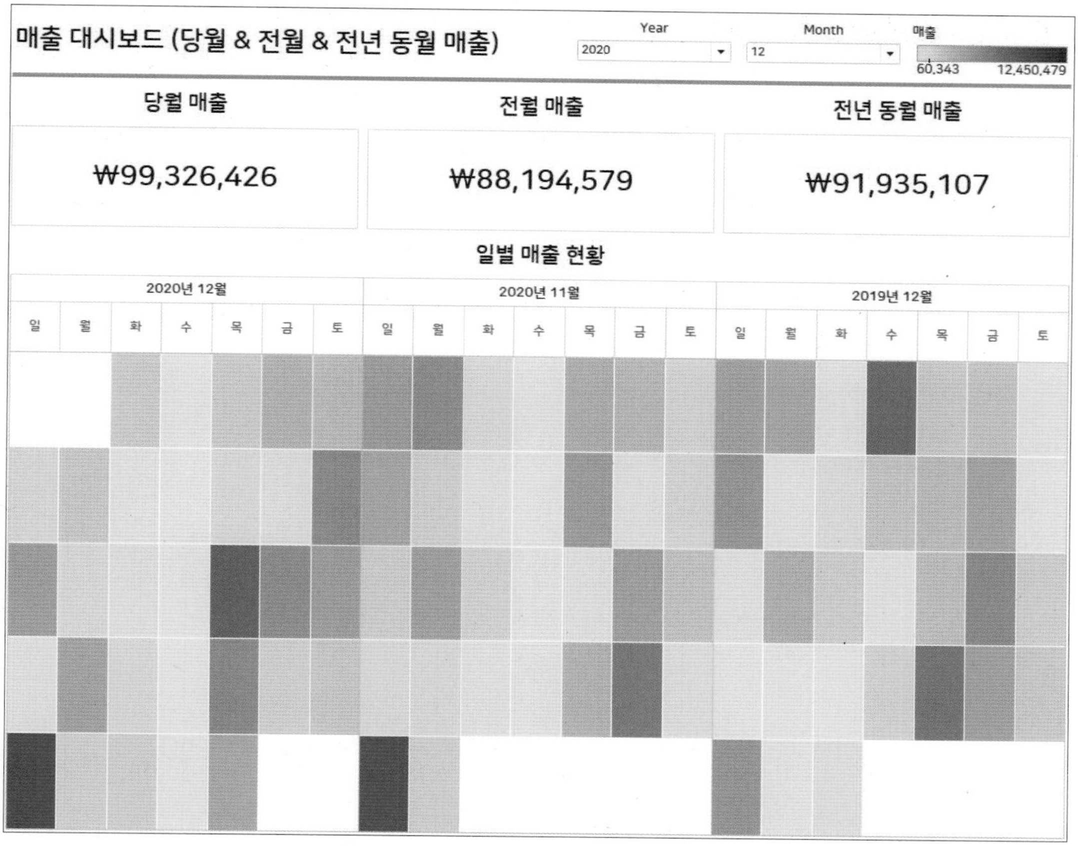

그림 2-1 상단에는 요약 정보, 하단에는 세부 정보를 배치한 대시보드

매월 마지막 주 일요일에 매출이 많이 발생하는 것을 볼 수 있습니다. 반면에 실무를 함께하는 동료들에게 공유하는 대시보드라면 요약 정보에서 세부 정보로 이어 가도록 Drill-down 형식의 대시보드를 만들어야 합니다.

그림 상단에 당월, 전월, 전월 대비에 대한 요약 정보가 텍스트로 구성되어 있습니다. 그리고 그 하단에는 전체 데이터를 모두 표시하는 것이 아니라 그중에서 가장 상위 레벨의 요약 정보를 우선 노출합니다. ('권역 Sales Summary' 시트)

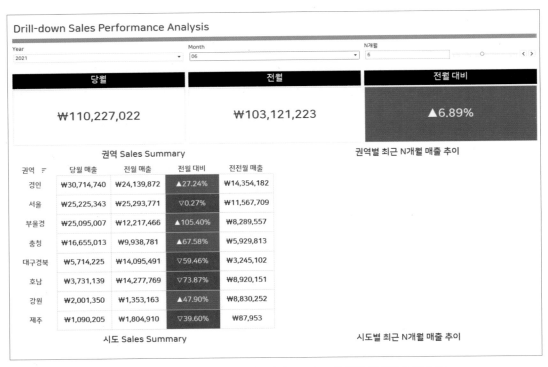

그림 2-2 모든 데이터를 한 번에 보여 주지 않고 요약 → 세부 정보로 구성한 대시보드

특정한 권역 → 시도 → 고객 정보로 이어지는 화면으로 이동 시나리오를 설정하고, 대시보드 동작(작업 or action)을 추가합니다. 여기에서는 '권역 Sales Summary' 시트에서 관심 있는 권역명을 선택하면 그 우측에 '권역별 최근 N개월 매출 추이'가 해당 권역 추이로 변경되고, 아래에는 해당 권역에 포함된 '시도 Sales Summary'가 나타납니다.

그리고 여기에서 한 뎁스 더 들어간 상세 정보를 보기 위해 '시도 Sales Summary' 시트에서 임의의 시도를 클릭하면, 해당 '시도별 최근 N개월 매출 추이'가 표시됩니다.

마지막으로 '시도별 최근 N개월 매출 추이'에서 임의의 월을 선택하면, 해당 시도 & 월에 고객별 구매 내역 리스트를 볼 수 있는 다른 대시보드로 이동하도록 설계했습니다. 구매 내역 리스트를 모두 확인한 다음에 원래 페이지로 이동하고 싶으면, 좌측 상단의 Back button 이미지나 Home 이미지를 활용해서 탐색 개체 등을 활용해 대시보드 간 이동을 설정할 수 있습니다.

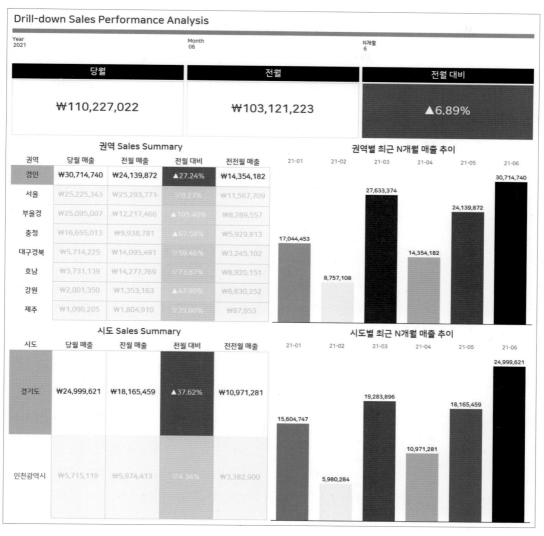

Drill-down Sales Performance Analysis

Year
2021

Month
06

N개월
6

당월	전월	전월 대비
₩110,227,022	₩103,121,223	▲6.89%

권역 Sales Summary

권역	당월 매출	전월 매출	전월 대비	전전월 매출
경인	₩30,714,740	₩24,139,872	▲27.24%	₩14,354,182
서울	₩25,225,343	₩25,293,771	▽0.27%	₩11,567,709
부울경	₩25,095,007	₩12,217,466	▲105.40%	₩8,289,557
충청	₩16,655,013	₩9,938,781	▲67.58%	₩5,929,813
대구경북	₩5,714,225	₩14,095,491	▽59.46%	₩3,245,102
호남	₩3,731,139	₩14,277,769	▽73.87%	₩8,920,151
강원	₩2,001,350	₩1,353,163	▲47.90%	₩6,830,252
제주	₩1,090,205	₩1,804,910	▽39.60%	₩87,953

권역별 최근 N개월 매출 추이

21-01	21-02	21-03	21-04	21-05	21-06
17,044,453	8,757,108	27,633,374	14,354,182	24,139,872	30,714,740

시도 Sales Summary

시도	당월 매출	전월 매출	전월 대비	전전월 매출
경기도	₩24,999,621	₩18,165,459	▲37.62%	₩10,971,281
인천광역시	₩5,715,119	₩5,974,413	▽4.34%	₩3,382,900

시도별 최근 N개월 매출 추이

21-01	21-02	21-03	21-04	21-05	21-06
15,604,747	5,980,284	19,283,896	10,971,281	18,165,459	24,999,621

그림 2-3 권역 → 시도별 상세 추이를 드릴다운으로 살펴보기

고객명	제품명	
노백수	Sauder Classic Bookcase, Metal	5,596,403
	Novimex Executive Leather Armchair, Black	1,261,194
	총계	6,857,598
민주상	Bush Classic Bookcase, Traditional	2,104,668
	Nokia Audio Dock, Cordless	1,383,854
	Fellowes File Cart, Single Width	420,260
	Wilson Jones Binder Covers, Clear	54,315
	GlobeWeis Peel and Seal, with clear poly window	25,429
	총계	3,988,526
홍찬호	Novimex Executive Leather Armchair, Black	2,802,654
	Novimex Bag Chairs, Adjustable	345,933
	Belkin Keyboard, USB	257,315
	Stiletto Shears, High Speed	147,155
	Accos Clamps, Metal	79,560
	총계	3,632,618
성서윤	Cuisinart Microwave, Red	1,789,384
	Smead Lockers, Industrial	892,663
	Smead Lockers, Single Width	728,708
	Avery Removable Labels, Adjustable	39,658
	Ibico Hole Reinforcements, Clear	27,961
	총계	3,478,374

그림 2-4 고객별 구매 내역 리스트 대시보드

(2) 보(고받)는 사람이 보는 기기는 무엇인가?

자신이 만든 대시보드를 보는 사람이 누구인지를 파악한 만큼 또 중요한 것은 이 사람이 어떤 디바이스로 이 대시보드를 보는지를 파악하는 것입니다. 예를 들어, 사무실에서 혼자 개인 PC를 이용해서 접속해서 볼 것인지, 아니면 주간 보고에서 대형 모니터를 통해서 볼 것인지, 아니면 사무실 내 비치된 모니터를 통해서 이따금 볼 것인지, 아니면 이동 중에 모바일 화면에서 볼 것인지에 따라서 구성하는 대시보드의 형태는 다를 것입니다.

그림 2-5는 특정한 유튜브 채널의 영상별 일간 좋아요와 싫어요를 기반으로 만든 대시보드입니다. 왼쪽은 기본 사이즈로 구성한 것이고, 오른쪽은 모바일 화면 기준으로 만든 대시보드입니다. 전체적인 구성은 비슷해 보이지만, 왼쪽은 상단에 제목을 배치하고 하단에 매개 변수 및 유튜브 채널로 이동할 수 있는 안내 메시지를 추가했습니다. 반면에 오른쪽은 왼쪽과 달리 여유 공간이

많지 않아서 대시보드 제목과 매개 변수 및 유튜브 로고를 하나의 가로 개체에 모두 포함해서 구성했습니다.

PC에 접속해서 Tableau 서버(온라인) 또는 퍼블릭에 접속하면 왼쪽 화면을 기준으로 화면이 보일 것이고, 모바일 앱을 통해서 접속하면 오른쪽 화면을 기준으로 화면 구성이 보일 것입니다.

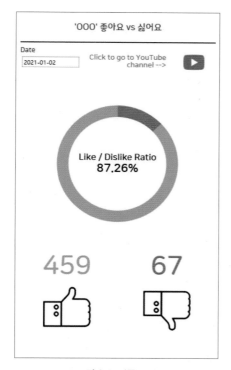
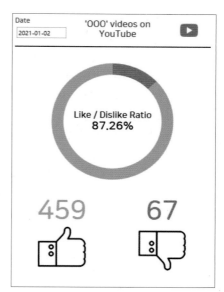

그림 2-5 왼쪽은 기본값으로 제작, 오른쪽은 모바일에 맞게 설정한 대시보드

그림 2-6은 필자의 개인 데이터인 스타벅스 결제 내역을 기준으로 만든 모바일용 대시보드입니다. 왼쪽에 있는 화면은 스타벅스 결제 내역이 표시되고, 해당 영역을 클릭하면 다른 대시보드인 영수증 화면으로 이동해서 해당 결제 건에 대한 상세한 항목이 나오도록 구성했습니다.

그리고 영수증 화면에 있는 스타벅스 로고(아이콘)를 선택하면, 다시 결제 내역 대시보드로 이동하도록 구성했습니다.

이처럼 모바일 화면에서는 모바일 사이즈에 맞게 화면 구성도 하고, 사용자 경험을 기반으로 해서 UX를 반영한 대시보드를 만든다면 사용자 편의성도 높아질 수 있습니다.

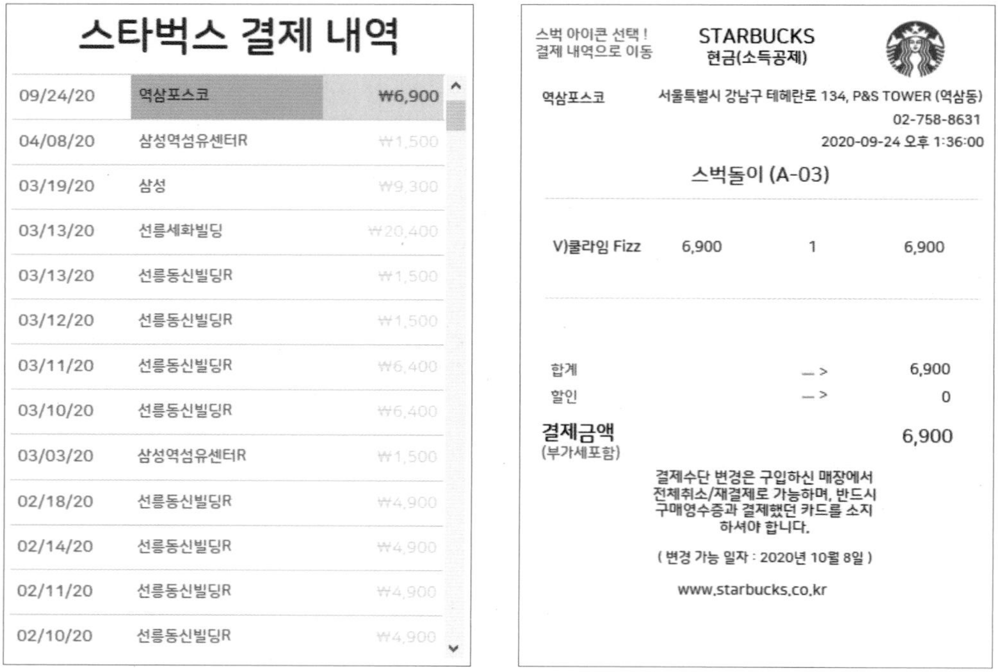

그림 2-6 왼쪽 대시보드인 결제 내역을 클릭하면, 상세 내역 대시보드로 이동

그림 2-7은 이동 중에 회사 임원들이 자사 최신 뉴스를 볼 수 있도록 구성한 대시보드입니다. 좌측에 있는 대시보드 패널의 기기는 전화(Phone)를 기준으로 화면을 구성했고, 최신 뉴스는 10개만 볼 수 있도록 구성했습니다.

또한 최신 뉴스가 언제 기준인지 상단에 업데이트 시간을 표시했고, '뉴스 보기' 버튼을 누르면 해당 뉴스 페이지로 이동할 수 있도록 구성했습니다. 우리가 모바일에서 네이버나 다음과 같은 포털 앱에서 뉴스를 소비하는 방식과 비슷하게 구성했습니다.

작성한 대시보드는 Tableau 서버나 온라인에 게시합니다. 서버(온라인)에 업로드한 다음에는 임원의 활동 패턴을 파악해 추출 시간도 설정합니다.

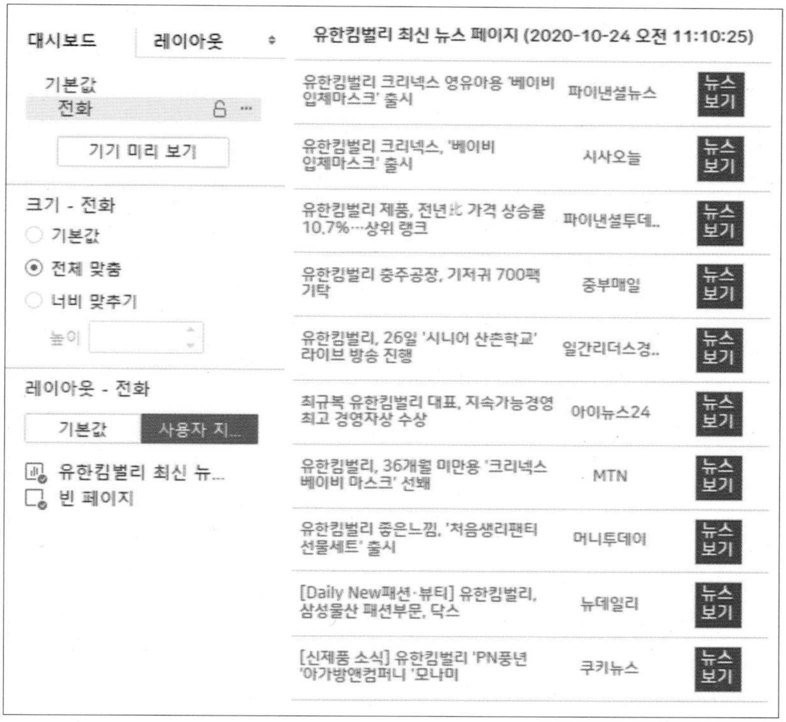

그림 2-7 모바일 사이즈에 맞는 대시보드 제작

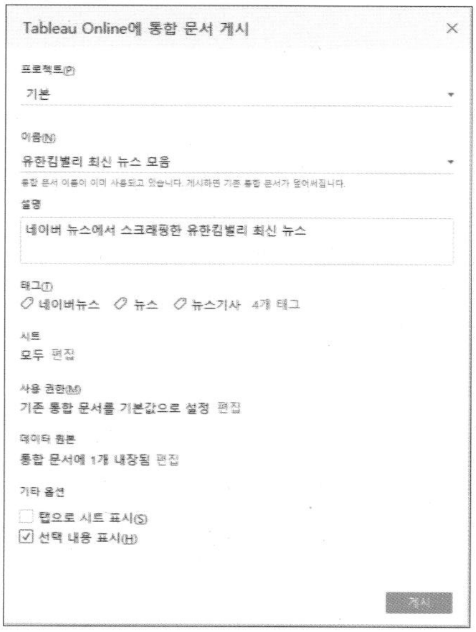

그림 2-8 Tableau Server / Online에 통합 문서 게시

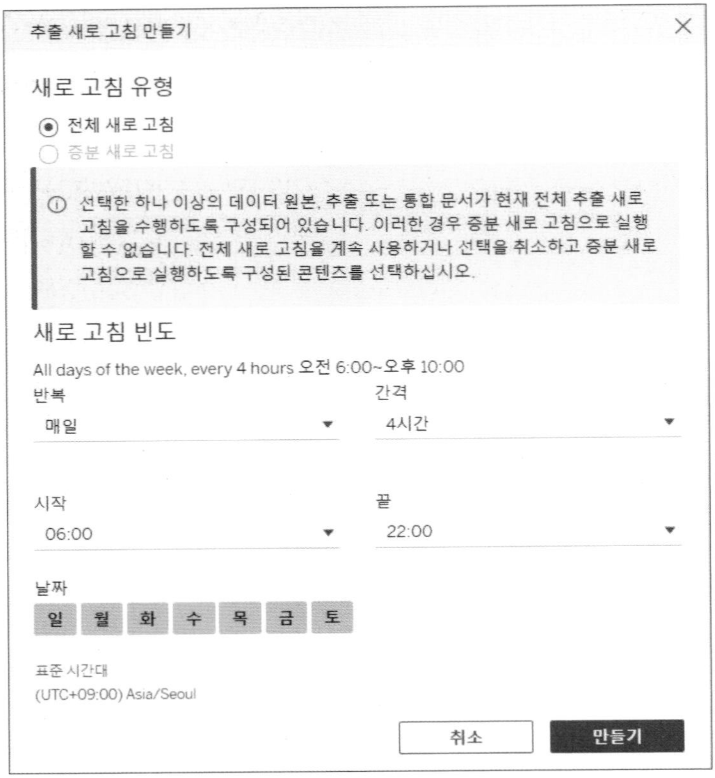

그림 2-9 Tableau Server / Online에서 추출해 새로 고침 적용

(3) 보(고받)는 사람이 사용하는 데 느리다면?

Tableau를 사용하다 보면 느린 경우가 종종 발생합니다. 느리다고 느끼는 것은 사람마다 편차도 있을 것입니다. 기존에 사용하던 조회 프로그램보다 원하는 조회 속도가 나온다면 이전보다 빠르다고 느낄 것이고, 반대로 예전에 사용하던 방식보다 느리면 넓게는 BI를 도입한 시스템에 대한 불만이나 Tableau 소프트웨어에 대한 불만도 발생할 수 있습니다.

그중 가장 속도에 민감한 것은 아무래도 데이터 원본의 구성일 것입니다. 데이터 사이즈가 크거나 트래픽이 과하게 발생하는 경우나 회사에서 운영하는 데이터 커넥터에 여러 개의 데이터 원본을 연결해서 사용하는 경우 등이 있을 것입니다.

데이터 연결 및 정제 과정에서 이상이 없고 Tableau 영역에서 느리다면, 우선 살펴봐야 하는 곳이 필터 영역입니다.

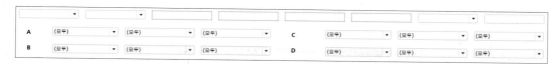

그림 2-10 과도한 필터는 성능을 떨어뜨리는 주범

왜냐하면 필터는 로딩 시간을 느리게 하는 장본인입니다. 필터의 장점은 명확합니다. 분석할 때 데이터양을 제한 두기에 편한 방법이기 때문입니다. 원하는 필드를 필터 선반에 올리고 체크한 다음 확인 버튼을 누르면, 항목들이 필터링되는 것을 쉽게 파악할 수 있습니다.

반면에 단점으로는 쿼리 성능에 영향을 준다는 것입니다. 그림 2-11은 MTD Profit을 만든 화면 입니다.

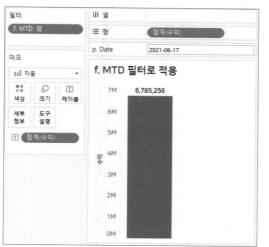
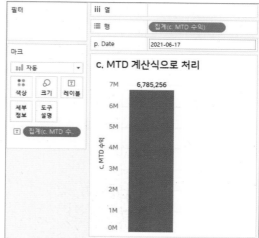

그림 2-11 f. MTD 필터 사용(왼쪽)과 필터 대신 계산식 처리(오른쪽) 비교

왼쪽에서는 [f. MTD] 필드를 그림 2-12와 같이 만듭니다.

그림 2-12 f. MTD 계산식 만들기

그리고 [f. MTD]를 필터 선반에 넣습니다. 계산식을 하나만 만들어서 원하는 기준으로 필터 처리하는 방법입니다.

다음은 [f. MTD]를 활용해 계산식을 하나 더 만듭니다. 즉, [f. MTD]가 True(참)인 경우에는 해당하는 수익을 가져오고, False(거짓)인 경우에는 값을 NULL로 처리하겠다는 뜻입니다. 또한 수익의 합계를 한 덩어리로 묶는 것이 효율적인 계산이므로, 맨 앞에 집계 방식을 SUM으로 묶었습니다.

따라서 추후에 이 [c. MTD]를 뷰나 선반 등에 올릴 경우 낱개로 있는 수익을 합계로 하는 것이 아니라, 수익의 합계를 애초부터 한 덩어리로 묶어서 가져갈 경우 Tableau 안에서 훨씬 효율적으로 빠르게 계산해서 처리합니다.

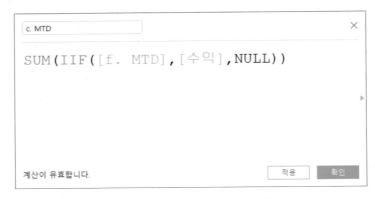

그림 2-13 c. MTD Profit 계산식 만들기

이 필드를 행 선반에 올립니다. 그럼 [f. MTD] 필드를 필터로 활용하지 않더라도 동일한 값을 표시할 수 있습니다. 따라서 필터는 가급적 덜 쓰는 대신에 매개 변수나 계산식을 활용해서 화면을 구성하는 방법을 찾아보는 것이 필요할 것입니다.

특히 필터 중 제외(Exclude) 필터는 이 항목만 유지(Keep Only)하기보다 더 느리게 만드는데, 그 이유는 차원에 대한 모든 데이터를 로드하기 때문입니다. 따라서 데이터 준비 단계에서 다음과 같이 적용합니다.

첫 번째는, Tableau Desktop으로 데이터를 가져오기 전에 데이터 원본을 만들 때, Tableau에서 데이터 시각적 분석에서 어떤 것을 활용하고 사용하지 않을지 결정해서 필요한 요소들만 가져옵니다.

두 번째는, Tableau Desktop에서 시트마다 필터를 사용하기보다 데이터 원본 필터에서 필요한 부분들을 데이터 원본 필터 혹은 추출하는 경우에는 추출 필터를 적용합니다.

세 번째는, Tableau Desktop에서 Tableau Order of Operations(작동 순서 or 작업 순서)에 입각해서 필터를 적용합니다. Tableau 도움말(https://help.tableau.com/current/pro/desktop/ko-kr/order_of_operations.htm)에 Tableau 작동 순서에 대한 내용이 기술되어 있습니다.

필터라고 순서가 다 같은 것이 아니라 추출 필터부터 데이터 원본 필터, 컨텍스트 필터, 차원 필터, 측정값 필터, 테이블 계산 필터 순으로 우선순위가 적용됩니다. 그 사이사이에는 계산 영역의 작동 순서가 반영됩니다. 해당 내용을 참고해서 필터를 사용할 때 참고하길 바랍니다.

TIPS

실제로 고객 중에서도 회사 임원들을 대상으로 시연하는 경우가 있는데, Tableau를 기반으로 한 보고 화면에서 실제로 동작이 느려서 당황한 경우가 있다는 얘기를 가끔 들을 수가 있습니다. 이 경우에는 사전에 시연 또는 보고할 시나리오를 작성해 봅니다. 대표님을 비롯한 임원 대상으로 시연하는 자리인데 아무리 수치가 좋게 나오는 화면을 공유하더라도 화면 작동이 느리다면 조직 및 개인의 노력과 성과가 반감될 수 있습니다.

따라서 일차적으로 시연 시나리오를 작성하고, 시나리오에 따라 대시보드 내 주요 시연 영역을 미리 작동시켜 봅니다. 이때 필터를 비롯한 대시보드 동작(작업 또는 Action)을 적용하고 매개 변수를 적용했다면, 실제 시연할 때 해당 영역을 그대로 작동하면 훨씬 빠르게 화면이 변경되는 것을 볼 수 있습니다.

예를 들어, 우리가 시연(보고)하는 화면이 최신 데이터를 기준으로 한다면, 최신 날짜를 반영한 날짜 매개 변수(또는 날짜 필터)를 적용해 봅니다. 그 다음 양의 기준으로 상관관계를 발견하거나 양수와 관련된 색상으로 화면이 변경되는 것을 확인할 수 있다면, 반대로 음의 관계를 찾을 수 있는 비교 대상의 날짜도 한 번 찾아서 동작시켜 봅니다.

TIPS

성능을 높이기 위한 체크 리스트

① 추출 데이터 활용

성능 향상에 도움이 됩니다. 또한 추출 시에 사용하지 않는 필드들은 숨기기 처리를 합니다.

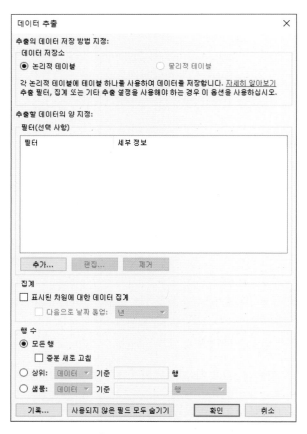

그림 2-14 데이터 추출 대화 상자

추출 이후에 새로 고침을 적용할 경우에 모든 행을 대상으로 전체 새로 고침을 하는 것이 아니라 증분 새로 고침 (Incremental Refresh)을 하면, 이전에 새로 고침 한 이후에 추가된 행만 추가할 수 있습니다. 예를 들어, 다음 이미지 에서는 추출을 리프레시할 때 새로 고칠 테이블을 지정할 수 있고, 이 테이블 내 새로운 행인지 식별 가능한 필드를 선 택해 추가하면 이후에는 해당 필드를 체크해서 추출 새로 고침을 설정할 수 있습니다.

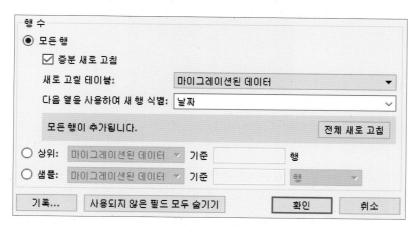

그림 2-15 증분 새로 고침으로 이전 추출 이후의 행만 추가 가능

전체 추출 새로 고침은 추출 파일 크기에 따라 작업 시간이 오래 걸려 DB 비용이 증가할 수도 있어, 전체 새로 고침이 필 요하지 않은 경우(이전 새로 고침 이전 데이터가 변경되지 않은 경우) 증분 새로 고침을 활용하는 것도 고려해 봅니다.

③ tds 파일 활용

Tableau Desktop 사용자들이 개별적으로 데이터 원본에서 계층 및 그룹, 계산식 등을 적용해 Tableau 서버에 업로드 하는 것이 아니라 기준을 갖고 사전에 tds 파일에 해당 부분을 반영해서 제공합니다.

tds란?

데이터 원본 파일(Tableau Data Source)은 자주 사용하는 원본 데이터에 빠르게 연결하기 위한 바로가기입니다. Tableau Desktop에서 '새 데이터 원본'을 연결할 때, 하단에 '저장된 데이터 원본' 영역이 나타납니다. 'Sample – Superstore'나 '세계 지표'와 같이 Tableau Desktop에 기본 내장된 저장된 데이터 원본 외에도, 자주 사용하는 데이터 원본을 지정된 경로에 저장하면 빠르게 데이터 원본에 접근해서 시각적 분석을 할 수 있습니다.

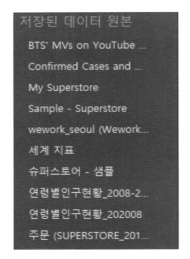

그림 2-16 샘플 데이터 원본 외에도 자주 사용하는 데이터 원본 저장 가능

저장된 데이터 원본을 저장하는 방법입니다. Tableau Desktop의 좌측 사이드바에 있는 데이터 패널에서 데이터 원본에 우클릭 > '저장된 데이터 원본에 추가'를 선택합니다. 그리고 저장할 경로를 내 PC > 문서 > 내 Tableau 리포지토리(My Tableau Repository) > 데이터 원본(Datasources)에 저장합니다.

내 PC › 문서 › My Tableau Repository › Datasources			
이름	수정한 날짜	유형	크기
연령별인구현황_202008	2020-09-02 오전...	Tableau 데이터 원본	51KB
BTS' MVs on YouTube (ibighit)	2020-07-30 오후...	Tableau 데이터 원본	34KB
Confirmed Cases and Deaths by Country, Territory, or Conveyance of CORONA19	2020-03-03 오후...	Tableau 데이터 원본	25KB
wework_seoul (Wework in Seoul)	2020-03-03 오후...	Tableau 데이터 원본	12KB
주문 (SUPERSTORE_2019)	2020-01-30 오후...	Tableau 데이터 원본	17KB
My Superstore	2020-01-13 오전...	Tableau 데이터 원본	20KB
연령별인구현황_2008-2019 추출	2020-01-12 오후...	Tableau 데이터 원본	6KB

그림 2-17 저장된 데이터 원본 저장 경로

자신의 PC에서 활용할 때는 파일 형식을 tds로 저장합니다. 그 대신 다른 사람들과 공유할 경우 tdsx 파일로 저장해 공유합니다.

tdsx란?

패키지 데이터 원본(.tdsx) - Tableau 패키지 데이터 원본 파일의 파일 확장명은 .tdsx입니다. 패키지 데이터 원본은 위에서 설명한 데이터 원본 파일(.tds)뿐만 아니라 추출 파일(.hyper 또는 .tde), 텍스트 파일, Excel 파일처럼 모든 로컬 파일 데이터를 포함하는 zip 파일입니다. 이 형식을 사용하면 컴퓨터에 로컬로 저장된 원래 데이터에 액세스할 수 없는 다른 사람과 공유할 수 있습니다. 즉 Tableau Desktop에서 피벗, 추출 필터, 계산된 필드 등을 다 만들어서 정제한 후에 데이터 원본을 제공합니다.

④ 계산식 만들 때 데이터 유형 참고

데이터 필드 유형들을 성능 기준으로 살펴보면, 숫자 or 부울(T / F) > 날짜 > 문자열 순입니다. 다음 예시는 먼저 문자열로 계산된 필드를 만든 예시입니다. IF THEN ELSE END로 이어지는 두 가지 케이스의 문자열 형태로 만든 필드입니다.

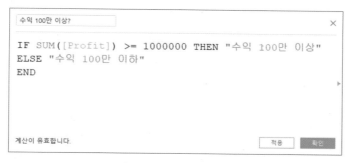

그림 2-18 문자열 계산식 만들기

이 경우 문자열로 각 항목을 쉽게 살펴볼 수는 있지만, 반면에 성능 저하를 불러올 수 있습니다. 이런 케이스가 다수 있다면 그림 2-19와 같이 부울(True or False) 형태로 계산식을 만들어 봅니다.

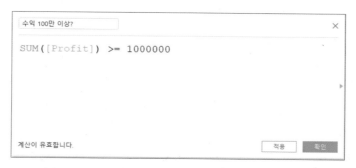

그림 2-19 문자열보다 성능 향상에 도움되는 부울(TF) 형태 계산식 만들기

이 경우에는 Profit의 합계가 1,000,000이 넘으면 True, 그 조건이 되지 않으면 False로 자동 인식되므로 Tableau 내에서 조건을 더 쉽고 빠르게 처리할 수 있습니다.

⑤ 데이터 혼합(Blend) 계산 사용 제한

여러 데이터 원본을 차례대로 쿼리하면서 시간이 오래 걸릴 수 있습니다. 가능하면 데이터 원본에서 처리하고, 뷰에서는 시각적 분석을 할 수 있도록 합니다.

⑥ 마크 수 줄이기

마크 수가 많을수록 렌더링 시에 시간이 오래 걸립니다. 예를 들어, 분산형 차트로 모든 주문 건수나 고객명을 표시하면 뷰에 많은 대상이 뿌려질 때, 즉 렌더링하는 데 시간이 많이 소요됩니다. 이 경우에는 분석할 범위를 좁혀서 마크 수를 줄이는 것이 효과적입니다.

⑦ 필터 수 최소화

뷰 안에서 필드 항목들을 제한할 때 가장 쉬운 방법이 필터를 사용하는 것이지만 쿼리 성능에 영향을 주므로, 사용이 편하다고 필터 수를 늘리는 것은 바람직하지 않습니다. 필터 선반에 필드들을 여러 개 올리는 방법 대신 대시보드 동작에서 원본 시트 내 항목을 선택하면, 나머지 시트에 관련 내용으로 필터를 추가하는 방법이 성능 향상에 도움이 됩니다. 따라서 사전에 대시보드를 구성할 때 원본 시트와 대상 시트를 구분해서 화면을 드릴다운 형식으로 구성해 봅니다.

⑧ 다중 선택 필터 줄이기

복수 개의 값을 필터 설정할 수 있는 다중 값(드롭다운)과 같은 형태의 필터는 로딩이나 렌더링 속도를 느리게 하는 요소입니다.

⑨ 필터

퀵 필터에서 '관련된 값만(Only Relevant Values)' 필터나 필터 선반에서 편집 시에 '제외' 항목을 체크하는 것은 성능에 영향을 줍니다. 따라서 '관련된 값만' 필터는 대시보드 동작에서 다른 시트의 필터 동작을 통해 범위를 제한할 때, '제외' 항목은 데이터 원본 필터나 추출 필터 적용 시에 활용합니다.

⑩ 대시보드 수 제한

대시보드의 수는 되도록 3 ~ 4개 정도로 제한합니다. 필요에 따라 더 많은 뷰를 활용할 경우, 성능이 떨어질 요소들을 제거하는 것이 좋습니다.

그 외에도 대시보드 크기를 자동으로 조정하는 것이 좋습니다. '자동' 크기로 설정한 경우, 대시보드를 활용하는 사람의 환경(상황)에 따라 레이아웃 범위를 새로 잡아야 해서 성능에 영향을 미칩니다.

02 | 사람 중심의 디자인

다음은 대시보드를 보(고받)는 사람을 가운데 두고 화면을 디자인하는 방법에 대한 안내입니다. 결국 대시보드는 작성자의 시선보다는 보는 사람이 데이터 탐색과 인사이트 도출까지 이른 시간에 도달할 수 있도록 안내하는 것이 목적입니다.

(1) 보(고받)는 사람의 시선이 가장 먼저 or 많이 가는 곳 공략하기

Sweet Spot(스위트 스폿)이란 실제 연주가 이루어지는 공연장이나 오디오를 통해 간접적으로 사운드를 청취하는 환경에서 가장 좋은 소리를 들을 수 있는 위치를 말합니다.

참고 네이버 지식백과 (https://terms.naver.com/entry.nhn?docId=1845123)

스위트 스폿이란 용어는 야구에도 등장합니다. 투수가 던진 공에 타자가 휘두르는 배트의 특정한 영역을 맞히면 강한 타구를 만들 수 있는데, 이 특정한 영역을 스위트 스폿이라고 합니다. 현대 야구에서는 하드 볼 히트 또는 배럴 타구 등으로 불리며 홈런을 비롯한 장타를 만드는데, 이 스위트 스폿을 적절히 이용하는 팀과 선수들이 좋은 성적을 거둡니다.

다시 데이터 시각적 분석 영역으로 돌아오면, 이 스위트 스폿은 사람들이 특정한 화면을 보고 시선이 가장 먼저 그리고 가장 많이 가는 곳을 말합니다. 대시보드를 구성하는 우리가 공략할 곳은 바로 이 스위트 스폿 영역입니다.

예전에 다닌 회사가 포털 회사이다 보니 사람들이 포털에서 어느 영역을 많이 클릭하는지 체크하고, 대규모 개편이 있을 때는 외부 사용자들을 대상으로 A, B 시안에 따라서 테스트를 진행하기도 했습니다. 그러면 사람들의 시선이 먼저 향하는 곳과 오래 머무르는 곳 등을 파악할 수 있습니다.

기본적으로 사람들의 시선이 가장 먼저 가는 곳은 좌측 상단 영역입니다. 그리고 그 주변부터 시작해서 넓게 퍼집니다.

그림 2-20은 좌측 상단에 2020년 한 해 동안의 전체 수익을 보여 주고, 그 밑에는 이전 달과 비교한 MTD와 PMTD의 값을, 그 밑에는 수익률(Profit Ratio)을 숫자 형태로 빠르게 파악할 수 있게 구성했습니다.

그리고 상단에 있는 제목과 그 밑에 있는 Trend로 전체 흐름을 파악하고, 하단에 있는 서울 시내 각 권역 수치로 세부 내용을 확인할 수 있습니다.

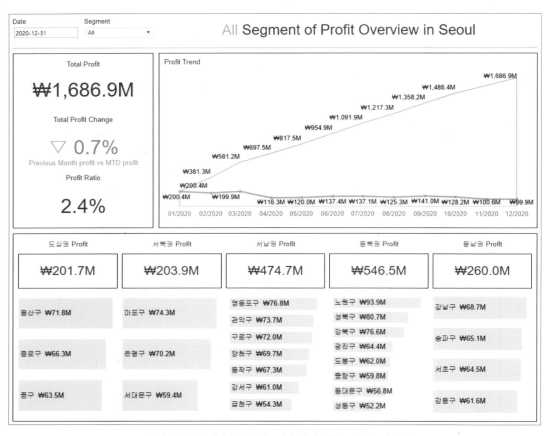

그림 2-20 사람 시선이 먼저 가는 좌측 상단에 중요 정보 우선 배치

이처럼 사람들의 시선이 가는 곳에 이들의 시선을 묶어 둘 수 있는 요소를 먼저 배치하는 것이 중요합니다.

참고 YouTube에서 'Gaze Opacity'를 검색해서 관련 영상을 찾아보길 바랍니다.

(2) 보(고받)는 사람이 집중하도록 Views & Colors 제한 두기

대시보드에서 많은 사람이 놓치는 것은 많은 정보를 제공하기 위해 다양한 뷰와 컬러를 사용하는 경우들입니다. 대시보드에는 한정된 공간이 있고, 사람들의 시선을 가져온 다음에 계속 유지하기 위해서는 사람들의 눈을 피곤하게 하거나 머리를 혼란스럽게 해서는 안 됩니다.

먼저 대시보드 내 View를 하나만 활용하는 경우입니다. 이 경우에는 워크시트에서 만든 하나의 뷰를 좀 더 크게 확대해서 보여 줄 때 활용합니다.

그림 2-21은 개인적으로 영화를 보고 나서 '왓챠' 서비스에 남긴 필자의 별점과 왓챠 서비스에서 제공하는 예상 별점과 관객 별점으로 만든 대시보드입니다.

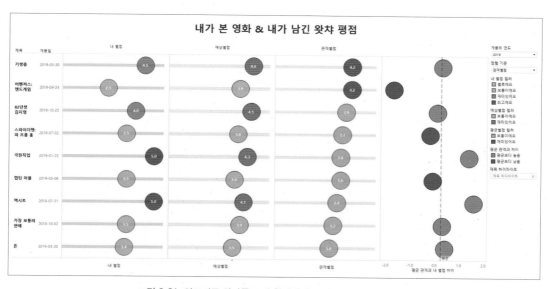

그림 2-21 워크시트 하나를 크게 확대해서 보기 위해 대시보드 활용

그림 2-22는 수도권과 나머지 지역을 세 개의 KPI 항목을 기준으로 지역별 비중을 살펴보는 대시보드입니다. 지역을 수도권과 기타로 단순화시켰고, 살펴볼 항목도 매출, 수익, 수량 세 가지만 표시했습니다. 그리고 50% 라인을 추가해서 비교했는데 매출과 수량은 큰 차이는 없었지만, 수익은 다른 항목들에 비해 수도권 지역이 상대적으로 좋지 않은 것을 살펴볼 수 있었습니다.

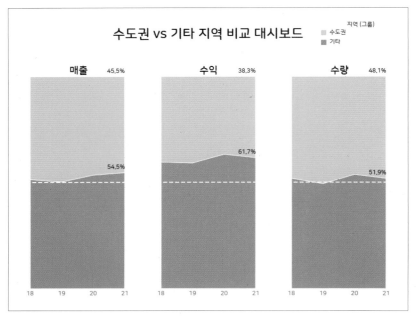

그림 2-22 비슷한 포맷의 워크시트 3개로 구성한 대시보드

그림 2-23 스타벅스 로고색을 기반으로 구한 색상

그림 2-23은 스타벅스 매장을 맵을 활용해 만든 대시보드입니다. 전체적인 컬러는 녹색을 기반으로 구성했습니다. 대시보드의 음영 색상과 매장 수와 같은 주요 영역은 초록색을 기반으로 했고, 맵도 Mapbox라는 맵 서비스에 있는 초록색 계열의 'Decimal' 맵을 활용했습니다. 그 외에 대시보드 제목과 워크시트 제목의 텍스트는 초록색과 대비되는 흰색을 활용했고, 흰색 바탕에 텍스트는 검은색을 활용했습니다.

색상을 과하지 않게 주요 색상과 보조 색상으로 구분해서 화면을 구성했습니다. 따라서 주요 색상은 회사의 브랜드 컬러를 사용하거나 시즌 및 트렌드에 맞는 색상을 적절히 활용하면 좋습니다.

먼저 회사 브랜드 컬러를 활용한 비교 대시보드를 살펴보겠습니다. NAVER와 KAKAO의 주식 데이터를 비교하는 대시보드로, 일별 종가에 대한 라인 그래프는 NAVER의 경우 초록색으로 적용했습니다.

그림 2-24 네이버와 카카오 주식 대시보드

NAVER는 포털과 앱에서 메뉴들이 초록색 바탕으로 되어 있어, 네이버 = 초록색이 오랫동안 많은 사람에게 인식되어 있습니다. 반면에 KAKAO는 CI 컬러로 활용하기엔 사람들이 무의식적으로 KAKAO로 캐치하기 어려워, CI보다는 주요 서비스 중 하나인 카카오톡의 바탕 색상인 노란색을 활용했습니다.

그림 2-25 네이버 모바일 앱에서 주요 영역이 초록색임을 쉽게 확인 가능

그림 2-26 카카오의 주요 서비스인 Daum과 카카오톡의 기본 색상은 노란색

그림 2-27은 한 해의 달력을 캘린더 차트로 표현한 대시보드입니다. 연말 즈음에 내년 달력을 보고 휴일을 파악해 미리 휴가 계획을 세우기도 하는데, 주말과 공휴일은 빨간색, 그 외 평일은 흰색으로 설정했습니다. 그 외 연말 분위기를 낼 수 있도록 성탄 트리에 주로 활용하는 빨간색과 대비되는 진한 초록색으로 화면을 구성했습니다.

이 외에 살펴볼 색상 테마로는 Pantone.com에서 매년 올해의 컬러를 발표하는데, 2021년은 Illu-MIN ating과 Ultimate Gray 두 가지 컬러를 선정했습니다. 이런 트렌드 컬러를 활용하면, 유행에 맞는 대시보드를 구성하는 데 도움을 받을 수 있습니다.

https://www.pantone.com/color-of-the-year-2021

그림 2-28은 2000년부터 2021년까지 선정된 올해의 컬러를 기반으로 만든 대시보드입니다.

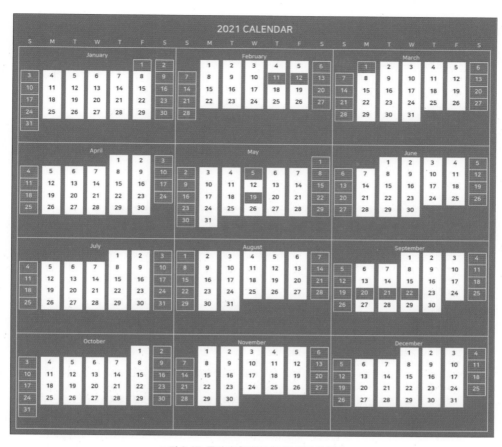

그림 2-27 주말과 휴일을 강조한 캘린더 차트

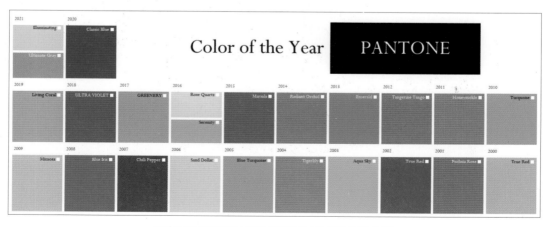

그림 2-28 연도별로 선정된 올해의 색상을 적용한 대시보드

(3) 보(고받)는 사람이 직접 참여하도록 유도하기

다음으로 살펴볼 내용은 사용자들이 대시보드를 보고 직접 참여를 유도하도록 화면을 구성하는 것입니다. 그림 2-29는 질병관리청 홈페이지에 올라온 일별로 코로나바이러스감염증-19 현황에 대한 카드 뉴스 이미지입니다.

그림 2-29 질병관리청 카드 뉴스

일별로 이미지를 새로 업데이트하는 방식도 의미가 있지만, 대시보드를 하나 만들고 데이터만 갱신하면 화면도 업데이트되도록 설정할 수 있습니다.

이전 카드 뉴스와 달리 좌측 상단에 3개의 매개 변수를 추가했습니다. 최신 날짜가 반영된 [기준 날짜]와 그로부터 N일 동안의 추세를 살펴볼 [최근 N일] 그리고 라인 그래프의 추세를 [기준 날짜]와 [최근 N일]을 기준 내를 보겠다면 '범위 내'를 선택하고, 그게 아니라 전체 범위로 보겠다고 하면 전체 기준으로 보기를 변경할 수 있는 [보기 변경] 매개 변수로 구성했습니다.

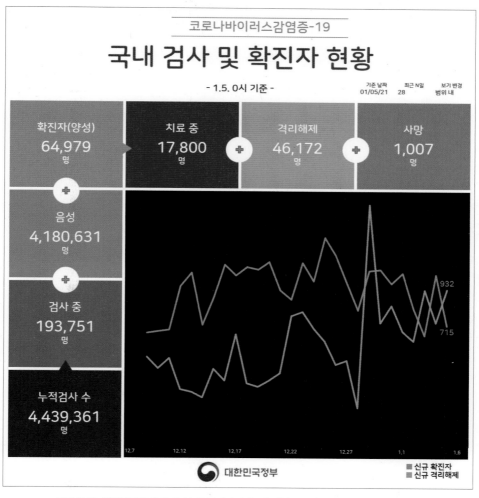

그림 2-30 질병관리청 홈페이지 〉 코로나바이러스감염증-19 〉 뉴스 & 이슈 〉 보도 자료 〉
브리핑 카드 뉴스 내 일간 이미지를 활용해 만듦

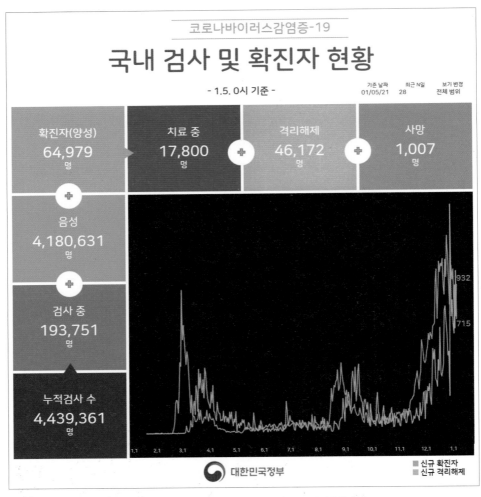

그림 2-31 대시보드 우측 상단의 '보기 변경' 매개 변수를 활용,
전체 범위로 변경해 일별 추이를 살펴볼 수 있음

이렇게 매개 변수를 활용해서 화면을 구성한 이유는 반복적인 작업은 줄이고, 데이터를 수동적으로 확인하는 것이 아니라 보는 사람이 직접 참여해서 세부 항목들을 살펴볼 수 있도록 하기 위해서입니다. 데이터는 한 방향으로 제공해 수동적으로 살펴보는 것이 아니라 자율성을 주고 스스로 데이터를 살펴볼 수 있도록 Data Literacy 관점에서 화면을 구성했습니다.

03 | 대시보드 구체화하기

(1) 보(고받)는 사람에게 궁금한 스토리 보여(들려) 주기

대시보드를 보는 사람이 지속해서 참여해서 인사이트를 얻으려면, 그들이 궁금해하는 스토리를 보여 주는 것이 필요합니다. 때로는 그들이 원하는 바를 마치 옆에서 들려주는 것처럼 대시보드 내에서 필요한 요소들을 추가해야 합니다.

그림 2-32에서는 데이터에서 찾은 인사이트를 스토리텔링 형식으로 제공합니다. 대시보드들을 모아서 스토리로 만들고, 스토리 포인트에 공유하려는 인사이트를 추가합니다. 만약에 해당 스토리 포인트에서 설명이 부족하면 주석을 추가합니다.

예를 들어, 하단은 연봉과 선수들의 성적 기반으로 산출되는 WAR 항목을 비교 분석한 화면입니다. 두 가지 변수를 각각 활용해 평균 이상 / 미만 기준 총 사분면으로 나누었습니다. 이 경우 평균과 성적(WAR) 모두 높은 수준이지만, 이것으로는 설명이 부족해서 우측 가운데 마크에는 별도로 주석을 추가해 부연 설명했습니다.

데이터를 시각적으로 탐색한 후에 인사이트 찾기까지 원활하게 이어질 수 있도록 안내하는 장치는 여러 가지가 있을 것입니다.

1) 워크시트 - 시트 제목, 주석 추가, 캡션을 표시합니다.

2) 대시보드 - 대시보드 제목, 텍스트 개체를 표시합니다.

3) 스토리 - 스토리 제목, 스토리 포인트를 표시합니다.

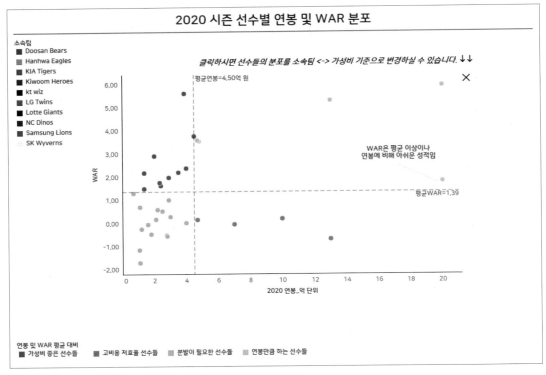

그림 2-32 사람들이 궁금한 영역(또는 아웃라이어)은 주석으로 표시

(2) 보(고받)는 사람에게 질문 구하고 답 얻어 업데이트하기

그림 2-33은 합계 출산율 대시보드입니다. 최근 30년간 우리나라의 합계 출산율이 계속 감소해 2019년 기준으로 전국 합계 출산율은 0.92명을 기록하고 있습니다. 우리 회사가 생활용품을 판매하는 온라인 쇼핑몰이라고 가정해 보겠습니다. 그리고 매년 감소하는 출산율에 대한 대책이 필요한 시점이며, 이를 극복하기 위해 변화에 직면해 있다고 가정해 보겠습니다.

이 경우 대시보드의 Sweet Spot 부분인 제목 하단의 질문으로 시작해 봅니다. 그러면 대시보드를 보(고받)는 사람 입장에서는 저 물음에 대한 답을 찾기 위해 안내된 가이드에 따라 탐색 과정을 가질 것입니다.

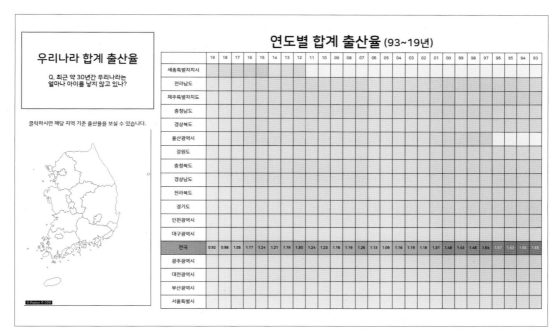

그림 2-33 사람들이 시선을 갖도록 대시보드 내 스위트 스폿 영역의 질문으로 시작

이번에는 Sales 데이터로 대시보드를 1차로 구현해 보겠습니다. 그림 2-34는 기준 날짜로부터 최근 N일 기간의 측정값 = Profit의 요약과 추세를 각각 표현한 화면입니다. 상단에는 기준 기간과 동일한 이전 기간에 대한 요약 정보를 텍스트로 표현했고, 하단에는 각각 해당 기간 추이를 라인 그래프로 표현했습니다.

앞의 내용을 토대로 받은 피드백은 다음과 같습니다.

1) 기준 기간과 이전 기간의 차이가 눈에 잘 안 들어옵니다.

2) 기준 기간과 이전 기간 추이를 같은 선상(같은 날짜 범위)에서 보고 싶습니다.

이 두 가지를 중점으로 개선을 요청합니다.

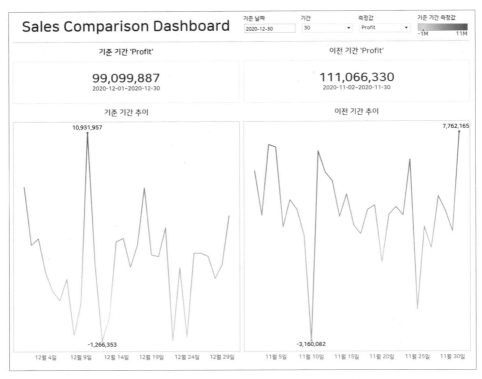

그림 2-34 같은 기간의 차이를 보기가 다소 불편해 보이는 대시보드

피드백을 받고서 Data Vizzer 또는 콘텐츠 생산자는 다음과 같이 개선 포인트를 잡습니다.

1) 이전 기간 대비 기준 기간의 측정값의 변화를 색상으로 스위트 스폿 영역에 표시합니다.

2) 기준 기간과 이전 기간의 추이를 같은 범위에서 보려면, 왼쪽에서 오른쪽으로 화면을 보는 것이 아니라 위에서 아래 방향으로 구성합니다.

3) 각각의 추이 옆에 기준 기간과 이전 기간을 배치합니다.

관련 개선 포인트를 바탕으로 대시보드를 그림 2-35와 같이 업데이트합니다.

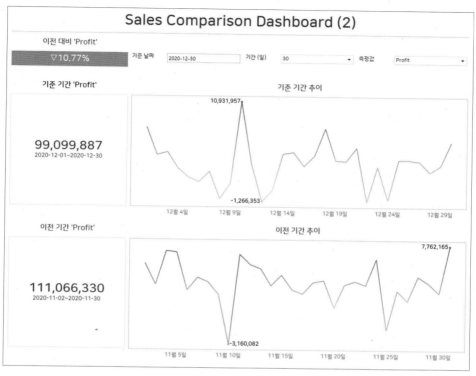

그림 2-35 같은 선상에서 추세를 살펴볼 수는 있으나 더 좋은 방법은 없을까?

그리고 업데이트한 내용을 기준으로 메일 또는 메신저를 통해 다음과 같은 메시지를 받았다고 가정해 봅니다.

1) 많은 부분이 개선된 것 같습니다.

2) 이전 기간과 비교해 상단에서 비율 차이를 색상으로 금방 파악할 수 있었습니다.

3) 또한 같은 날짜 범위에 대한 비교인지도 인지할 수 있었습니다.

4) 혹시 기준 기간 추이와 이전 기간 추이를 하나로 합치면 비교하기 더 쉽지 않을까요?

또한 Tableau Server나 Tableau Online의 관련 Viz에서 댓글로 의견을 교환할 수 있습니다. 그림 2-36과 그림 2-37은 관련 예시를 스냅숏으로 구성해 본 것입니다.

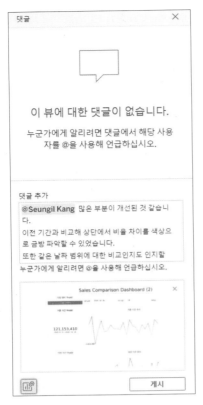

그림 2-36 Tableau Server / Online에서 해당 뷰에 댓글로 의견 추가 가능. 또한 댓글에 스냅숏을 추가해 어느 부분에 대한 의견인지 명확하게 표시 가능

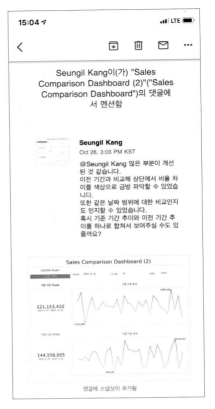

그림 2-37 Tableau Server / Online에서 멘션되면 안내 메일을 보고 대응

댓글이 추가되면, 언급된 사람에게 즉시 메일로 해당 내용이 전송됩니다. 그러면 관련 메시지를 확인 후에 다시 개선 포인트를 찾고 업데이트를 진행합니다. 한 번 더 개선 포인트를 잡습니다.

1) 기준 기간과 이전 기간을 같은 뷰에서 같은 범위로 설정하기 위해 동 기간을 설정하는 방법을 고려합니다.

2) 같은 뷰에 위치할 경우 '기준 기간'과 '이전 기간'을 색상으로 구분합니다.

3) 구분한 색상을 '기준 기간'과 '이전 기간' 요약 텍스트에 반영합니다.

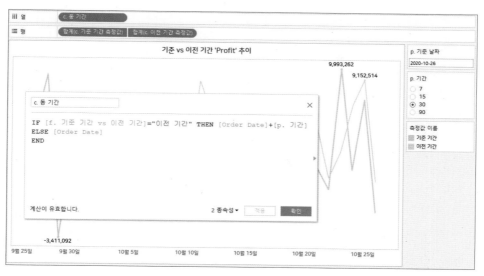

그림 2-38 하나의 워크시트에서 같은 기간 추세를 보임

그리고 그림 2-39와 같이 업데이트합니다.

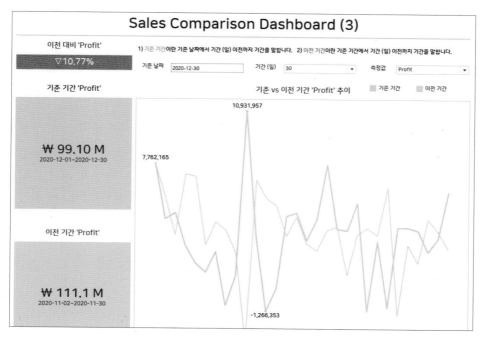

그림 2-39 대상이 한눈에 잘 들어오도록 구성

추가로 '기준 기간'과 '이전 기간'이란 용어가 어느 기준인지 다른 사람들이 모를 수도 있습니다. 관련 용어를 대시보드 상단에 가이드 텍스트로 추가해서 이 대시보드를 처음 보는 사람들에게도 도움을 줍니다.

이 외에도 더 개선할 포인트가 생길 수 있습니다. '기준 vs 이전 기간 'Profit' 추이' 뷰에 일별 추세만 있는데, 해당 기간 기준과 이전 기간의 누적 추이를 보고 싶은 니즈도 있을 것입니다. 만약 그런 피드백을 받는다면, 라인을 결합한 축과 이중 축을 활용해 표현할 수 있을 것입니다.

한정된 공간에서 표현하는 방법은 다양합니다. 또한 대시보드를 이용하는 사람 입장에서는 데이터 시각적 분석에 대한 아이디어는 많지만, 직접 구현하기 어려울 수도 있습니다. 그런 경우에는 데이터 시각적 분석을 할 때 콘텐츠 생산자 입장에서는 피드백을 받은 내용을 토대로 개선 포인트를 잡고 구현한 다음, 주변 동료 및 코멘트를 준 사람에게 피드백에 대한 결과물을 공유합니다. 이런 개선 업데이트는 한 번으로 그치지 않을 수도 있습니다. 다만 한 번 잘 구축해 놓은 화면은 찾는 사람이 많아지고, 이를 통해 주기적으로 인사이트를 찾기 위해 자주 방문하게 되어 다른 뷰에 비해 신뢰도가 높습니다.

(3) 보(고받)는 사람에게 원 페이지로 보고하기

이번에는 보(고받)는 사람이 Tableau 데스크톱이나 서버에 연결해서 보는 것이 아니라 원 페이지로 보고받길 원하는 경우 예시입니다.

이 경우에는 한 페이지에 모든 정보가 표시되어야 합니다. 그런데 원하는 영역에 모든 정보가 깔끔하게 표시되지 않는 경우들이 발생할 수 있습니다. 이럴 때는 주요 마크들마다 주석을 추가하는 것도 하나의 방법입니다. 이 외에도 화면을 Flat File로 공유하는 방법은 여러 가지가 있습니다.

1) 워크시트 - 이미지 복사(ppt, excel, 메신저, 메일 등에 붙이기), 이미지 내보내기

2) 대시보드 - 이미지 복사, 이미지 저장, 다운로드 개체(크로스 탭, 이미지, PDF, PPT로 다운로드 선택 가능)

3) 스토리 - 이미지 복사, 이미지 내보내기

4) Tableau 워크북 - PPT, PDF 다운로드 가능

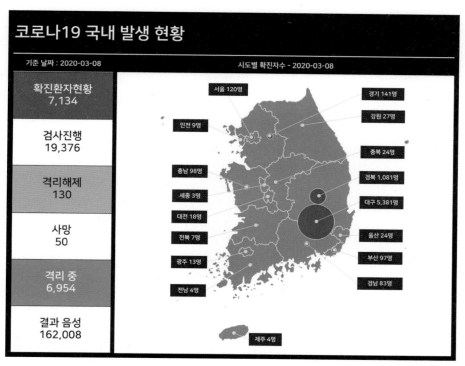

그림 2-40 마크들이 겹치지 않는 선에서 모든 내용 표시

지금까지 살펴본 효율적인 대시보드 만들기의 핵심 포인트를 요약해 보겠습니다.

1) 계획부터 잘 세우자.

2) 사용성을 중심에 두고 디자인하자.

3) 보는 사람이 궁금해할 내용으로 채우자.

CHAPTER 03

주제에 적합한
시각화 방법

데이터 분석, 특히 시각적 분석에서 가장 기본적인 사용 방법은 시간의 흐름에 따라 추세를 살펴보는 것입니다. 숫자들이 전체적으로 올라가는 추세인지, 특정 기간에 발생한 이벤트의 효과가 실제로 있었는지, 수치가 나빠졌다면 언제부터 그런 현상이 발생했는지를 시간 순서에 따라서 살펴볼 수 있을 것입니다.

01 ▎ 시간의 흐름에 따른 화면 구성

데이터 분석, 특히 시각적 분석에서 가장 기본적인 사용 방법은 시간의 흐름에 따라 추세를 살펴 보는 것입니다. 숫자들이 전체적으로 올라가는 추세인지, 특정 기간에 발생한 이벤트의 효과가 실제로 있었는지, 수치가 나빠졌다면 언제부터 그런 현상이 발생했는지를 시간 순서에 따라서 살펴볼 수 있을 것입니다. 이때 활용할 수 있는 시각적 표현 방식은 라인, 영역, 막대 차트 등이 있습니다.

(1) 라인

첫 번째 살펴볼 시각적 표현은 라인 차트입니다. Tableau에서는 날짜 및 시간 유형의 필드를 활 용하면 우선 노출되는 마크는 라인입니다.

다음 예시에서는 시청률을 행 선반에 놓고 열 선반에 날짜 필드를 올려서 시간별 추세를 살펴봅니다. 둘의 비교를 위해 상단에 매개 변수 및 요약 정보를 배치하고, 같은 기간 라인 그래프로 추세를 살펴볼 수 있도록 구성했습니다. 또한 보조적인 역할로 각 라인 평균 라인과 시작부터 끝 지점까지 참조선을 추가해 범위를 표시했습니다.

다만 라인 차트를 구성할 때는 [날짜] 관련 필드는 행 선반보다는 열 선반에 배치하는 것이 좋습니다. 시간별 추세를 살펴볼 때 사람의 시선은 왼쪽에서 출발해 오른쪽으로 이동하는 데 익숙해져 있는데, 행 선반에 시간 속성의 필드가 들어가면 추이를 판단하는 데 어려움을 겪습니다.

워크시트에서 [날짜] 유형 필드를 먼저 더블 클릭하면 열 선반에 먼저 배치됩니다. 또한 측정값을 행 선반에 놓고 [날짜] 유형 필드를 더블 클릭하면 역시 열 선반에 올라갑니다. 그 이유는 데이터 시작 시점부터 끝 지점까지 추세를 보는 방식이 열 선반을 기준으로 좌에서 우로 이어지면서 보는 방식이 사람 눈에 익숙하기 때문입니다.

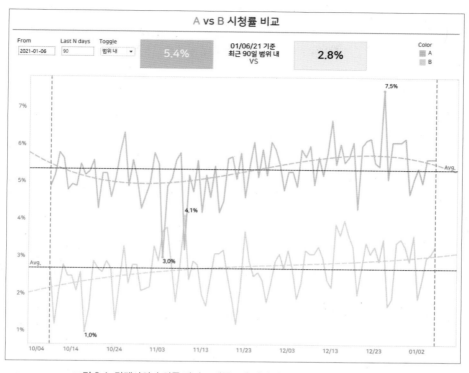

그림 3-1 경쟁사의 수치를 라인 그래프로 추세에 따른 비교 화면을 구성한 예시

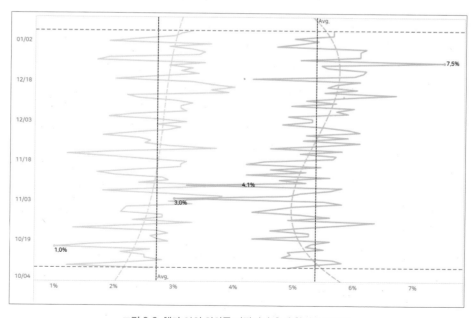

그림 3-2 행과 열의 위치를 바꿨더니 추세 확인이 어려움

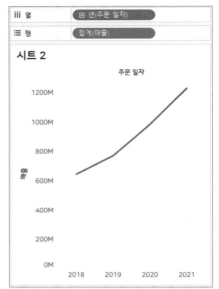

그림 3-3 날짜 및 시간 유형 필드는 열 선반에 우선 배치

(2) 영역

일반적인 영역 그래프는 라인 그래프와 비슷하나 다른 점은 기본 영역은 값이 여러 개일 경우 영역(Area)이 누적되어 나타나는 경향이 있습니다. 이런 경우에는 누적해서 볼 것인지 개별적으로 살펴볼 것인지 미리 결정하는 것이 필요합니다.

막대에서 누적 막대를 표현하는 것처럼, 영역 그래프도 전체 영역을 차원값을 기준으로 색상으로 구분할 경우 기본적으로 누적 표시로 표현됩니다. 누적이 필요 없고 개별적으로 화면을 구성하겠다면, 상단 분석 메뉴에서 마크 누적을 해제합니다.

그림 3-4는 2016년 11월부터 2020년 11월까지 월간 온라인 쇼핑몰 매체별 거래액의 추이 대시보드입니다. 여기에서는 라인 차트가 아니라 영역 차트로 표현한 이유는 데이터 원본의 시작에는 '인터넷쇼핑'과 '모바일쇼핑'의 거래액 차이는 별로 없었으나 시간이 지날수록 그 격차는 계속 벌어지는 것을 극적으로 표현하기 위해서입니다.

이때 영역에서 마크 누적은 해제하고, 그 대신 모바일과 인터넷쇼핑의 차이를 나타내는 두 영역 사이에 색상을 추가했습니다. 그리고 이 둘의 차이를 극적으로 더 보여 주기 위해 테두리는 굵게 표시하고 추세선을 추가해서 인터넷쇼핑은 완만하게 거래액이 증가하는 반면, 모바일쇼핑은 가파르게 상승하는 효과를 보여 줄 수 있습니다.

2020년 11월 자료는 추정치이나 온라인 쇼핑몰 거래액이 처음으로 15조가 넘었으며, 모바일 거래액도 10조가 넘었습니다.

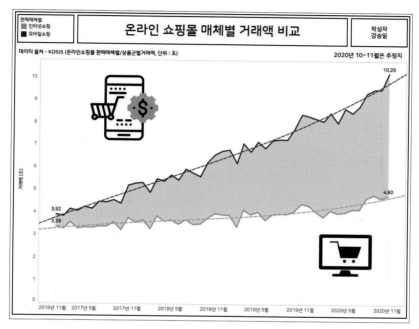

그림 3-4 비교 대시보드에서는 비교 대상을 극적으로 표현할 방법 고민 필요

그림 3-5는 KAKAO T Bike 이용 내역에 대한 대시보드입니다. KAKAO T Bike를 이용하는 동안 웨어러블 기기를 활용해 수집한 데이터로, 상단에는 요약 정보를 숫자로 크게 표시하고, 그 하단에는 주별 평균 수치에 대해 영역 차트로 표현해 봤습니다. 또한 대시보드의 성격에 맞게 해당 서비스의 로고 색상은 대시보드 주요 색상으로 활용했습니다.

운동하면서 오르막과 내리막을 이동하는 것처럼 화면을 보여 주고자 영역 마크를 활용했고, 전반적으로 KAKAO T Bike의 로고 색상과 같도록 구성했습니다.

그림 3-5 영역 그래프는 흐름을 살펴보는 데 유용

(3) 막대

막대 그래프 역시 추이를 살펴보는 데 적합합니다. 라인 그래프는 기본적으로 처음부터 특정 영역까지 이어서 보여 주는 방식이라면, 막대는 추세를 반영하면서도 각각 분리해서 화면을 개별적으로 구성하는 데 적합한 방식입니다.

그림 3-6은 손흥민 선수의 최근 6시즌 동안 기록한 득점을 기반으로 만든 막대 차트입니다. 시즌별로 전체적인 골 수 외에도 대회 유형에 따른 득점 추세도 살펴볼 수 있습니다.

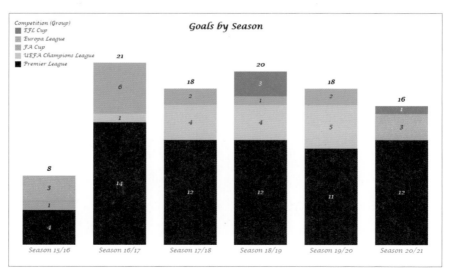

그림 3-6 막대 그래프로도 전반적인 추세를 살펴보는 것이 가능 (20/21 Season은 시즌 중 데이터)

그림 3-7은 막대와 라인을 함께 구성해 봤습니다. 연간 출국 인원 비교를 2011년부터 최근 10년 동안 추세를 막대와 라인으로 조합해서 표현했습니다. 막대 그래프에는 연간 출국 인원과 전년 대비 비교를 추가했고, 보조적으로 계속 상승 추세에서 2020년은 팬더믹으로 인해 감소하는 모습을 조금 더 극적으로 보여 주기 위해 라인 그래프도 함께 표현했습니다.

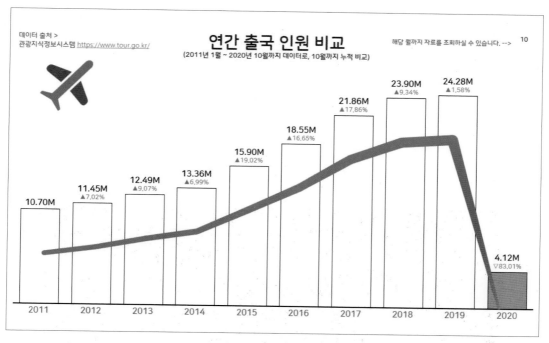

그림 3-7 2020년은 이전과 달리 출국 인원이 대폭 감소

02 | 순위 기반 비교

순위는 항목 간의 상대적인 우열을 가릴 수 있는 요소입니다. 기본적으로 상위 레벨을 상단 혹은 왼쪽에 배치하고, 내림차순으로 정렬하는 것이 일반적입니다.

(1) 막대

막대는 추세에도 적합하지만 순위를 표현하는 데도 좋은 시각적 표현입니다. 회사에서 관리하는 브랜드 및 제품에 대한 순위부터 회사 구성원들의 특정 항목별 순위를 표시할 수 있습니다. 그림 3-8은 유튜브 채널의 현황 대시보드입니다.

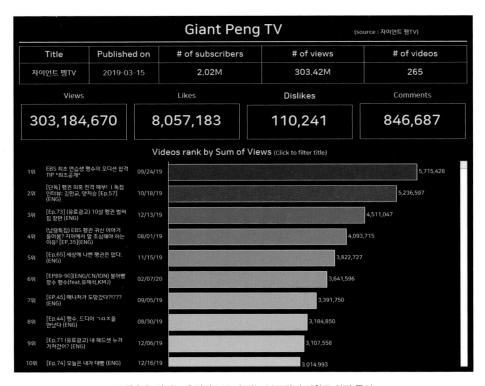

그림 3-8 막대는 측정값으로, 순위는 보조적인 역할로 화면 구성

앞의 대시보드는 총 3단으로 구성되어 있습니다. 첫 번째는, 제목 및 채널의 요약 정보가 들어가 있습니다. 두 번째는, 시청자들의 참여에 따른 수치를 보여 줍니다. 세 번째는, 좀 더 세부적인 데이터로 각 영상의 조회 수를 기준으로 순위를 표시했습니다.

일반적으로 항목이 많은 경우에는 그림 3-8처럼 가로 막대로 만드는 것이 일반적입니다. 왜냐하면 항목이 많으면 화면에서 자동으로 스크롤이 생기는데, 이때 좌우 스크롤보다는 상하 스크롤이 일반적입니다.

우리가 매일 사용하는 모바일 앱을 생각해 봅니다. 뉴스나 검색 결과에서 초기 화면 이후에 더 많은 정보를 어떻게 보는지요? 손가락으로 화면을 좌우로 이동하면서 보나요? 아니면 상하로 움직이면서 보나요?

그림 3-9 네이버와 다음 모바일 앱의 검색 결과 화면 스크롤 위치

따라서 화면을 구성할 때는 사람들의 행동 패턴이나 기존에 잘 구성된 서비스의 UX를 데이터 시각적 분석에 활용해야 합니다.

그림 3-10은 막대 그래프를 활용했을 때 모든 값이 같은 방향이 아닌 경우입니다. 당월 수익 MTD를 전월 수익 MTD와 비교한 막대 차트인데, 맨 아래에 있는 중랑구는 다른 구와 달리 당월에 마이너스 수익을 기록해서 0을 기준으로 반대편에 있습니다.

이 경우 순위를 화면 왼쪽에 배치하면 맨 아래에 있는 중랑구는 순위와 막대 차트의 레이블이 겹쳐서 나타날 수도 있습니다. 따라서 이럴 때는 열 선반 빈 여백에 AVG(0)를 넣고 마크를 텍스트 마크로 적용합니다. 그리고 기존에 막대 마크로 활용한 필드와 이중 축을 결합하면, 순위와 레이블이 겹치지 않도록 표현할 수 있습니다.

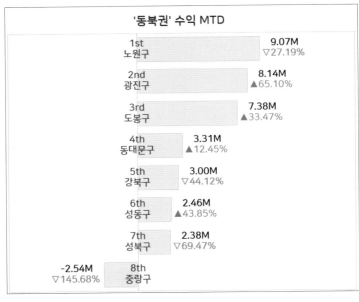

그림 3-10 양쪽으로 차트를 표현해야 한다면, 가운데 순위 배치도 고려

(2) 라인

라인은 전체적인 추세를 보는 데 적합한 시각화 방법입니다. 그림 3-11과 그림 3-12는 잉글랜드 프리미어 리그 축구 2003-04 시즌부터 2020-21 시즌의 순위 변동을 표현한 대시보드입니

다. (본 책이 출간될 시점에서는 2020-21 시즌이 진행 중이므로, 해당 시즌은 최종 순위는 아님을 참고하길 바랍니다.)

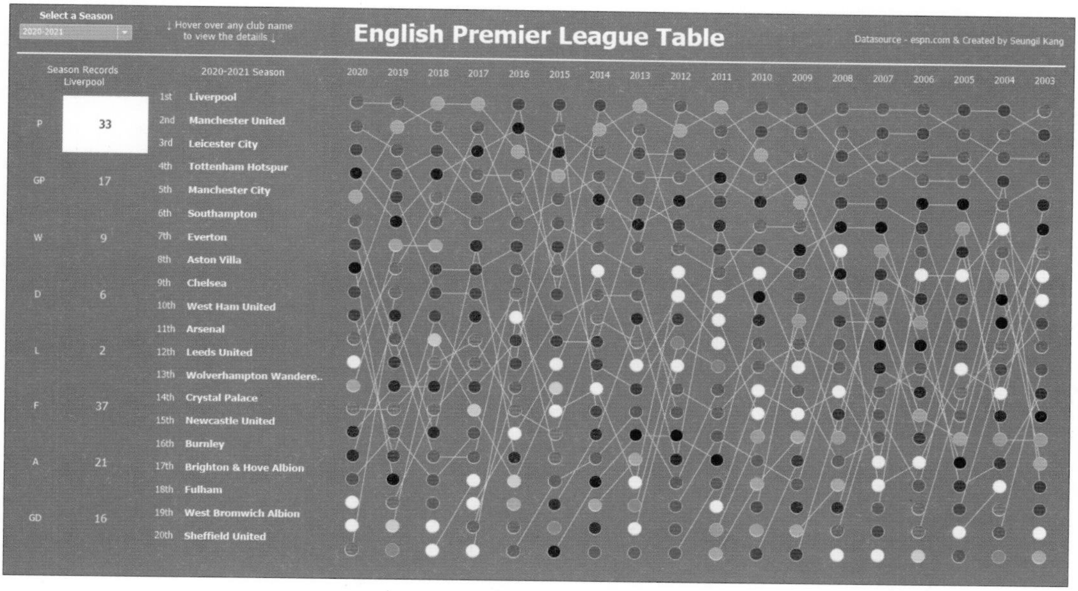

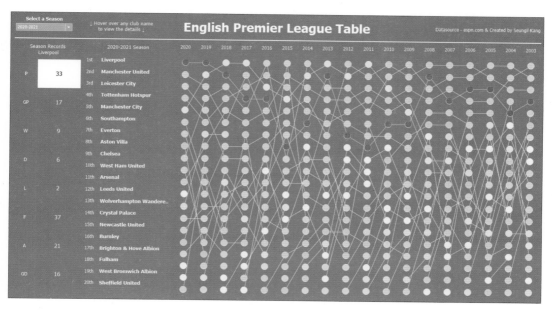

그림 3-11 팀별 순위에 대한 추세는 라인으로, 팀별 고유 컬러는 원 마크로 처리

그림 3-12 팀명을 선택하면, 해당 팀의 추이만 집중해서 볼 수 있게 구성

특정 팀명에 마우스 오버하면, 최근 약 20년간의 순위 흐름이 하이라이팅되도록 설정했습니다.

(3) 텍스트

이번에는 순위를 텍스트 형태의 리스트로 함께 표현하는 방식입니다. 그림 3-13은 음악 차트를 텍스트 테이블로 표현한 뒤 순위를 표시한 항목입니다. 실시간 데이터를 반영하기에 각 테이블 우측에 순위 등락도 함께 표시했습니다.

Melon 일간 Top 30 (2021-01-07 오후 7:10:41)

1-10위

순위	곡	앨범	등락
1위	VVS (Feat. JUSTHIS) (Prod. Groovy..	쇼미더머니 9 Episode 1	→ 0
2위	밤하늘의 별을(2020)	밤하늘의 별을(2020)	→ 0
3위	Dynamite	Dynamite (DayTime Version)	→ 0
4위	잠이 오질 않네요	잠이 오질 않네요	→ 0
5위	내일이 오면 (Feat. 기리보이, BIG Naughty (..	쇼미더머니 9 Episode 3	→ 0
6위	힘든 건 사랑이 아니다	힘든 건 사랑이 아니다	→ 0
7위	Lovesick Girls	THE ALBUM	→ 0
8위	취기를 빌려 (취향저격 그녀 X 산들)	취기를 빌려 (취향저격 그녀 X 산들)	→ 0
9위	Life Goes On	BE	→ 0
10위	오래된 노래	오래된 노래	→ 0

11-20위

순위	곡	앨범	등락
11위	CREDIT (Feat. 염따, 기리보이, Zion.T)	쇼미더머니 9 Final	→ 0
12위	Savage Love (Laxed - Siren Beat) (BTS Re..	Savage Love (Laxed - Siren Beat) [BTS Re..	→ 0
13위	내 마음이 움찔했던 순간 (취향저격 그녀 ..	내 마음이 움찔했던 순간 (취향저격 그녀 ..	→ 0
14위	나랑 같이 걸을래 (바른연애 길잡이 X 적재)	나랑 같이 걸을래 (바른연애 길잡이 X 적재)	→ 0
15위	어떻게 이별까지 사랑하겠어, 널 사랑하는 거지	항해	↑ 1
16위	Achoo (Feat. pH-1, HAON) (Prod. Groovy..	쇼미더머니 9 Episode 3	↓ 1
17위	에잇(Prod.& Feat. SUGA of BTS)	에잇	→ 0
18위	When We Disco (Duet with 선미)	When We Disco	↑ 2
19위	ON AIR (Feat. 로꼬, 박재범 & GRAY)	쇼미더머니 9 Final	↓ 1
20위	Freak (Prod. Slom)	쇼미더머니 9 Episode 1	↓ 1

21-30위

순위	곡	앨범	등락
21위	혼술하고 싶은 밤	혼술하고 싶은 밤	→ 0
22위	흔들리는 꽃들 속에서 네 샴푸향이 느껴진..	멜로가 체질 OST Part 3	→ 0
23위	늦은 밤 너의 집 앞 골목길에서	늦은 밤 너의 집 앞 골목길에서	→ 0
24위	어떻게 지내 (Prod. By VAN.C)	어떻게 지내	→ 0
25위	How You Like That	How You Like That	↑ 2
26위	딩가딩가 (Dingga)	딩가딩가 (Dingga)	→ 0
27위	모든 날, 모든 순간 (Every day, Every Mo..	키스 먼저 할까요?' OST Part.3	↑ 1
28위	뿌리 (Feat. JUSTHIS) (Prod. Groovy..	쇼미더머니 9 Episode 3	↓ 3
29위	아로하	슬기로운 의사생활 OST Part 3	→ 0
30위	METEOR	Boyhood	→ 0

그림 3-13 테이블 형태는 평면적인 화면 구성으로 변동(등락)도 추가

03 | 상관관계

측정값 두 개를 비교해서 의미 있는 분석을 할 때 쓰는 기법이 상관관계입니다. A라는 요인이 B에 영향을 끼치는지 보여 줄 때 적합합니다.

예를 들어, '할인을 많이 해 준다면 매출은 늘어나는가?' 또는 '할인을 많이 해 주면 수익에는 영향을 미치는가?'와 같은 물음에서 출발합니다.

그림 3-14는 프로야구 선수들의 성적(WAR)과 연봉의 상관관계를 표현한 차트입니다. 일반적으로 연봉을 많이 받는다는 것은 그동안 보여 준 성과가 커서, 선수들이 연봉 대비 퍼포먼스를 냈는지에 관한 물음에서 출발한 대시보드입니다.

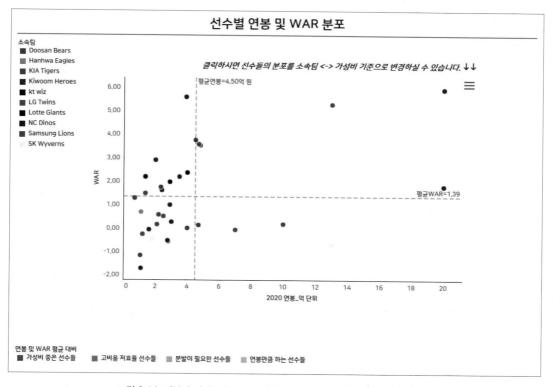

그림 3-14 연봉과 성적(WAR)이라는 두 측정값의 상관관계를 표현한 대시보드

연봉과 WAR 기준으로 특정 소속 선수들을 마크로 표시하고, 각각 평균보다 이상과 미만을 기준으로 사분면에 색상을 표시했습니다.

그림 3-15와 그림 3-16은 Tableau에 기본 내장된 World Indicator 데이터를 활용해 아시아 국가별 휴대폰 사용률과 인터넷 사용률 추이를 분산형 차트로 표현해 봤습니다.

국가별로 이 흐름을 측정하기 위해 애니메이션을 적용한 화면으로, 2000년에서 2012년까지의 흐름을 라인과 원 마크가 사용된 이중 축으로 표현해 봤습니다. 또한 다른 아시아 국가들과 차별화를 두기 위해, 우리나라는 별도의 색상(파란색)으로 표시해서 눈에 잘 띄도록 구성했습니다.

그림 3-15 두 가지 측정값을 분산형 차트로 구성

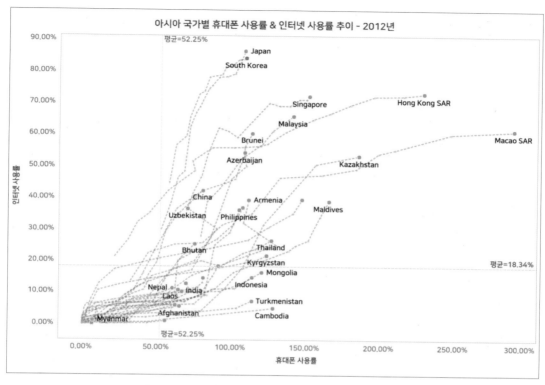

그림 3-16 연도별 변화를 살펴보기 위해 애니메이션 처리로 흐름 추적

04 | 부분 – 전체 분석

부분 – 전체 분석은 전체(Total)에서 각각의 부분이 차지하는 비중을 나타내는 데 적합한 표현 방법입니다.

부분 – 전체 분석에서 많이 쓰는 것이 파이 차트와 도넛 차트입니다. 그런데 파이 차트와 도넛 차트는 단점이 있습니다. 항목이 많을 때는 파이가 작은, 즉 각도가 작은 파이들의 값들을 제대로 비교해서 볼 수 없습니다.

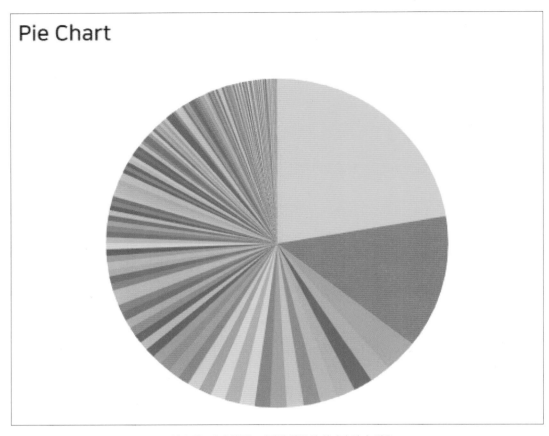

Pie Chart

그림 3-17 파이 차트는 인접한 항목 간 차이만 알 수 있음

파이와 도넛 차트 대신 전체에서 각 부분의 비중을 살펴볼 수 있는 대안을 찾아보겠습니다. 바로 누적 막대 차트입니다. 누적 막대 차트는 엄밀히 말하면 막대 차트에 색상으로 마크를 구분하는 시각화 방법입니다.

누적 막대 차트는 다음 경우에 유용합니다.

첫째, 전체에서 각 부분의 수치를 비교할 때입니다.

둘째, 축을 따라서 숫자들의 분포를 비교할 때입니다.

그림 3-18은 연도별 매출을 100%로 보고, 3가지 고객 세그먼트의 연도별 비중을 표현한 누적 막대 차트입니다. 축의 범위는 0 ~ 100% 사이입니다.

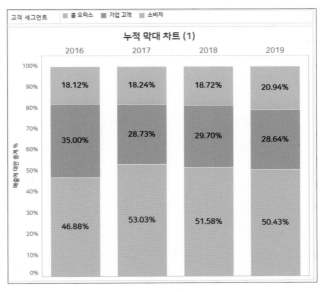

그림 3-18 전체에서 부분별 비중을 표시한 누적 막대 차트

그림 3-19는 비중이 아니라 전체 매출을 범위로 표현하고, 각 고객 세그먼트의 숫자를 표시하고, 비중은 보조적으로 표현했습니다.

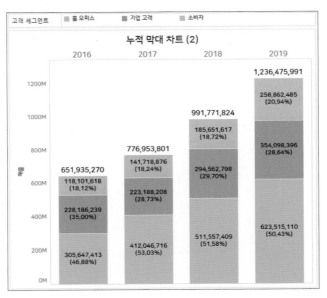

그림 3-19 축을 따라 수치 표시, 비중은 보조적으로 표시

이번에는 트리맵을 활용한 예시입니다. 트리맵은 사각형의 크기에 따라 화면을 분할해서 표현하는 차트입니다. 항목이 많은 경우 막대 차트나 텍스트 테이블은 한 화면에 표현할 수 없지만, 트리맵은 스크롤 없이 한 화면에 많은 항목을 표현할 수 있습니다.

그림 3-20은 필자의 Tableau Public의 데이터 시각화 결과물들을 각각 List와 Treemap으로 구성한 대시보드입니다. 'List' 시트는 레이블 형태로 구성했으나 200여 개의 Title을 한 화면에 표현할 수는 없는 반면에, 'Treemap' 시트는 사각형의 크기로 구분해서 측정값이 큰 항목을 주목해서볼 수 있는 장점이 있습니다.

다만 Treemap은 모든 텍스트를 레이블로 표시할 수 없는 경우, 도구 설명에서 좀 더 풍부한 설명 및 수치를 보여 주면 좋습니다.

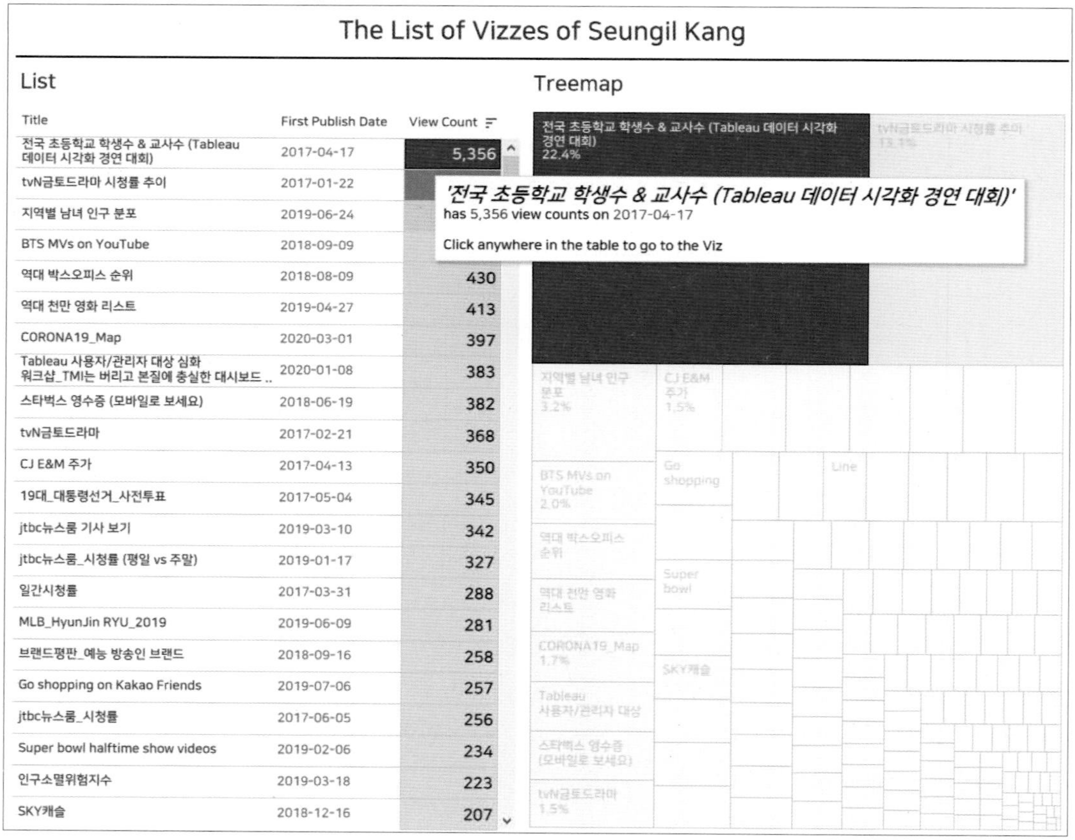

그림 3-20 트리맵으로 모든 항목을 스크롤 없이 한 화면에 구성

05 | 구간 차원

어느 야구 선수의 일별 투구 수를 분석해 공의 속도(구속)에 따른 구간 차원으로 만든 대시보드입니다. 구속을 1mph(miles per hour) 기준으로 하여 구간 차원을 만듭니다. 그리고 구종을 색상으로 구분하고, [Date]를 필터로 활용합니다.

Date 필터를 활용하면 일자별로 구간 차원을 살펴볼 수 있는데, 성적이 좋은 날과 아닌 날 구속의 차이를 살펴볼 수 있습니다.

예를 들어, 구속(공의 속도)이 좋은 날은 컨디션이 좋다고 판단할 수도 있고, 이를 바탕으로 그날 성적이 좋았는지 체크할 수 있습니다. 반대로 구속이 좋지 않은 날은 공이 빠르지 않아 패스트볼(빠른 공) 계열보다 변화구 위주로 공을 던졌다면, 성적을 비교해서 볼 수 있습니다.

이를 통해 데이터를 축적하다 보면, 초반에 구속이 좋은 날과 아닌 날에 따라 그에 따른 피칭 패턴으로 나머지 경기를 살펴봐도 좋을 것 같습니다.

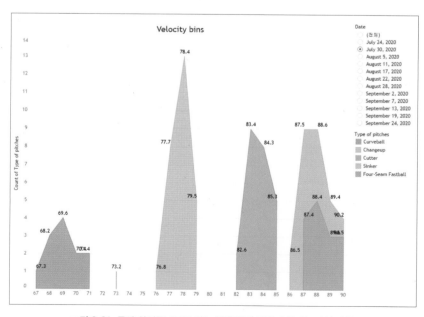

그림 3-21 구간 차원(Bin)으로 어느 구간에 값이 많이 몰리는지 보여 줌

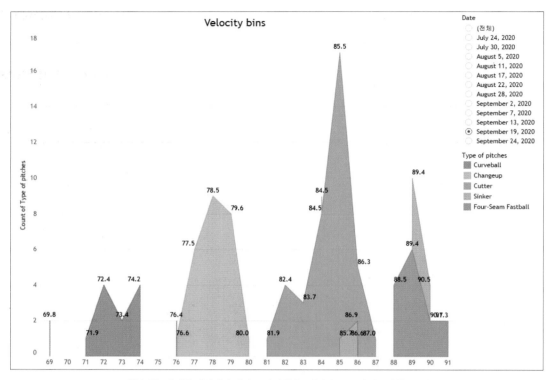

그림 3-22 날짜를 변경하면 일별로 어떤 공을, 어떤 속도로 던졌는지 확인 가능

06 | 분포

분포는 전체에서 특정한 차원 내 값들이 어느 범위로 펼쳐져 있고, 어디에 몰려 있는지를 보여줄 때 적합한 표현 방식입니다.

여기에서는 스타벅스 구매 데이터를 활용해서 같은 아이템이나 아이스와 일반으로 구분해서 박스 플롯으로 분포를 작성해 봤습니다.

데이터에서 구매 내역을 기준으로 아이스와 일반 음료로 분리해 각각 박스 플롯으로 구매 건수를 표현하고, 이를 일반 음료는 오렌지색, 아이스 음료는 하늘색 원 마크로 표시했습니다. 그리고 같은 아이템끼리 라인으로 표시하고, 라인과 원을 이중 축으로 활용했습니다.

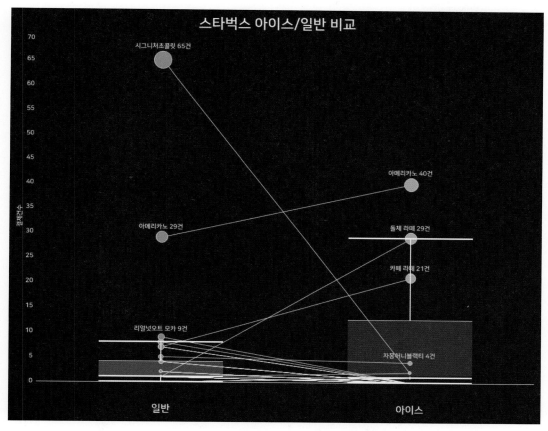

그림 3-23 같은 아이템끼리 일반과 아이스 음료로 박스 플롯 구성

일반 음료는 시그니처 초콜릿과 아메리카노가 아웃라이어로 있고, 아이스 음료는 아메리카노가 아웃라이어로 있습니다. 즉 일반과 아이스 모두 아메리카노를 많이 구매한 것을 알 수 있습니다. 또한 시그니처 초콜릿은 상대적으로 아이스로 구매한 경우가 적은 것을 쉽게 파악할 수 있습니다.

07 | 지리적 데이터

지리적 데이터는 기본적으로 사람들이 자주 접하는 맵을 활용해 어느 위치에 어떤 항목들이 배치되는지 또는 어느 지점에 어떤 값이 크게 표시되는지를 구분합니다.

Tableau에서 데이터를 맵으로 표현할 때 자동으로 내장된 규칙에 따라 우리나라는 '시도'와 '시군구명'이 있으면 지리적 역할로 표현이 가능합니다. 그게 아니라면 그림 3-24와 같이 각 위치에 따른 별도의 위도와 경도값이 있다면 맵으로 표현이 가능합니다.

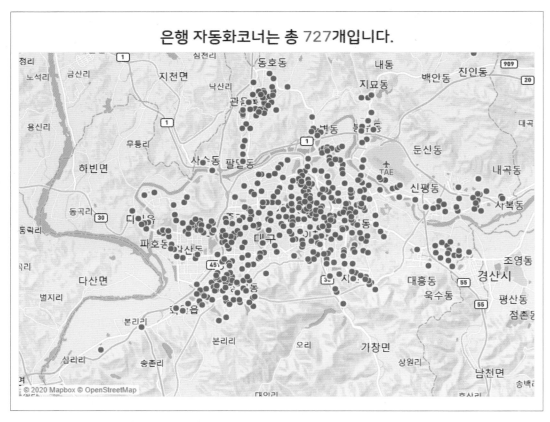

그림 3-24 매장(지점) POC에 대한 위경도만 있다면, 간단하게 맵으로 표현 가능

실제로 대부분의 은행이 운영하는 자동화코너는 해가 갈수록 줄어들고 있습니다. 이를 연도별로 원 마크나 밀도 마크 등을 활용해 변화를 표현할 수 있을 것입니다.

그림 3-25는 서울 시내 스타벅스 매장의 위치를 밀도 마크를 활용해 시각화한 모습입니다. 빨간색이 진할수록 해당 영역 내 매장이 많다는 것을 나타내며, 시청과 광화문 주변의 밀도가 가장 높은 것을 알 수 있습니다. 또한 우측 하단의 강남은 테헤란로를 따라 가로로 길게 매장들이 위치한 것을 확인할 수 있습니다.

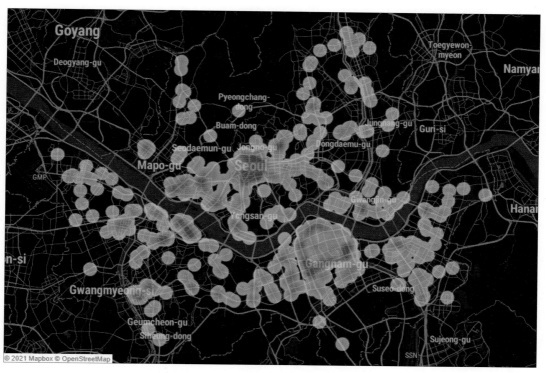

그림 3-25 특정 영역에 많이 응집(밀접)한 것을 표현할 때는 밀도 마크 활용

그림 3-26은 상권을 분석하는 데 활용할 수 있는 예시입니다. 매장(지점)들의 위치를 테이블과 맵을 연동해 표현한 대시보드입니다. 그림 3-27처럼 특정한 위치를 기준으로 주변에 편의점, 은행, 음식점과 같은 매장들의 위치를 표현해 볼 수 있습니다.

이번 챕터에서는 데이터 시각화를 돋보이게 하는 다양한 요소를 알아보겠습니다. 사람들의 시선을 끌기 위해서는 사람들이 민감하게 반응하는 요소들을 우선 고려해야 합니다. 그 첫 번째가 색상입니다. 사람의 눈은 색상에 민감합니다. 우리의 일상에서는 색상을 기준으로 본능적으로 판단하는 요소들이 있습니다.

예를 들어, 빨간색은 강한 감정을 불러일으킵니다. 빨간색을 활용한 신호나 표지판은 위험, 정지 신호들이 있습니다. 반대로 파란색은 차가운 속성도 있지만, 전반적으로 긍정적인 요소들이 많습니다. 평온함과 신뢰성을 바탕으로 한 색상입니다. 그 외에도 모양, 맵, 이미지 등의 요소들로 풍부한 데이터 시각적 분석 예시를 만나 보겠습니다.

01 ┃ 색상

(1) 일별 구종별 히트맵

그림 4-1은 어느 야구 선수가 한 시즌 동안 던진 구종을 일자별로 표시한 히트맵입니다. 이 선수는 자신이 구사할 수 있는 5가지 구종을 적절하게 골고루 던져서 두 자릿수 이상 구사한 것을 볼 수 있습니다. (Sinker 구질도 반올림하면 10%가 됩니다.)

시즌 초반에는 Changeup이란 구종을 많이 던졌다면, 시즌 중반부터는 Four-Seam Fastball을 좀 더 많이 구사했고, 시즌 막바지에는 Cutter를 많이 구사했는데, 이와 같은 데이터는 히트맵에서 색상을 메인으로, 텍스트를 보조로 참고하여 파악할 수 있습니다.

Hot & Cold Type of Pitches

Date	Four-Seam Fastball	Changeup	Curveball	Cutter	Sinker	Total
09/24/20	15 (15.0%)	27 (27.0%)	13 (13.0%)	38 (38.0%)	7 (7.0%)	100 (100.0%)
09/19/20	15 (15.2%)	26 (26.3%)	14 (14.1%)	36 (36.4%)	8 (8.1%)	99 (100.0%)
09/13/20	35 (38.0%)	16 (17.4%)	14 (15.2%)	25 (27.2%)	2 (2.2%)	92 (100.0%)
09/07/20	19 (19.4%)	37 (37.8%)	21 (21.4%)	16 (16.3%)	5 (5.1%)	98 (100.0%)
09/02/20	26 (26.3%)	27 (27.3%)	12 (12.1%)	22 (22.2%)	12 (12.1%)	99 (100.0%)
08/28/20	26 (26.5%)	24 (24.5%)	12 (12.2%)	23 (23.5%)	13 (13.3%)	98 (100.0%)
08/22/20	30 (31.9%)	29 (30.9%)	15 (16.0%)	7 (7.4%)	13 (13.8%)	94 (100.0%)
08/17/20	27 (31.4%)	22 (25.6%)	6 (7.0%)	18 (20.9%)	13 (15.1%)	86 (100.0%)
08/11/20	35 (38.0%)	21 (22.8%)	10 (10.9%)	18 (19.6%)	8 (8.7%)	92 (100.0%)
08/05/20	16 (19.0%)	32 (38.1%)	5 (6.0%)	27 (32.1%)	4 (4.8%)	84 (100.0%)
07/30/20	15 (16.1%)	27 (29.0%)	13 (14.0%)	24 (25.8%)	14 (15.1%)	93 (100.0%)
07/24/20	21 (21.6%)	28 (28.9%)	15 (15.5%)	22 (22.7%)	11 (11.3%)	97 (100.0%)
Total	280 (24.7%)	316 (27.9%)	150 (13.3%)	276 (24.4%)	110 (9.7%)	1,132 (100.0%)

그림 4-1 특정 기간 발생한 수치로 Hot & Cold Zone 구성

(2) 스타벅스 사이즈별 음료 구매

그림 4-2는 스타벅스 구매 내역 데이터를 사이즈별로 정리하여 아이스와 일반 음료 중에 어떤 것을 계절별로 더 많이 구매했는지를 보여 주는 대시보드입니다.

여기에서 강조하는 색상은 스타벅스 로고 색상을 추출해서 활용했습니다. 계절은 여름으로, 여름에는 Tall 사이즈의 아이스 음료를 제일 많이 구매한 것을 텍스트보다 먼저 색상으로 파악할 수 있습니다.

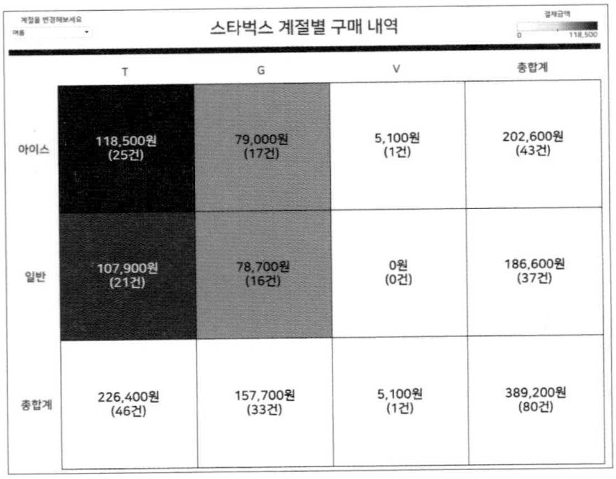

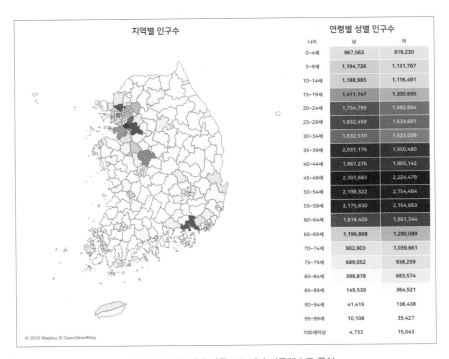

그림 4-2 계절별 특정 패턴을 색상으로 구분해 살펴볼 수 있음

그림 4-3은 인구 데이터를 활용해서 맵에서 인구가 많은 시군구는 보라색 계열로, 적은 시군구는 흰색 계열로 색상을 적용했습니다. 그리고 그 우측에는 성별·연령별 인구수를 동일한 색상으로 인코딩한 화면입니다.

그림 4-3 동일한 색상 기준으로 맵과 히트맵으로 표현

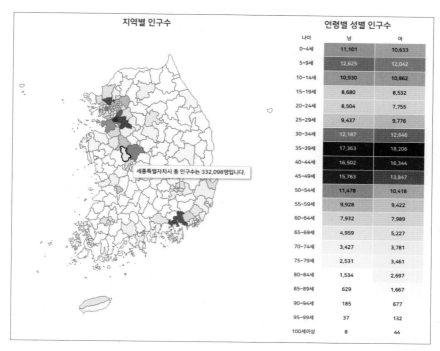

지역별 인구수		연령별 성별 인구수		
		나이	남	여
		0~4세	11,101	10,633
		5~9세	12,625	12,042
		10~14세	10,930	10,862
		15~19세	8,680	8,532
		20~24세	8,504	7,755
		25~29세	9,437	9,776
		30~34세	12,187	12,846
		35~39세	17,363	18,206
		40~44세	16,502	16,344
		45~49세	15,763	13,847
		50~54세	11,478	10,418
		55~59세	9,928	9,422
		60~64세	7,932	7,989
		65~69세	4,959	5,227
		70~74세	3,427	3,781
		75~79세	2,531	3,461
		80~84세	1,534	2,697
		85~89세	629	1,667
		90~94세	185	677
		95~99세	37	132
		100세이상	8	44

세종특별자치시 총 인구수는 332,098명입니다.

그림 4-4 맵에서 특정 위치에 마우스 오버하면, 우측 해당 지역 기준으로 화면이 변경

그림 4-5는 어느 유튜브 채널에서 좋아요와 싫어요를 색상으로 대비시킨 캘린더 차트입니다. 대부분 좋아요가 많았던 파란색 계열이었으나 특정 기간은 싫어요인 빨간색 계열이 많이 몰려 있는 것을 볼 수 있습니다. 사람들은 색상에 민감해 비교되는 대상을 정반대의 색상으로 구분해서 표시하면, 해당 영역을 보고 궁금증을 가져서 좀 더 깊게 탐색하고자 할 것입니다.

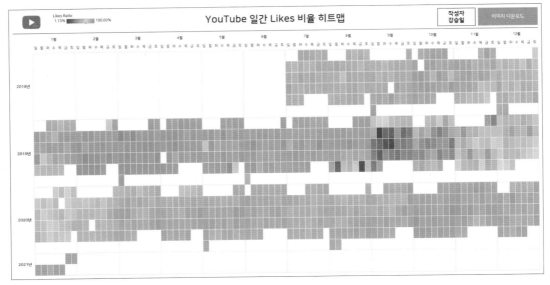

그림 4-5 색상은 사람 시선을 제일 먼저 가져오는 요소

02 | 모양

이번에는 모양 마크를 활용해 화면을 풍부하게 하는 사례를 소개합니다. 모양은 사용자 지정 아이콘과 결합해서 적용할 수 있으며, 사용자들에게 친숙한 형태로 다가가는 요소입니다.

그림 4-6은 프로 야구 팀별 시즌 성적을 기반으로 만든 대시보드입니다. 대시보드 상단에는 시즌 성적이 바로 한눈에 들어올 수 있도록 설정하였고, 아래에는 좀 더 세부적인 성적이 나오도록 구성했습니다.

그중 왼쪽은 기록 데이터에 있는 [구장] 필드를 기준으로 홈과 원정 구장에 대한 성적을 표시하고, 그 아래에는 오늘 날짜 기준으로 같은 요일의 성적을 표시했습니다. 한국 프로 야구는 기본적으로 월요일에 야구가 없어(우천순연으로 인해 특별 편성되지 않는 경우 월요일은 휴식일) 팀

혹은 선수들의 성적을 요일별로 살펴보는 것도 의미가 있습니다.

여기에서는 다루지 않았지만, [경기 시간] 필드를 기준으로 14시 또는 15시 경기는 낮 경기로 17시 이후 경기는 저녁 경기로 구분하고, 그다음에 낮 경기와 저녁 경기 기준으로도 좀 더 세부적인 지표를 만들 수 있을 것입니다.

추가로 여기에서는 우측 하단에 있는 일별 경기 결과를 표시하는데, 일별 경기 결과에 따라 승리는 ●, 패배는 ✖, 무승부는 ➡로 나타내서, 사람들이 경기 스코어를 보지 않더라도 먼저 승패를 확인할 수 있도록 구성했습니다.

그림 4-6 2020 프로 야구 성적은 KBO 데이터 참고

그림 4-7은 손흥민 선수의 프리미어리그 스탯을 기준으로 만든 대시보드입니다. 손흥민 선수가 프리미어리그에서 기록한 골 수를 축구공 모양 형태로 표시했습니다.

Son Heung-Min #7			Tottenham Hotspur Forward
Appreances 176	**Goals** 65	**Goals per match** 0.37	**Assists** 34

Attack

Goals	65
Goals per match	0.37
Headed goals	4
Goals with right foot	36
Goals with left foot	25
Penalties scored	0
Freekicks scored	0
Shots	376
Shots on target	163
Shooting accuracy %	43%
Hit woodwork	13
Big chanese missed	31

Discipline

Yellow cards	4
Red cards	2
Fouls	70
Offsides	101

Goals : 65

Team Play

Assists	34
Passes	4,103
Passes per match	23,31
Big Chances Created	37
Crosses	293

Defense

Tackles	121
Blocked shots	102
Interceptions	62
Clearances	44
Headed Clearance	19

그림 4-7 데이터 출처 및 레이아웃은 프리미어리그 손흥민 선수 페이지 참고

그림 4-8은 서비스 만족도 조사 대시보드입니다. 설문조사 결과에 따라 평균보다 높은 센터는 웃는 모양 아이콘이, 반대로 평균보다 낮은 센터는 우는 모양 아이콘이 나타나도록 설정했습니다.

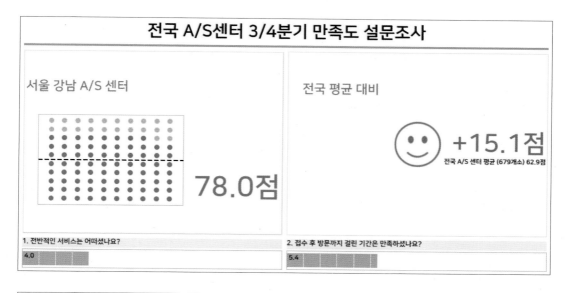

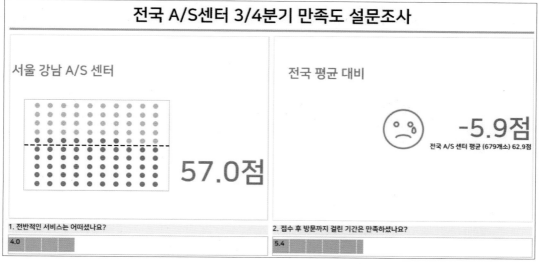

그림 4-8 설문조사 데이터는 가상 데이터를 활용해 구성

03 | 크기

크기의 차이에 따라서도 인사이트를 쉽게 얻을 수 있습니다. 일반적으로 사람들이 느끼기에 마크가 크면 클수록 값이 크게, 작으면 값이 작게 느낍니다. 따라서 실젯값은 작은데 눈에 띄게 크게 표시하면 사람들이 오해할 수 있습니다.

실젯값이 작거나 문제가 된다고 생각할 경우 마크의 크기는 작게 하되 돋보이는 색상으로 인코딩하면 좋습니다.

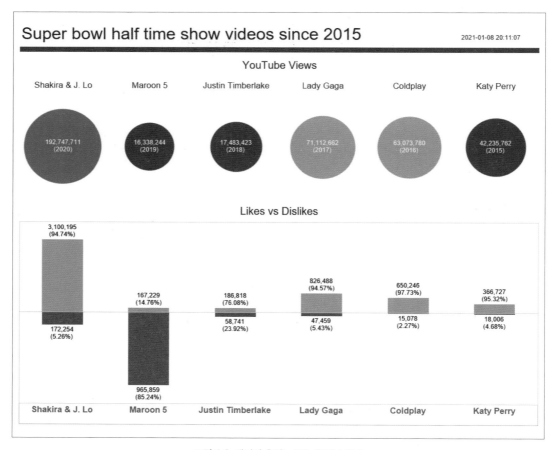

그림 4-9 데이터 출처는 NFL 유튜브 채널

상단에는 영상 조회 수에 따라 크기를 다르게 표시했습니다. 즉 마크 크기로 어떤 영상을 사람들 그림 4-9는 NFL 결승전의 하프 타임 공연을 하는 헤드 라이너들의 퍼포먼스 영상 관련 대시보드입니다.

이 많이 봤는지 알 수 있을 것입니다. 하단에는 영상별 좋아요(Likes)와 싫어요(Dislikes)를 막대 차트 길이와 색상으로 반영했습니다.

그림 4-10은 지역별 매출을 원의 크기 형태로 구분한 화면입니다. 원의 크기로 각 지역 매출의 상대적인 크기를 알 수 있습니다. 수도권이 매출이 가장 많고, 제주 지역이 매출이 가장 적다는 것을 알 수 있습니다.

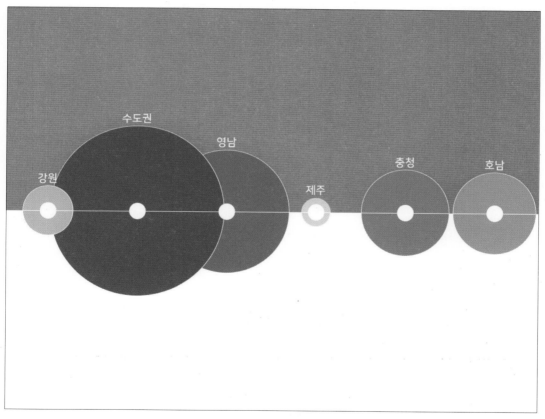

그림 4-10 Superstore 데이터를 활용했으나 포켓몬볼 이미지 형태를 참고해 제작

04 | 맵

(1) 배경 맵 없음

그림 4-11은 2008년부터 2020년까지 우리나라 시도별 인구수 변화를 표현한 대시보드입니다. 상단에는 연도별 인구수 변화를 막대 그래프로 표현하고, 그 위에는 2020년 기준 각 시도 인구수 비율을 맵으로 표현했습니다. 그냥 보기에 단순히 원으로 보이겠지만, 우리나라 지도를 생각해 보면 해당 시도의 위치를 제대로 잡아 주는 것 같습니다.

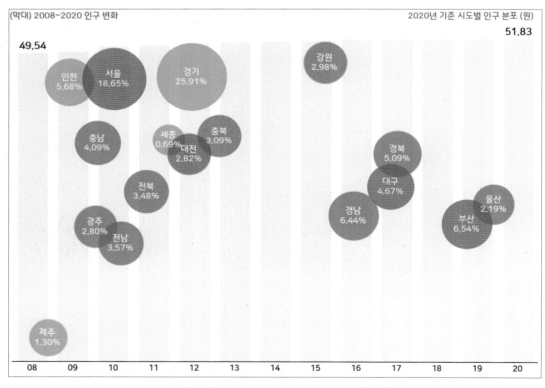

그림 4-11 시도별 인구수 대시보드로, 맵으로 해당 위치 표현

방법은 지리적 역할인 필드를 선반에 올리고, 상단 맵 메뉴 〉 배경 맵 〉 '없음'을 선택합니다. 즉 맵에서 배경이 되는 레이어는 사라지고, 경도와 위도의 숫자 기반의 위치만 남습니다. 그리고 열

과 행 선반의 머리글 표시를 해제합니다.

이 방법은 그림 4-12처럼 개별 시트들을 부동을 이용해 겹쳐서 보여 줄 때나 뒤에 맵 배경 없이 위치만 보여 줄 때 유용한 방법입니다.

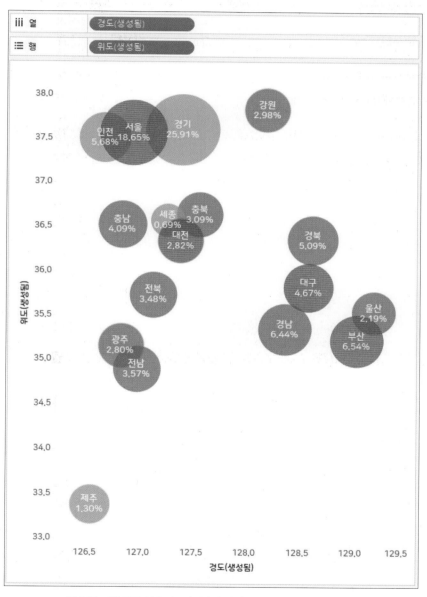

그림 4-12 배경 맵을 없음으로 처리하면, 배경 없이 화면을 깔끔하게 보여 줌

(2) 배경 이미지 활용

Tableau에서는 맵 기능을 활용해 배경 이미지를 추가할 수 있습니다. 그림 4-13은 어느 축구 경기에서 선발로 출전한 선수들의 명단을 활용해 축구장 배경 이미지를 활용해서 포메이션을 구성한 예시입니다. 대한민국은 4, 2, 3, 1 포메이션을, 상대편은 5, 4, 1 포메이션을 반영한 화면 구성입니다.

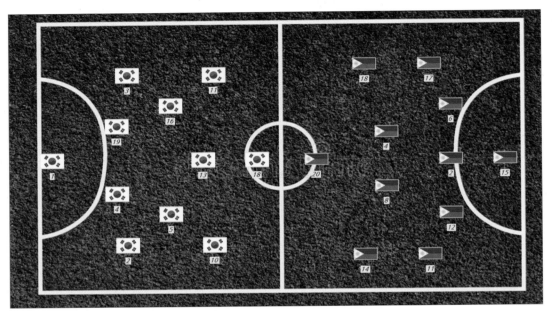

그림 4-13 배경 맵 이미지를 활용해 축구 포메이션을 표현한 모습

방법은 다음과 같습니다.

1 데이터 원본을 만들거나 구합니다.

원하는 데이터 원본을 구했다면 바로 **3** 으로 이동합니다. 여기에서는 원하는 데이터를 구하지 못했다고 가정하고 **2** 로 이동해 보겠습니다.

2 여기에서는 다음과 같이 필드명을 만들었습니다.

[Team] : 두 개의 팀을 만듭니다.

[Starting / Bench] : 선발 라인업에 포함된 11명의 선수만 활용한다면 만들지 않아도 됩니다.

[No.] : 선수별 등 번호입니다.

[x], [y] : 배경 이미지에 표시될 x와 y의 위치를 나타냅니다. 단 원하는 데이터를 구하지 못했을 때는 **3** 에서 활용할 배경 이미지를 편집할 때 x, y 값을 같이 변경하면서 최적의 위치를 찾아봅니다.

Team	Starting / Bench	No.	x	y
KOR	Starting XI	1	0	40
KOR	Starting XI	2	-125	110
KOR	Starting XI	4	-50	100
KOR	Starting XI	19	50	100
KOR	Starting XI	16	80	150
KOR	Starting XI	13	0	180
KOR	Starting XI	18	0	230
KOR	Starting XI	10	-125	190
KOR	Starting XI	5	-80	150
KOR	Starting XI	11	125	190
KOR	Starting XI	3	125	110

그림 4-14 축구장에 선수 배치를 위해 포메이션별로 x, y 좌표를 임의로 작성

3 Tableau 데스크톱 상단의 '맵' 메뉴 〉 '배경 이미지' 〉 이미지 추가 〉 이미지 파일을 추가하고, 데이터 원본에 추가한 x, y를 기준으로 pixel을 지정합니다.

그림 4-15 배경 이미지 맵 편집을 통해 View에서 맵을 커스터마이징

4 원하는 위치에 마크가 제대로 노출되지 않은 경우, 데이터 원본의 x, y의 값을 변경해 봅니다.

(3) Hex map

Hex map은 Hexagon(6각형) 형태의 이미지를 활용한 맵 형태입니다.

1 맵으로 표현하기 위한 데이터 원본을 구합니다.

2 Hexagon 이미지를 웹 페이지에서 검색한 후 무료로 다운로드 받거나 Powerpoint 또는 Photoshop 등을 활용해 직접 이미지를 제작해 봅니다.

3 51개 주에 대한 위치를 임의로 데이터 원본(엑셀 등)에 x, y 값을 생성합니다.

4 Tableau에 x, y 칼럼을 활용해 맵으로 표현합니다.

5 모양 마크에 Hexagon 이미지를 매칭시킵니다.

6 기타 사용자 지정으로 시각적 분석을 마무리합니다.

그림 4-16 6각형 모양의 Hexagon 이미지를 활용한 Hex map

그림 4-16에서 'Switch to Geo map' 버튼을 클릭하면, 그림 4-17처럼 Geo map 형태로 화면을 전환할 수 있습니다.

그림 4-17 Hex map과 Geographic map 간 화면 전환으로 구성된 대시보드

(4) Mapbox 활용

Mapbox 활용 방법은 다음과 같습니다.

1 https://www.mapbox.com으로 이동합니다.

2 계정을 만듭니다.

3 로그인 후 Studio 메뉴로 이동합니다.

4 Style 〉 Find inspiration in the style gallery에서 원하는 스타일을 지정합니다.

5 Explore 〉 Add '맵 스타일' to your account 좌측 상단의 Mapbox 아이콘을 선택합니다.

Style 〉 Share your style Developer resources 〉 Third Party 〉 Tableau 〉 Integration URL: Copy

관련 도움말을 참고해 Tableau 데스크톱에 적용합니다.

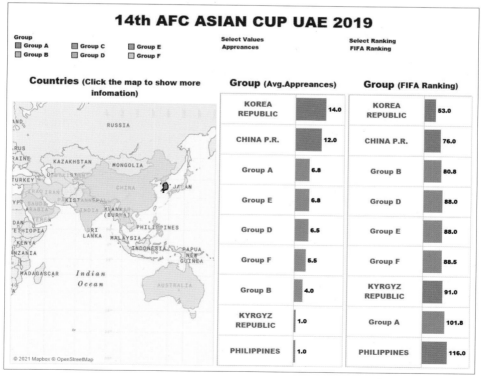

그림 4-18 클래식한 맵으로 표현하기 위해 Mapbox의 맵을 활용

그림 4-19는 EA.com에서 발표한 FIFA 21 게임에서 능력치 Top 100 선수들을 국가별 및 소속팀, 포지션, 등 번호 기준으로 만든 대시보드입니다. 좌측 상단에 표시된 맵 역시 Mapbox에서 사용자 지정 맵을 활용해 표현해 봤습니다.

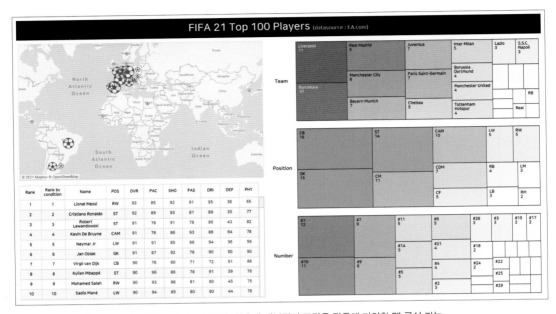

그림 4-19 Mapbox의 맵을 활용해 세부적인 조건을 적용해 다양한 맵 구성 가능

05 | 애니메이션 활용

Tableau에서 동적으로 화면을 보여 줄 때 쓰는 기능 중의 하나가 페이지 재생입니다. 페이지 재생은 워크 시트 기준으로 필터 선반 위에 있으며, 여기에 필드를 올리면 불연속형 기준으로 화면의 흐름이 재생됩니다. 그림 4-20은 COVID-19 데이터 중 회복률(또는 완치율)을 게이지 차트 형태로 구현한 화면입니다.

상단에는 일별 요약 정보를 표시하고 하단에는 게이지 차트를 표현했으며, 왼쪽 0%부터 오른쪽 100%까지 이동할 수 있게 구성했습니다. 또한 가장 아래쪽에는 페이지 카드 컨트롤러를 표시하고, 재생 버튼[▶]을 누르면 일별 회복률(완치율)이 게이지에 표시되도록 설정했습니다. 왼쪽 이미지는 2020년 3월 2일 기준 코로나19 완치율이 0.7%였던 반면, 오른쪽 이미지는 2021년 2월 13일 기준으로 88.0%까지 게이지가 변화된 것을 볼 수 있습니다. 이처럼 페이지 기능을 활용해 애니메이션 효과를 적용하면 전체적인 추세를 동적으로 보여 주면서 사람들의 시선을 사로잡을 수 있습니다.

그림 4-20 집단 감염의 여파로 완치율이 상당히 낮았던 시기

그림 4-21 사회적 거리 두기 동참에 따른 회복률 증가

우수한 대시보드 구성하기

누구나 데이터를 시각화할 수 있습니다. 이전 챕터에서 다룬 예시들의 다양한 시각화로 여러분은 사내에서 또는 개인 커리에서 인정받을 수 있습니다. 그러나 한편으로는 좋은 대시보드를 뛰어넘는 우수한 대시보드로 나아갈 수 있다고 생각하지 못하고 넘어갈 수 있습니다.

누구나 데이터를 시각화할 수 있습니다. 이전 챕터에서 다룬 예시들의 다양한 시각화로 여러분은 사내에서 또는 개인 커리어에서 인정받을 수 있습니다. 그러나 한편으로는 좋은 대시보드를 뛰어넘는 우수한 대시보드로 나아갈 수 있다고 생각하지 못하고 넘어갈 수 있습니다. 여러분이 특별해지고자 싶다면, 여러분이 만드는 시각적 분석 결과도 특별함을 더해 봅니다.

이번 챕터에서는 이전과 달리 채우기보다는 걸어 내는 것에 초점을 맞춰 봅니다. 고수들은 자기 자랑을 위해 많이 채우는 것이 아니라 정말 필요한 핵심만 간단하게 표현합니다. 이제 우수한 대시보드를 구현하는 고수가 되어 봅니다.

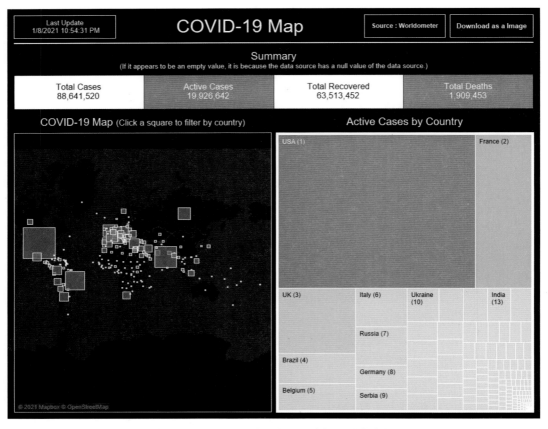

그림 5-1 전반적으로 사각형을 기반으로 화면을 구성한 대시보드

01 | 통일성 갖추기

대시보드를 활용하는 사람은 빠르게 인사이트를 구하는 것이 목표입니다. 데이터 시각화 결과를 봤을 때 다른 툴에서 경험한 인사이트를 찾는 과정이 복잡하고 기능들이 다양해서 원하는 결과를 찾기까지 어렵다면, 중간에서 헤매다가 더 나아가지 않고 탐색 과정을 중단할 것입니다.

그림 5-1은 대시보드 내 모든 항목을 사각형 기반으로 구성했습니다. 하이라이트 테이블과 맵 마크, 트리맵뿐만 아니라 대시보드 제목 좌우에 있는 데이터 업데이트 시간 및 데이터 출처 그리고 다운로드 개체 또한 사각형으로 구성했습니다.

02 | 심플하게 만들기

이번에는 비교 대시보드입니다. 여러 요소를 활용해 다양한 케이스로 비교하기 위해 하나의 대시보드에 여러 시트를 만들어 분석할 수도 있습니다. 그런 경우에는 중복되는 시트들도 발생할 수 있고, 측정값이 여러 개인 경우에는 사람들이 오해하거나 더 세부적인 항목으로 나아가지 못하기도 합니다.

그림 5-2는 Game Platform 중 A와 B 플랫폼을 기준으로 지역과 장르별 연간 추이를 살펴보는 대시보드입니다. 연간 추이를 라인 차트로 구성하고, A와 B 플랫폼은 제목과 색상으로 구분했습니다. 나머지 매개 변수는 모두 상단에 배치해서 비교 대상에 사람들이 온전히 집중할 수 있게 화면을 구성했습니다.

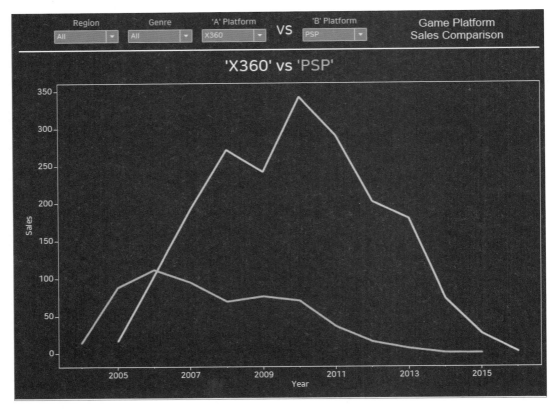

그림 5-2 게임 플랫폼 세일즈 비교 inspired by 조동민 님

그림 5-3은 스타벅스의 임의의 지점을 기준으로 주변의 다른 매장까지 거리를 표현한 대시보드입니다. 여기에서 기준이 되는 지점을 변경할 수 있는 필터는 어디에 있을까요?

대시보드 왼쪽에 있는 드롭다운 메뉴(아래 세모 옵션)를 클릭하면, 숨어 있는 필터 메뉴를 확대해서 볼 수 있습니다.

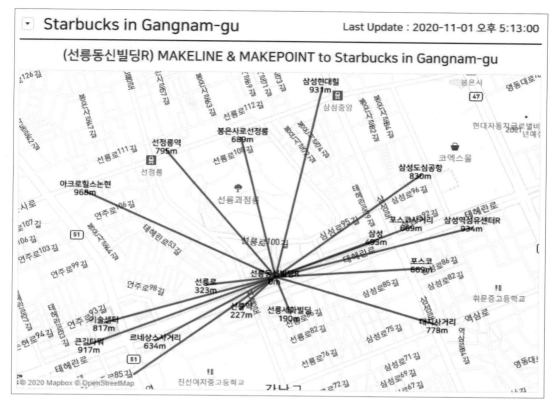

그림 5-3 매장 필터는 사용자 편의를 위해 위쪽에 위치

그림 5-4 필터 사이즈 조정

03 | 레이아웃 잘 구성하기

레이아웃을 잘 잡으려면 다음 두 가지 방법을 반복적으로 연습하면 가능합니다.

첫 번째는, 다른 사람이 만들어 놓은 우수한 대시보드 사례를 따라 연습합니다.

두 번째는, 자신의 데이터로 대시보드를 비슷하게 만들고, 다른 사람들의 시선을 유도할 요소들을 계속 업데이트에 반영합니다.

그림 5-5는 대시보드 내 안정감을 주기 위해 가로와 세로 개체를 활용해서 너비와 높이를 균등하게 나눈 대시보드입니다.

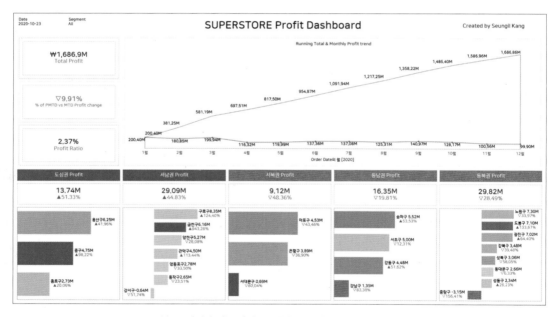

그림 5-5 안정감 있는 대시보드 구축을 위해 레이아웃 잘 구성하기

좌측 상단에 주요 넘버들을 구성했는데, 그 위로는 두 매개 변수를 주요 넘버들과 같은 너비로 가로 개체를 활용했고, 그 아래로는 5개 권역에 대한 숫자와 막대 라인을 똑같은 너비로 구성했습니다. 또한 5개 권역에 대한 주요 지표들도 역시 가로 개체에 5개 시트를 넣고 균등 분할로 구

성했습니다.

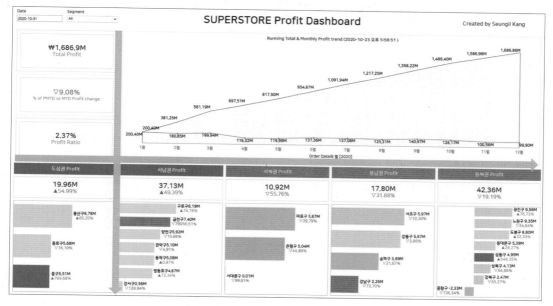

그림 5-6 가로 개체와 세로 개체를 잘 활용해 레이아웃 잘 구성하기

04 │ 사용자 관점에서 꼼꼼하게 가이드 제공하기

대시보드를 만드는 사람은 해당 데이터 원본을 잘 알고 화면 구성도 능숙할 것입니다. 반면에 대시보드를 보는 사람들도 비슷한 레벨로 데이터를 다루고 데이터 시각적 분석 전문가일 수도 있지만, 그렇지 않은 사람들도 많이 이용할 것입니다.

이번에는 대시보드를 처음 보는 사람도 데이터를 시각적으로 분석하는 데 쉽게 탐색할 수 있도록 여러 장치를 반영해 보겠습니다.

여기에서는 대시보드 내 특정 영역을 클릭하면, 해당 채널로 이동하도록 구성되어 있습니다. 이런 대화형 대시보드를 구축한 후에 꼭 필요한 것은 콘텐츠 생산자 외에 다른 사용자들도 이 기능을 잘 활용하도록, 해당 액션을 사용하게 유도하는 것입니다.

그림 5-7은 전 세계 팝 아티스트 중 구독자 기준 상위 30개 채널 리스트 대시보드로, 타이틀을 클릭하면 대시보드 동작 중 '웹 페이지로 이동'이 구현된다는 것을 알 수 있도록 'Title' 바로 위에 가이드 텍스트를 추가했습니다.

Top 30 pop artists of most-subscribed YouTube

Click ▼Title to move the YT Channel　　　　　　　(Update : 2021-01-08 오후 7:51:16)

#	Title	Published on	# of subs	# of videos	# of views
1	Justin Bieber	01/15/07	60.2M	192	1,125.5M
2	BLACKPINK	06/29/16	55.4M	335	14,437.2M
3	Marshmello	04/06/15	50.8M	459	10,465.1M
4	Ed Sheeran	08/08/06	46.5M	164	21,578.4M
5	Ariana Grande	01/22/07	46.1M	174	1,152.5M
6	EminemMusic	02/09/07	45.9M	134	1,075.8M
7	BANGTANTV	12/17/12	43.2M	1,396	6,431.1M
8	Taylor Swift	09/20/06	41.0M	188	362.1M
9	Katy Perry	06/01/08	39.5M	106	372.8M
10	Alan Walker	08/25/12	37.9M	241	9,155.3M
11	Billie Eilish	02/06/13	37.5M	32	845.6M
12	Rihanna	11/06/05	36.2M	79	72.4M
13	One Direction	12/03/10	34.6M	157	427.6M
14	Maroon 5	03/09/06	32.9M	158	398.1M
15	Daddy Yankee	05/16/11	32.5M	362	12,011.8M
16	Ozuna	03/24/16	31.9M	114	16,232.0M
17	Shakira	10/16/05	31.6M	251	321.4M
18	Bad Bunny	06/09/14	31.0M	92	11,579.7M
19	XXXTENTACION	06/23/15	29.8M	106	5,661.2M
	J Balvin	02/18/11	29.8M	74	210.0M
21	Bruno Mars	09/19/06	28.9M	72	12,815.2M
22	Luis Fonsi	02/25/14	28.8M	79	25.5M
23	Shawn Mendes	01/19/11	27.4M	121	361.6M
	Selena Gomez	02/08/08	27.4M	179	537.4M
25	Maluma	03/23/18	27.1M	14	545.2M
26	ImagineDragons	08/03/09	24.2M	52	24.3M
27	Drake	06/05/09	23.6M	53	518.1M
28	Wiz Khalifa	05/09/08	23.5M	515	10,575.4M
29	Adele	04/04/08	22.8M	13	178.3M
30	David Guetta	12/11/09	22.5M	558	13,364.6M

그림 5-7 Title 클릭 시, 해당 채널로 이동한다는 가이드 텍스트 추가

05 | 스토리텔링 적용한 화면 구성하기

차트 중심으로 나열한 시각화에 그치지 않고 청중의 시선을 끌고 탐색하도록 유도하는 방법은 여러 가지가 있습니다. 예를 들어, A 대시보드에서 B, C, D 등의 다른 대시보드로 이동하면서 세부적인 항목을 살펴보는 방법이 있고, 다음에 소개할 대시보드처럼 한 화면에서 세로 방향의 스크롤을 활용해 아래로 이동하면서 콘텐츠 제작자가 구한 인사이트를 스토리텔링 형식으로 구성할 수도 있습니다.

그림 5-8은 약 40년간 프로 야구 관중 수 추이 데이터를 기반으로 만든 대시보드입니다. 코로나 팬더믹으로 인해 야외 스포츠 경기 관객의 입장 제한으로 관중 수가 하락한 데 따른 전체적인 흐름을 표현한 대시보드입니다.

Tableau에서 스토리 기능을 활용하지 않더라도 대시보드에서 텍스트 개체 등을 활용해 자신이 찾은 인사이트를 추가해 봅니다.

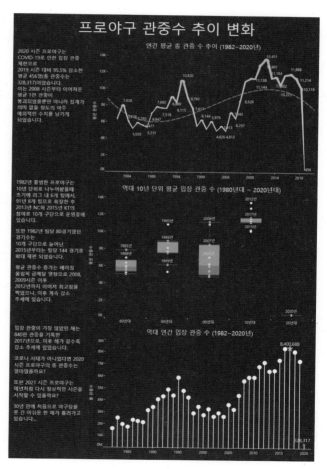

그림 5-8 시각화만으로는 설명이 부족할 때는 인사이트 추가

이번에는 고급 기술을 활용한 대시보드 사례들을 소개합니다. 그림 5-9는 21대 국회의원 선거 정당별 의석수 대시보드입니다. 좌측에는 정당별·지역별 의석수를 표시하고, 오른쪽에는 국회 의사당에서 단상을 중심으로 정당별 의석수를 구현한 화면입니다.

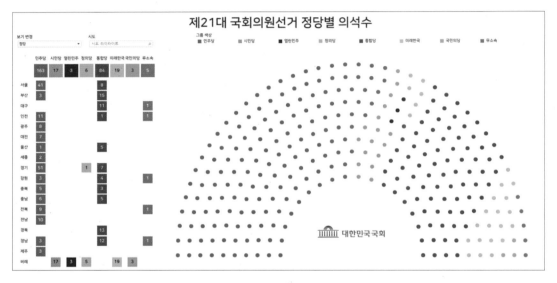

그림 5-9 국회 의사당을 형상화해 만든 대시보드

대시보드 좌측의 내비게이션 메뉴에서 시도별 또는 정당별 영역을 클릭했을 때, 해당 마크에 의 원들의 이름을 보여 주도록 설정합니다. 이때 레이블(국회의원 이름)은 '하이라이트 됨'을 기준으 로 설정합니다.

쉽지 않습니다. 따라서 Tableau에서 데이터를 연결하기 쉽도록 아이폰 앱스토어에서 'QS Access' 앱을 다운로드 받은 다음, 해당 앱을 열어서 활용하고 싶은 데이터를 csv 형태로 내려받거나 클라우드 서비스로 연결합니다.

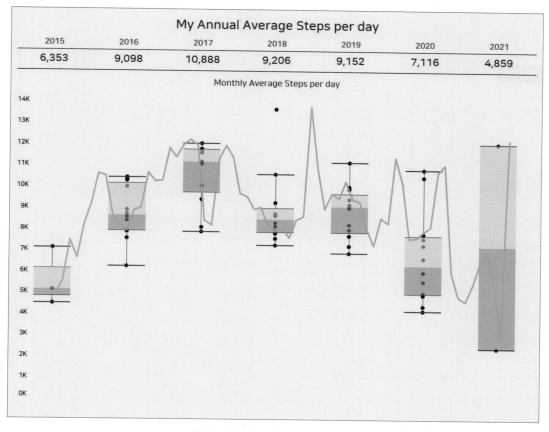

그림 6-5 코로나19 이후로 줄어든 외부 활동

이 외에도 카드사 홈페이지에서 자신의 카드 내역으로 화면을 구성하거나 공과금 내역으로 나만의 대시보드를 만들어 봅니다.

02 | 웹 데이터 커넥터

웹 데이터 커넥터는 Tableau에서 제공하는 데이터 커넥터가 아직 없으나 JavaScript 코드를 포함한 HTML 파일을 HTTP를 통해서 웹 데이터를 연결할 수 있습니다.

참고링크 https://help.tableau.com/current/pro/desktop/ko-kr/examples_web_data_connector.htm

연결 방법은 새 데이터 원본 〉 서버에 연결 〉 웹 데이터 커넥터에서 할 수 있습니다.

(1) Strava

Strava 앱은 걷기, 하이킹 및 사이클 활동을 GPS를 활용해 데이터를 축적 관리해 주는 앱입니다. 신체 활동을 하기 전에 Strava 앱을 켜고 활동하고, 종료하고 나서 Tableau에서 웹 데이터 커넥터를 활용해 시각적 분석을 해 봅니다.

Tableau 블로그에서 ANDY COTGREAVE의 게시물을 참고하도록 합니다.

https://www.tableau.com/about/blog/2019/3/how-make-art-out-your-strava-activity-data-tableau-104639

Strava Challenge

04/22/20 ~ 11/28/20	Elpased Time	Distance (km)	Avg.km/hr
	90:20:26	532.29	8.51
Activity Type	Hike	Walk	Ride
11/28/20	0:49:55	12.74	17.10
11/27/20	1:04:48	4.06	5.15
11/23/20	1:37:01	8.18	5.15
11/20/20	1:37:27	8.45	5.40
11/19/20	1:10:05	5.90	5.22
11/18/20	0:48:57	11.42	16.38
11/17/20	0:47:21	4.04	5.11
11/14/20	2:04:29	3.09	3.17
11/04/20	1:16:18	4.76	4.00
11/03/20	1:23:30	5.01	3.82
10/31/20	3:19:02	7.33	3.82
10/27/20	0:53:31	11.29	15.95
10/24/20	0:23:41	5.33	16.31

그림 6-6 자신의 활동을 모바일 앱과 연동해 Tableau로 관리

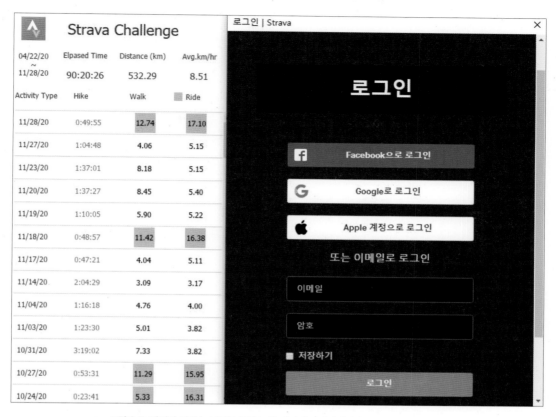

그림 6-7 데이터 연결 〉 서버로 연결 〉 웹 데이터 커넥터에서 Strava 연동 링크 선택

그림 6-8 자신을 인증하면, Tableau Desktop에서 해당 데이터 활용 가능

기기 유형을 전화(Phone)로 설정해 레이아웃을 만들 때, 색상 범례인 Activity Type을 제목 바로 아래 배치했습니다. 이 경우 대시보드를 보는 기기(디바이스)에 따라 화면 설정이 가능해집니다. 해당 대시보드를 Tableau Server(Tableau Online)에 게시하면, 그림 6-9와 같이 Tableau Mobile App에 접속해 확인할 수 있습니다.

Strava Challenge

Activity Type	Hike	Walk	▨ Ride
04/22/20 ~ 11/28/20	Elpased Time 90:20:26	Distance (km) 532.29	Avg.km/hr 8.51
11/28/20	0:49:55	12.74	17.10
11/27/20	1:04:48	4.06	5.15
11/23/20	1:37:01	8.18	5.15
11/20/20	1:37:27	8.45	5.40
11/19/20	1:10:05	5.90	5.22
11/18/20	0:48:57	11.42	16.38
11/17/20	0:47:21	4.04	5.11
11/14/20	2:04:29	3.09	3.17
11/04/20	1:16:18	4.76	4.00
11/03/20	1:23:30	5.01	3.82
10/31/20	3:19:02	7.33	3.82
10/27/20	0:53:31	11.29	15.95
10/24/20	0:23:41	5.33	16.31
10/23/20	0:41:36	10.27	16.06

그림 6-9 모바일에서 Activity Type이 제목 바로 아래 노출

(2) Fitbit

Strava 앱을 사용하기 전에는 외부 활동 시에 Fitbit을 착용하고 데이터를 모았습니다. 역시 Web data connector에서 Fitbit 커넥터를 연결해 월별 · 요일별 걷기를 나타내는 대시보드입니다.

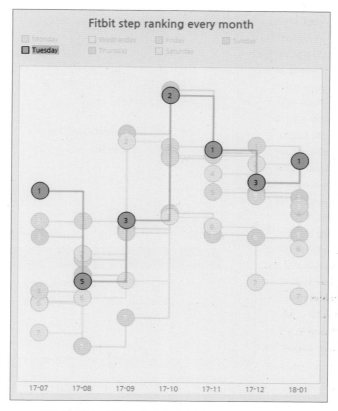

그림 6-10 Fitbit 앱을 활용한 건강 데이터를 요일별로 만든 대시보드

(3) COVID-19

Web Data Connector로 'data.world'를 연결한 후 코로나 데이터를 연결해서 전 세계 코로나 확진자 수의 일별 변화를 살펴보는 대시보드입니다.

데이터의 흐름을 동적으로 변경하고자 한다면, 페이지 기능을 활용해 대시보드 내 애니메이션 효과를 적용합니다.

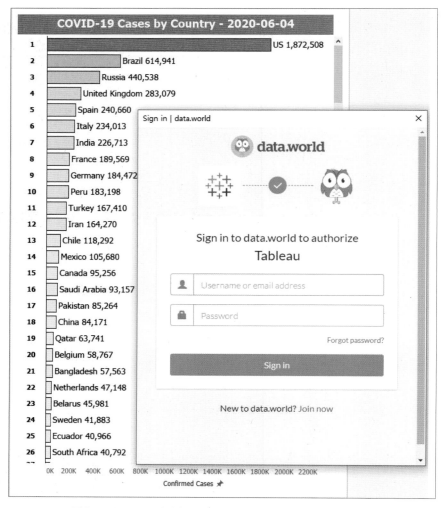

그림 6-11 data.world 데이터를 Web Data Connector를 활용해 만든 대시보드

03 | 공공 기관 데이터

공공 기관 데이터는 이전보다 훨씬 쉽게 접근해서 데이터를 다운로드 한 후 활용할 수 있습니다. 공공데이터포털(data.go.kr)과 국가통계포털(kosis.kr)을 비롯해 각 지자체 기관 등에서 데이터를 다운로드 해서 시각화할 수 있습니다.

그림 6-12는 서울 1 ~ 8호선을 관리하는 서울교통공사 홈페이지에서 다운로드 한 서울 지하철 역별 승하차 인원 대시보드입니다. 왼쪽은 지하철 노선도에 따라 역별로 유동 인구가 많은 곳을 원의 크기를 크게 해 빨간색으로 표시했고, 오른쪽은 왼쪽 맵에서 선택한 역별로 승하차 인원을 시간대별로 표시했습니다.

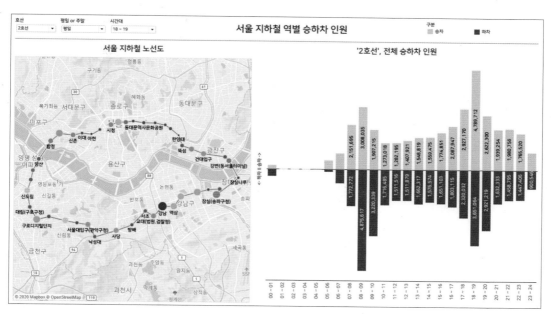

그림 6-12 서울 1 ~ 8호선 지하철 대시보드로, 데이터 원본 출처는 서울교통공사

2호선 기준으로 18 ~ 19시 대에 삼성역부터 강남역까지가 빨간색인 것을 볼 수 있습니다. 다만 코로나19 이전 데이터를 활용해 만든 대시보드이므로, 이후에는 패턴이 어떻게 바뀌었는지 각자

데이터를 구해서 한번 구현해 봅니다.

그림 6-13은 대구 지하철의 시간대별 승하차 인원 대시보드입니다. 여기에서는 각 역으로 찾은 인사이트를 별도 데이터 원본으로 구성해서 선택한 역명에 따라 인사이트가 대시보드 상단에 나타나도록 구성했습니다.

예를 들어, 야구장 바로 근처에 있는 대공원역은 야구를 시작하는 시간에 하차 인원이 가장 많고, 승차 인원은 야구가 종료하는 시간 대에 가장 많습니다. 보통 야구 경기가 3시간 정도 진행되므로, 승차 인원 피크 타임 = 하차 인원 피크 타임 + 3시간이 됩니다. 참고로 야구 경기가 없는 월요일은 유동 인구가 적은 것을 확인할 수 있습니다.

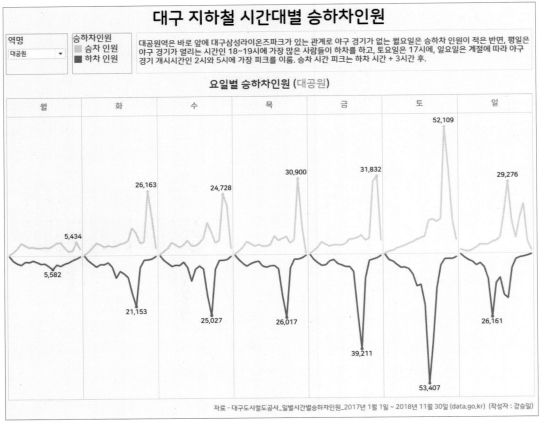

그림 6-13 대구 지하철 승하차 인원 대시보드로, 데이터 출처는 대구도시철도공사

04 | 금융데이터거래소

금융데이터거래소는 은행, 보험과 같은 금융 회사를 비롯해서 공공, 통신사 및 민간 기업 등 약 100여 개(2021년 3월 기준) 기업이 데이터 공급자로 참여하고, 금융 회사 및 연구소 또는 개인들이 수요자로 참여해서 데이터를 거래하는 플랫폼입니다.

그림 6-14 금융데이터거래소 홈페이지

다음 이미지는 금융데이터거래소에서 코로나 전후인 2019년 상반기와 2020년 상반기 동안 S카드의 결제 건수 데이터를 활용한 대시보드입니다.

같은 상반기 데이터이나, 코로나 이전인 2019년과 2020년의 월별 카드 결제 건수를 단순 비교하기 위해 Tableau에서 제공하는 간단한 퀵 테이블 계산을 활용해 전년 대비를 표시하고, 라인과 원을 활용한 이중 축을 적용한 다음 마지막으로 주석을 추가해 간단한 인사이트를 추가했습니다.

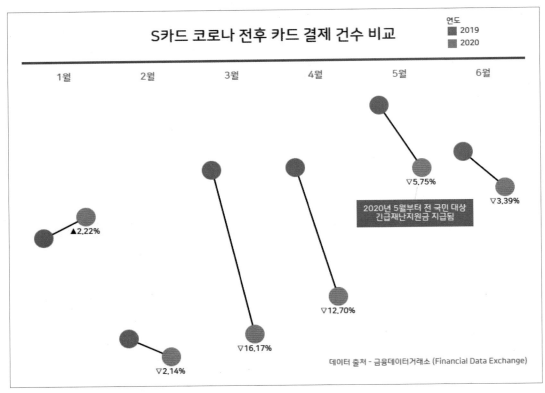

S카드 코로나 전후 카드 결제 건수 비교

연도
■ 2019
■ 2020

1월 2월 3월 4월 5월 6월

▲2.22%

▽2.14%

▽16.17%

▽12.70%

▽5.75%

▽3.39%

2020년 5월부터 전 국민 대상
긴급재난지원금 지급됨

데이터 출처 - 금융데이터거래소 (Financial Data Exchange)

그림 6-15 2018년 12월 주요 이벤트별 평균 통화 건수 inspired by 이용 님

05 | 금융 빅데이터 플랫폼

과기부와 한국정보화진흥원(NIA)이 빅데이터 생태계 조성과 혁신 성장 기반을 마련하기 위해,
BC카드를 비롯한 10개 데이터 기업이 구축한 금융 빅데이터 거래소(BC카드에서 운영하는 다양
한 분야별 데이터를 활용할 수 있는 플랫폼)입니다. 무료 데이터뿐만 아니라 유료로 데이터를
구매할 수도 있습니다. 현재 트렌드를 반영한 샘플 데이터로, 연습하고 싶은 분들은 활용해 봅
니다.

그림 6-16 금융 빅데이터 플랫폼 홈페이지에서 만날 수 있는 다양한 분야의 데이터

06 | Makeover Monday, Workout Wednesday

Tableau Zen Master인 Andy Kriebel이 운영하는 사이트로 매주 월요일에 플랫 데이터 원본을 제공하고, 전 세계 Tableau 유저들이 해당 데이터 원본을 활용해 자기만의 표현 방식으로 데이터를 시각화하고 Tableau 퍼블릭에 업로드하는 방식입니다.

참고링크 MakeoverMonday – https://www.makeovermonday.co.uk/data/

최근에는 업로드 되는 데이터 원본은 data.world 데이터로, 다양한 주제의 글로벌 샘플 데이터를 활용해 다양한 시각적 훈련을 할 수 있습니다.

그림 6-17은 2020년 42주 차에 업로드 된 Healthcare Spending이란 주제의 데이터 원본을 통해 만든 대시보드입니다. OECD 출처의 데이터로 GDP 기준 건강 관리 지출을 국가별 추이로 표현한 화면입니다.

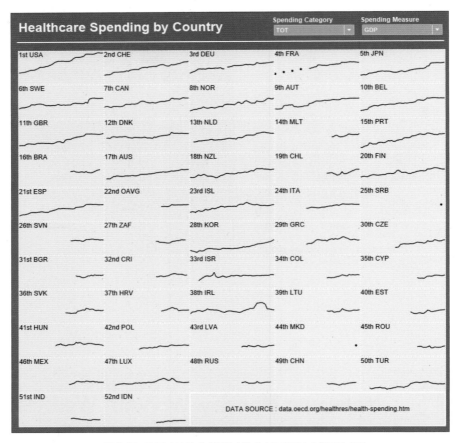

그림 6-17 각 국가의 전체 흐름을 1행마다 5개씩 보여 주도록 설정

대시보드를 구현하면서 필터 또는 매개 변수에 공통된 조건을 적용하다 보면, 특정 카테고리에 적합한 값이 없는 경우들이 있습니다. 그런 경우에는 간단한 계산식을 만들어 해당 조건이 없다는 메시지로 처리할 수 있습니다.

즉 매개 변수 두 값에서 특정한 조건(여기에서는 값이 누락되는 케이스)이면 가이드 메시지를 넣고, 나머지(정상 케이스)에는 텍스트를 추가하지 않습니다.

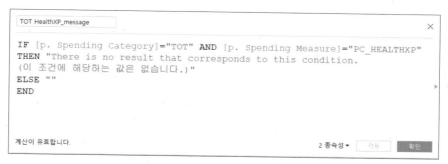

다음과 같은 계산식 화면:

```
TOT HealthXP_message                                              ×

IF [p. Spending Category]="TOT" AND [p. Spending Measure]="PC_HEALTHXP"
THEN "There is no result that corresponds to this condition.
(이 조건에 해당하는 값은 없습니다.)"
ELSE ""
END
```

계산이 유효합니다.   2 종속성 ▾   적용   확인

그림 6-18 두 값의 조합 결과가 없는 경우, 메시지를 계산식으로 만들어 보여 줌

이 계산식을 별도의 워크시트 텍스트 마크에 추가하고, 대시보드에서는 해당 워크시트를 부동으로 처리합니다.

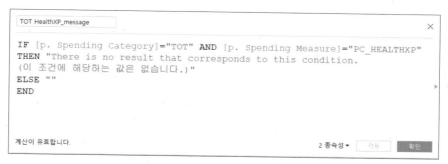

그림 6-19 앞에서 만든 결과를 대시보드 내 부동으로 처리

MakoverMonday와 비슷하면서도 좀 더 상세한 가이드를 제공하는 Workout Wednesday에서도 다양한 케이스의 데이터 원본을 활용해 시각화를 할 수 있습니다.

참고링크 Workout Wednesday - http://www.workout-wednesday.com/latest/

그림 6-20은 2020년 46주 차에 업로드 된 English Premier League 순위표를 주제로 데이터를 만든 대시보드입니다. (데이터 출처 및 영감은 다음 링크를 참고했습니다. http://www.workout-wednesday.com/2020w46/)

가이드를 제공하는 시각화에 그치지 않고 팀별 성적을 추가하고, 일별 경기 결과도 대시보드 우측에 추가했습니다.

그리고 대시보드 좌측 상단의 Enter a team이라는 하이라이트를 추가해, 임의의 팀명에 따라 대시보드 내 관련 영역이 하이라이팅되도록 처리했습니다.

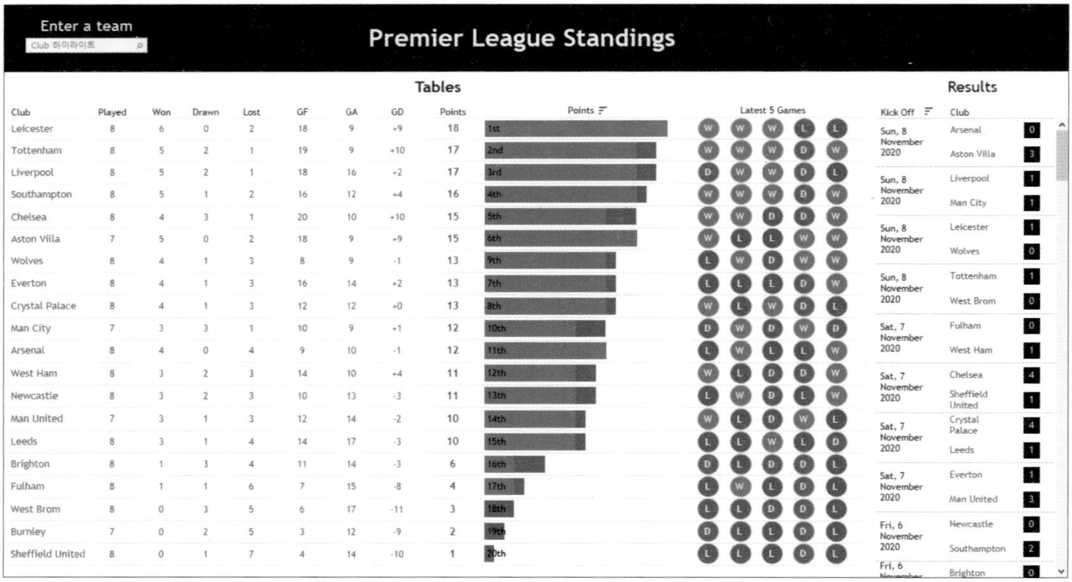

그림 6-20 제공되는 가이드 외에도 추가 및 수정 사항 업데이트 고려

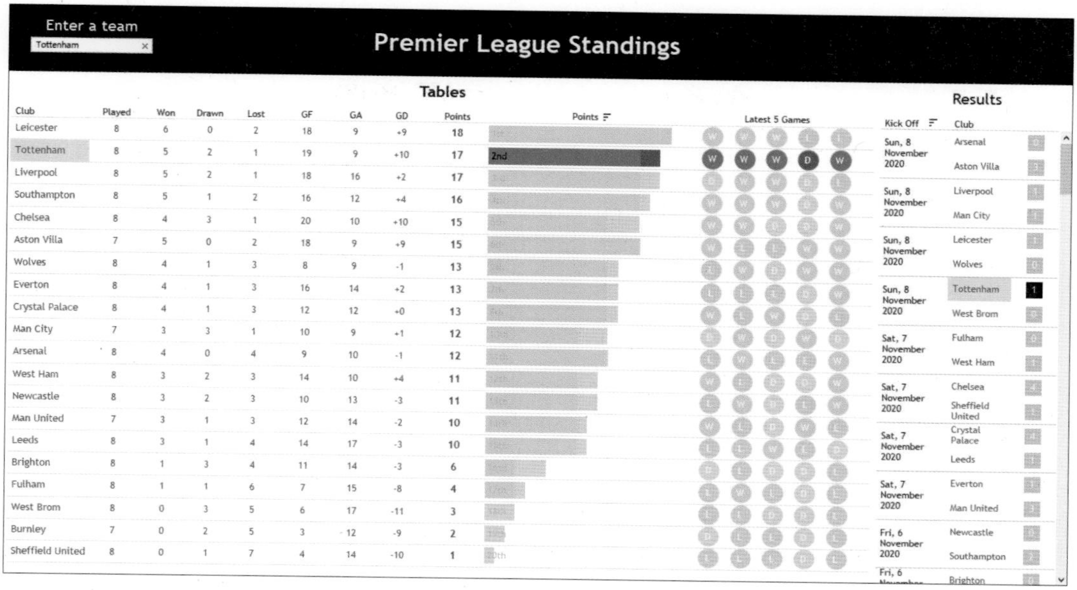

Club	Played	Won	Drawn	Lost	GF	GA	GD	Points
Leicester	8	6	0	2	18	9	+9	18
Tottenham	8	5	2	1	19	9	+10	17
Liverpool	8	5	2	1	18	16	+2	17
Southampton	8	5	1	2	16	12	+4	16
Chelsea	8	4	3	1	20	10	+10	15
Aston Villa	7	5	0	2	18	9	+9	15
Wolves	8	4	1	3	8	9	-1	13
Everton	8	4	1	3	16	14	+2	13
Crystal Palace	8	4	1	3	12	12	+0	13
Man City	7	3	3	1	10	9	+1	12
Arsenal	8	4	0	4	9	10	-1	12
West Ham	8	3	2	3	14	10	+4	11
Newcastle	8	3	2	3	10	13	-3	11
Man United	7	3	1	3	12	14	-2	10
Leeds	8	3	1	4	14	17	-3	10
Brighton	8	1	3	4	11	14	-3	6
Fulham	8	1	1	6	7	15	-8	4
West Brom	8	0	3	5	6	17	-11	3
Burnley	7	0	2	5	3	12	-9	2
Sheffield United	8	0	1	7	4	14	-10	1

그림 6-21 선택한 팀의 최근 결과에도 하이라이트 표시

이 책에 있는 샘플 데이터를 활용해 실습하거나 앞서 언급한 다양한 데이터 원본 사례들로 학습할 때, 주어진 가이드에서 그치지 말고 자신만의 특색 있는 구성 및 인사이트 접근법으로 화면을 제작해 봅니다.

TIPS

Tableau Public이나 MOM, WOW와 같은 사이트에서 참고한 대시보드를 제작한 경우에는 Tableau Public에 업로드할 때, 영감(Inspiration)을 준 Tableau 퍼블릭의 링크를 추가하는 것이 콘텐츠 원제작자에 대한 고마움을 표시하는 방법입니다.

#WOW2020 Week 46 - Premier League Table

다른 사용자가 Tableau Public에서 비주얼리제이션을 검색할 때 그냥 지나치지 않도록 눈에 띄는 제목을 비주얼리제이션에 지정해야 합니다.

고정 링크

http://www.

비주얼리제이션을 내장해 보십시오. 사이트로 트래픽을 유도하는 탁월한 방법입니다.

영감

https://public.tableau.com/profile/stanke#!/vizhome/WOW2020Week46CanyoubuildapremierleaguetableWorkoutV

창작 활동에 커뮤니티를 활용하셨습니까? 도움을 준 사람들에게 감사의 말을 잊지 마십시오!

#WOW2020 – Week 46: Can you build a premier league table? #WorkoutWednesday | Luke Stanke

설명

#PremierLeague Standings

정확한 설명 및 관련 #해시태그를 사용하면 다른 사용자가 귀하의 비주얼리제이션을 쉽게 찾을 수 있습니다.

그림 6-22 영감받은 시각화가 있다면 링크 추가

CHAPTER 07

분야별 데이터로
대시보드 만들기
(실습)

2020년 한 해는 코로나19 감염증으로 전 세계적으로 많은 변화가 발생했습니다. 이번 섹션에서는 코로나19 바이러스 데이터를 활용한 대시보드들을 함께 만들어 보겠습니다.

01 | COVID-19 대시보드

2020년 한 해는 코로나19 감염증으로 전 세계적으로 많은 변화가 발생했습니다. 이번 섹션에서는 코로나19 바이러스 데이터를 활용한 대시보드들을 함께 만들어 보겠습니다. 다른 나라에서 혹은 다른 사람들이 잘 만들어 놓은 COVID-19 대시보드를 참고하고 싶다면, Tableau에서 운영하는 코로나19 데이터 허브(https://www.tableau.com/ko-kr/covid-19-coronavirus-data-resources)를 활용해 보는 것도 좋습니다.

(1) 전 세계 코로나19 현황 맵

데이터 원본 - COVID-19 Cases.hyper

Google Sheets에서 worldometer로 데이터를 직접 연결하는 방법은 추후에 OOO 페이지에서 다룹니다. 여기에서는 Tableau 추출 파일인 hyper 데이터로 연결한 후 대시보드를 만들겠습니다.

시작하기 전에 생각해 볼 점

첫째, 전 세계에서 코로나19 확진자가 많은 나라는 어떻게 표현할 것인가?

둘째, 하나의 시트에 모든 내용을 다 담을 수 없을 때는 어떻게 할 것인가?

셋째, 경각심, 위기를 불러일으키는 색상은 어떤 것이 있을까?

1. 'COVID-19 Cases' 추출 파일을 연결하거나 오픈합니다.

2. 새 워크시트의 이름을 'Summary'라고 합니다. 이 시트에는 전체 확진자 수, 현재 확진자 수, 전체 사망자 수, 전체 격리 해제(회복자) 수를 표현해 보겠습니다.

3. 측정값에 있는 [Total Cases] 필드를 드래그해서 텍스트 마크에 넣습니다.

4 측정값에 있는 [Active Cases], [Total Deaths], [Total Recovered] 필드를 각각 더블 클릭합니다. 그러고 나서 측정값 카드에서 순서를 [Total Cases], [Active Cases], [Total Recovered], [Total Deaths] 순으로 변경해 주길 바랍니다.

5 행 선반에 있는 [측정값 이름]을 드래그해서 열 선반으로 보냅니다.

6 툴바에 있는 맞춤을 표준에서 '전체 보기'로 변경합니다.

7 마크는 사각형으로 변경합니다.

8 열 선반에 있는 [측정값 이름]을 레이블에 추가해 보겠습니다. 열 선반에 있는 [측정값 이름]을 Ctrl키(Mac은 Command키)를 누른 상태에서 드래그해서 레이블 마크에 추가합니다. 그리고 레이블 역할을 하는 [측정값 이름] 필드를 [측정값] 필드보다 더 위로 위치 변경합니다.

9 사각형 마크 안에 측정값 이름이 표시되므로, 열 선반에 있는 [측정값 이름]에 대한 머리글은 중복으로 노출할 필요가 없습니다. 열 선반에 있는 [측정값 이름]에 우클릭 〉 '머리글 표시'는 클릭해서 해제합니다.

10 레이블 마크를 선택하고, 맞춤을 가운데 정렬합니다.

11 이번에는 측정값들로 이루어진 사각형에 색상을 추가해 보겠습니다. 레이블 역할을 하는 [측정값]을 Ctrl키(Mac은 Command키)를 누른 상태에서 드래그해서 색상 마크에 추가합니다.

그림 7-1 선반 혹은 마크에 위치한 필드 활용 시, Ctrl키(또는 Command키) 활용

그러면 4가지 사각형에 색상이 한 가지 색상 범례로 연속형으로 추가됩니다. 4개의 사각형에 색상을 개별로 분리해 보겠습니다.

12 색상 역할을 하는 [측정값] 필드에 우클릭해 '별도의 범례 사용'을 선택합니다. 그러면 뷰 우측에 색상이 한 가지 필요가 아니라 네 가지 범례로 분리됩니다.

13 [Total Cases] 색상 범례를 더블 클릭해 색상표를 '사용자 지정 단일'로 선택하고, 색상은 흰색(#ffffff)으로 적용합니다.

14 [Active Cases]와 [Total Deaths] 색상 범례는 색상표를 '사용자 지정 단일'에 '#ff007f'로 각각 지정합니다.

15 [Total Recovered] 색상 범례를 더블 클릭해 색상표를 '사용자 지정 단일'로 선택하고, 색상은 흰색(#ffffff)을 적용합니다.

TIPS

여기에서 측정값 카드의 순서를 [Total Cases], [Active Cases], [Total Recovered], [Total Deaths]로 설정하고, 색상을 흰색, 붉은색, 흰색, 붉은색 계열로 설정한 이유는 무엇일까요?

일단 같은 색상으로 두면 사람들이 동일한 레벨로 오해할 수 있습니다. 또한 붉은색으로 통일하면, 사람 눈에 피로감을 줄 수도 있습니다. 붉은색은 사람들에게 '주의', '경고', '경각심', '위기' 등을 알려 주는 표시입니다. 단적인 예로 교통신호에서 보행자나 차량을 멈추게 하는 신호 색이 '붉은색'입니다. 따라서 4가지 값을 동일하게 붉은색으로 표시하지 않는다면, 사람들에게 경고 표시를 할 수 있는 [Active Cases]와 [Total Deaths]에는 붉은색을, 나머지 두 가지 값인 [Total Cases]와 [Total Recovered]에는 회복된 사람 또는 확진에서 음성이 나온 사람들이 포함되어 붉은색과 대비되는 흰색으로 지정했습니다.

16 이제 사각형 주변에 상하좌우로 테두리를 추가해 보겠습니다. 사각형 마크 임의의 위치에 우클릭 〉 서식 〉 테두리 서식 〉 시트 탭 〉 행 구분선 패널을 실선 & 검은색을 적용하고, 행 구분선 패널도 역시 실선 & 검은색을 지정합니다.

17 그리고 색상 마크의 효과에 있는 테두리도 검은색으로 동일하게 지정합니다.

18 새 워크시트를 열고 이 시트의 이름을 'CORONA Map'으로 변경합니다. 이 시트에는 전 세계 각 국가의 코로나 확진자 수를 사각형 크기로 표시하겠습니다.

19 먼저 여기에서는 데이터 원본에 각 국가의 [Latitude]와 [Longitude] 값을 추가해서 데이터를 추출 파일로 생성했습니다. 따라서 차원에 있는 [Country]나 [Country, Other] 필드나 측정 값에 있는 기울임 꼴로 된 [경도(생성됨)], [위도(생성됨)]는 사용하지 않고, [Latitude], [Longitude]를 각각 더블 클릭합니다.

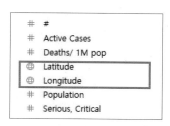

그림 7-2　지리적 역할 필드 중 'Latitude'와 'Longitude' 필드 활용

그러면 열 선반에 평균(Longitude)이, 행 선반에 평균(Latitude)이 표시되면서 임의의 지역에 마크 하나가 표시됩니다.

20 이제 마크 한 개를 각 국가로 나누어서 보기 위해 [Country] 필드를 더블 클릭하면, 상태 표시줄에 마크가 216개 표시되고, 뷰 우측 하단에는 2null이 표시됩니다. (2null은 데이터 원본에서 'Diamond Princess'와 'MS Zaandam' 필드값으로, 이 값들은 국가가 아니라 유람선에서 확진자가 집단 발생하여 해당 값들에 대한 위경도값이 없습니다.)

따라서 이들은 국가가 아니라서 따로 맵에서 표시할 수 없어서, 뷰 우측 하단에 있는 '2null'을 마우스로 클릭해 '데이터 필터링'을 선택합니다. 그러면 'Diamond Princess'와 'MS Zaandam'은 필터 처리됩니다.

21 이번에는 맵을 어둡게 표시하겠습니다. 상단 맵 메뉴 > 배경 맵 > '어둡게'를 선택합니다.

22 마크는 원 자동 → 사각형으로 변경합니다.

23 이번에는 색상을 변경해 보겠습니다. 색상 마크를 선택하고, 색상은 '#ff007f'로 변경합니다. 그리고 불투명도는 60%로 설정하고, 효과의 테두리는 흰색으로 지정합니다.

24 각 국가의 확진자 수에 따라 크기로 구분해서 보여 주기 위해, 측정값에 있는 [Total Cases] 필드를 드래그해서 '크기' 마크 위에 올립니다.

25 이제 각 국가의 사각형 마크에 마우스 오버해 보겠습니다. 그러면 각 국가의 위도와 경도값이 나오는데, 이 마크에서는 해당 위치 정보는 굳이 노출할 필요가 없을 것 같습니다. 따라서 열 선반에 있는 평균(Longitude)과 행 선반에 있는 평균(Longitude)에 각각 우클릭 〉 도구 설명에 포함을 클릭해 해제합니다.

26 새 워크시트를 엽니다. 이번에는 각 국가의 현재 Active 확진자 수를 기준으로 크기를 다르게 보여 주는 트리맵으로 구성해 보겠습니다. 우선, 시트 이름을 'Active Cases by Country'로 변경합니다.

27 좌측 사이드바에서 [Country]를 클릭해, Ctrl키를 누른 상태에서 [Active Cases] 필드를 선택해서 동시에 두 개의 필드를 선택합니다. 이 상태에서 뷰 우측 상단에 있는 '표현 방식'을 클릭해 트리맵을 선택합니다.

28 이번에는 트리맵 우측 하단에 '3null'이라고 나오는데, 이 4개의 국가가 어떤 국가인지 확인해 보겠습니다. 현재 시트인 'Active Cases by Country'에 우클릭해, '크로스 탭으로 복제'를 선택합니다.

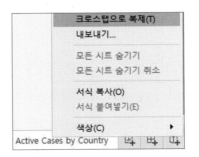

그림 7-3 상세한 값을 보려면 크로스 탭으로 복제 활용

그러면 트리맵 형태이던 시트 정보가 모두 크로스 탭 형태로 별도의 시트가 하나 더 만들어집니다. 그리고 나서 툴바에 있는 오름차순 버튼을 클릭합니다. 그러면 Netherlands, Spain, Sweden 3개국은 해당 정보를 제공하지 않아 Null로 표시됩니다.

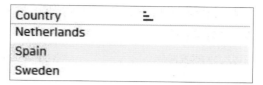

그림 7-4 리스트가 많을 때는 내림차순, 오름차순 정렬로 이상치 확인

원인을 확인했으니 앞에서 복제된 'Active Cases by Country (2)' 시트는 제거합니다.

29 뷰 우측 하단에 있는 '3null'은 우클릭해 '표시기 숨기기'를 선택합니다. 그러면 뷰에는 영향 없이 대신 '3null'이라는 표시기(Indicator)만 숨김 처리 됩니다.

30 측정값에 있는 [Active Cases] 필드를 드래그해서 레이블 마크에 올립니다.

31 툴바의 맞춤은 표준에서 '전체 보기'로 변경합니다.

32 색상 마크에서 색상 편집을 선택하고, 색상표는 '사용자 지정 다중'에, 최솟값은 흰색으로, 최댓값은 '#ff007f'로 변경합니다. 그리고 색상 마크에서 효과의 테두리를 검은색으로 지정합니다.

33 지금까지 워크시트들로 대시보드를 만듭니다. 새 대시보드를 선택합니다. 대시보드의 이름은 'COVID-19', 대시보드 크기는 PowerPoint(1600×900)로 변경합니다.

34 먼저 'Summary' 시트를 드래그해서 대시보드 안에 넣습니다.

35 'Summary' 시트 하단에 먼저 'CORONA Map' 시트를 넣고, 그 오른쪽에 'Active Cases by Country' 시트를 드래그해서 오른쪽에 넣습니다.

36 우측에 있는 색상 범례와 크기 범례는 제거합니다.

37 이제 대시보드에서 맵을 기준으로 동작을 추가하겠습니다. 상단 대시보드 〉 동작(작업) 〉 동작 추가 〉 필터를 선택하고 그림 7-5와 같이 적용합니다.

그림 7-5 대시보드에서 필터 적용으로 인터랙티브 요소 추가

38 이번에는 동작 추가에서 '하이라이트'를 선택하고 설정을 'CORONA Map' 시트를 선택해 오른쪽에 있는 'Active Cases by Country' 시트에 해당 국가 기준으로 하이라이트를 추가합니다.

CORONA Map에 임의의 국가를 클릭하면 상단 'Summary' 시트에 해당 국가 기준으로 숫자들이 변경됩니다. 우측에 있는 'Active Cases by Country' 시트가 하이라이트 처리되는지 확인합니다.

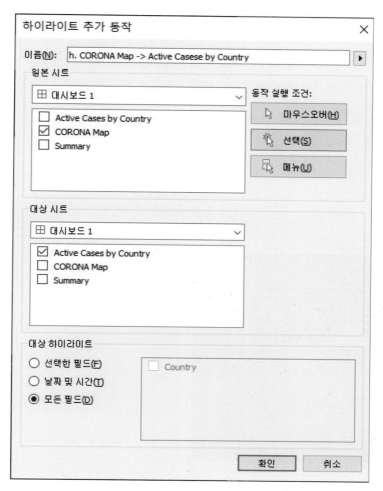

그림 7-6 대시보드에서 하이라이트 동작으로 인터랙티브 요소 추가

39 이번에는 'CORONA Map' 시트의 제목을 변경해 보겠습니다. 그 이유는 대시보드를 만든 사람은 이 시트를 클릭했을 때 필터와 하이라이트 동작이 적용되는 것을 알 수 있지만, 다른 사람들은 모르기 때문입니다. 대화형 대시보드를 만들었으나 다른 사람들이 그 기능을 충분히 활용하지 못한다면 콘텐츠 생산자로서는 아쉬움이 남을 것이므로, 그림 7-7과 같이 'COVID-19 Map(Click a square to filter by country)'으로 제목을 변경하겠습니다.

40 'Active Cases by Country' 시트에서 트리맵을 구성할 때 3개 국가는 'Active Cases'가 null로 누락된 것을 알 수 있었습니다. 따라서 이번에는 Map에서 'Netherlands', 'Spain', 'Sweden', 3개

나라를 클릭하면, 상단 'Summary' 시트에서 'Active Cases'와 'Total Recovered'는 값이 표시되지 않을 것입니다. 따라서 Summary 시트 제목 하단에 다음 메시지를 추가합니다.

If it appears to be an empty value, it is because the value for that country is null.

41 대시보드의 이름을 'COVID-19 Cases Dashboard'로 변경하고 제목을 표시합니다. 완성된 화면은 그림 7-7과 같습니다.

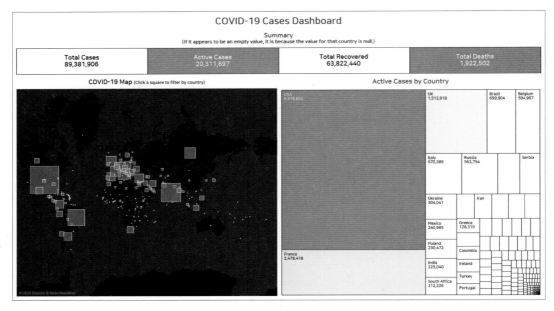

그림 7-7　배경색이 흰색인 COVID-19 Cases Dashboard 화면

또한 맵의 색상이 어두운 색 배경이므로 상단 '대시보드' 메뉴에서 서식을 선택하고, 대시보드 음영의 기본값을 검은색으로 지정합니다. 그리고 워크시트의 제목 등을 검은색에서 흰색으로 변경합니다.

대시보드를 좀 더 콤팩트하게 보여 주고 싶다면, 대시보드 크기를 데스크톱 브라우저(1000×800)로 변경합니다.

42 대시보드에 포함된 워크시트들은 모두 숨기겠습니다. 'COVID-19 Cases Dashboard' 대시보드 이름에 우클릭해 '모든 시트 숨기기'를 처리합니다.

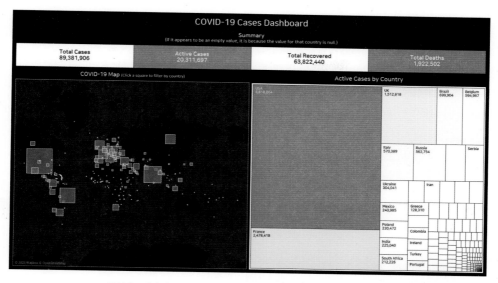

그림 7-8 배경색을 검은색으로 지정한 COVID-19 Cases Dashboard 화면

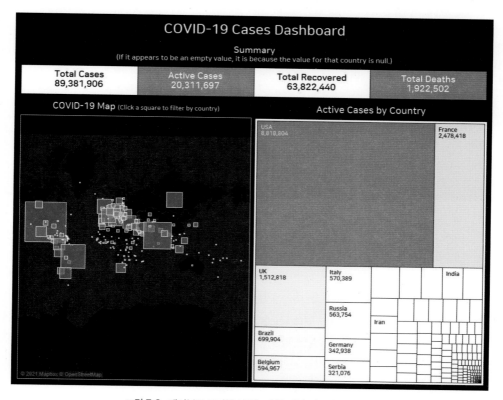

그림 7-9 대시보드 크기를 1000×800 해상도로 변경한 화면

대시보드의 완성도를 높이기 위해서는 사람들이 볼 수 있는 요소들을 사용자 관점에서 업데이트하는 것이 좋습니다.
예를 들어, 맵에서 우리나라(S. Korea)를 클릭하면 'Active Cases by Country' 시트에서 우리나라 부분은 아주 작게
표시됩니다. 현재 확진자 기준으로 우리나라가 몇 위인지 알려 준다면, 사용자 관점에서 더 도움이 되는 대시보드가
될 것입니다. 이 경우에는 'Active Cases by Country' 시트의 도구 설명 마크를 편집해서 적절한 문구를 업데이트해
봅니다.

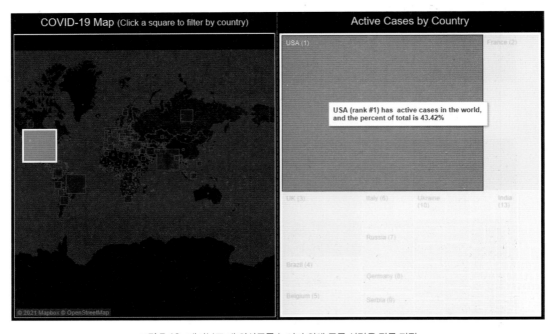

그림 7-10   대시보드 내 완성도를 높이기 위해 도구 설명을 적극 편집

이전 대시보드에서 맵을 확대했을 때 우리나라 위치에 '대한민국'과 같이 한글로 국가명이 나옵니다. 대시보드는 전 세
계 데이터를 기반으로 영어로 제작되었다면, 맵에 나오는 언어도 한글이 아니라 영어로 표현하고 싶은 니즈도 있을 수
있습니다. 이 경우에는 Tableau 워크북에서 상단 '파일' 메뉴 > 통합 문서 로캘 > 자세히 버튼을 선택합니다. 그리고 로
캘을 '영어'라고 검색하면 영어를 공통어로 쓰는 나라들이 나오는데, 여기에서 로캘을 '영어(미국)'로 설정합니다.

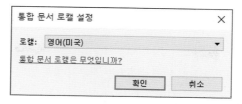

그림 7-11 통합 문서의 로캘을 변경

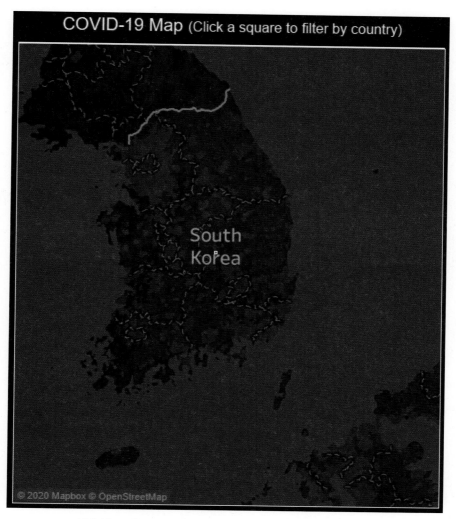

그림 7-12 로캘을 영어(미국)로 설정한 후 맵에서 영어 지명으로 변경된 화면

(2) COVID-19 지역별 확진자

데이터 원본 - 코로나19 시도별 누적 확진자_2020년.xlsx (시도별 코로나19 데이터는 각 지자체에서 수집한 데이터가 추후에 중복 및 누락 신고 등으로 인해 수정되는 경우가 종종 있어서, 실제 데이터와 약간의 차이가 있을 수 있습니다.)

시작하기 전에 생각해 볼 점

첫째, 데이터 원본에 있는 확진자는 누적 확진자입니다. 이것을 일별 신규 확진자로 변경하는 방법이 있을까요?

둘째, 누적 확진자와 신규 확진자를 번갈아 가면서 화면을 구성하는 방법이 있을까요?

1 데이터 원본인 '코로나19 시도별 누적 확진자_2020년.xlsx'를 연결합니다.

2 데이터 원본 페이지에서 [날짜] 필드의 데이터 유형을 '문자열'에서 '날짜'로 변경합니다.

3 열 방향으로 된 시도별 누적 확진자 데이터를 행 방향으로 변경하기 위해 피벗을 적용하겠습니다. [합계] 필드를 선택하고 Shift키를 누른 상태에서 [검역] 필드를 선택합니다. 그리고 검역 필드명 우측 상단에 있는 아래 세모 옵션[▼]을 눌러 '피벗'을 선택합니다.

4 피벗 필드명과 피벗 필드값을 각각 '시도'와 '누적 확진자'로 변경하고, 시트로 이동합니다.

5 차원에 있는 [날짜] 필드를 마우스의 오른쪽(Mac은 Option키 + 마우스 왼쪽)을 잡고 드래그해서 행 선반에 올리면 필드 놓기 대화 상자가 나타나는데, 여기에서 두 번째에 있는 파란색 날짜(불연속형)를 선택합니다. 그러면 뷰에는 행 방향으로 일별로 하나씩 끊어서 표현됩니다.

6 측정값에 있는 [누적 확진자]를 더블 클릭하면 뷰에 일별로 누적 확진자 수가 표시됩니다.

7 테이블 내 숫자를 보면 데이터가 일별 신규 확진자 수가 아니라 누적되는 데이터인 것 같습니다. 이것으로는 데이터를 파악하는 데 부족할 듯합니다. [시도] 필드를 활용해서 뷰를 좀 더 세부적으로 나누어 보겠습니다.

차원에 있는 [시도] 필드를 드래그해서 열 선반에 올립니다. 그러면 화면이 열 방향으로 [시도]별로 나뉘는데, 우리나라 17개 시도 외에 '검역'(공항 등에서 외국에서 오는 사람을 검사해 발견되는 경우)과 '합계'가 들어가 있습니다.

즉 일별로 합계된 이 값은 17개 시도와 검역을 포함한 18개 시도 값과 동일한 값이 하나 더 있어서, 이 상태로 둔다면 일별 확진자 수는 2배가 됩니다. 여기에서는 [시도] 필드에서 '합계'를 데이터 원본에서 제외하고 18개 시도로 화면을 구성해 보겠습니다.

8 데이터 원본 페이지로 이동합니다. 우측 상단에 있는 데이터 원본 '추가' 링크를 선택하면 '데이터 원본 필터 편집' 대화 상자가 나타나는데, 여기에서 '추가' 버튼을 클릭하고 '시도'를 선택합니다.

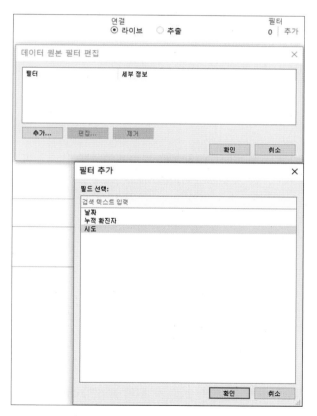

그림 7-13   데이터서 원본에 필터 추가하는 방법

9 시도 필터에서 '합계'를 선택하고, '제외' 처리합니다. 그리고 다시 시트로 이동합니다.

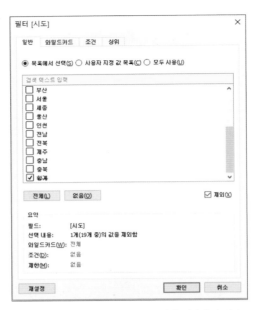

그림 7-14 데이터 원본 필터에서 '제외' 필터 추가 방법

10 시트로 이동 후에 툴바에 있는 '시트 지우기'를 선택해 모든 내용을 삭제합니다.

11 차원에 있는 [날짜] 필드를 마우스 오른쪽(Mac은 Option키 + 마우스 왼쪽)을 잡고 드래그해서 열 선반에 올리고, 필드 놓기 대화 상자에서 첫 번째 있는 초록색 날짜(연속형)를 선택합니다.

즉 데이터 원본에 있는 처음부터 끝까지 일별로 이어지는 연속형으로 화면을 구성하겠다는 뜻입니다.

12 측정값에 있는 [누적 확진자] 필드를 드래그해서 행 선반에 올립니다. 그러면 뷰는 그림 7-15와 같이 일별 누적 확진자 수가 라인 그래프로 표현됩니다.

그런데 앞에서도 언급했던 것처럼 이 데이터 원본의 확진자 수는 일별 신규 확진자 수가 아니라 일별로 누적된 확진자 수이므로, 일별 누적 확진자 수를 기준으로 바로 전날의 누적 확진자 수의 차이를 구해서 신규 확진자 수를 구하고자 합니다.

13 행 선반에 있는 [합계(누적 확진자)]에 우클릭 〉 퀵 테이블 계산 〉 차이를 선택합니다. 그러면 그림 7-16과 같이 퀵 테이블 계산을 활용해서 일별 확진자 수를 표현할 수 있습니다.

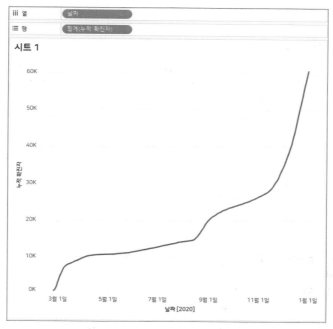

그림 7-15　일별 누적 확진자 추이

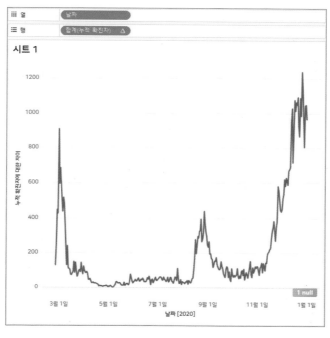

그림 7-16　누적 확진에서 신규 확진으로 뷰가 변경

14 뷰 우측 하단에 1null이라고 표시되는 이유는 데이터 원본 기준으로 맨 앞에 있는 데이터는 비교 대상(바로 이전) 날짜가 없어 퀵 테이블 계산에서 차이를 구할 수 없어서, 1개의 날짜는 null로 표시되기 때문입니다. 이 '1null'은 우클릭해 '표시기 숨기기'를 선택합니다.

15 행 선반에 있는 [합계(누적 확진자) △]를 Ctrl키(Mac은 Command키)를 누른 상태에서 드래그해서 좌측 사이드바로 보냅니다. 그리고 필드명을 '신규 확진자'로 변경합니다.

16 이제부터는 누적 확진자와 신규 확진자를 토글(Toggle)하면서 화면을 스위치(Switch)하는 형식으로 구성해 보겠습니다. 우선 매개 변수부터 만들겠습니다.

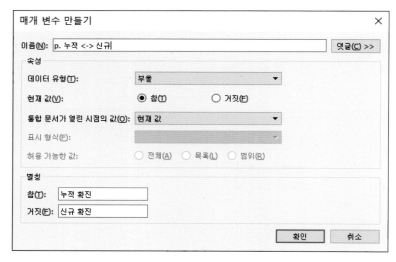

그림 7-17 누적 ↔ 신규 확진 매개 변수

이 매개 변수는 부울 형태로 만들었으며, 참(True)인 경우에는 누적 확진자로 표시하고, 거짓(False)인 경우에는 신규 확진자로 표시하겠습니다. 이제부터는 이 매개 변수가 제대로 동작하도록 계산된 필드를 만들겠습니다.

17 필드명 '누적 ↔ 신규 확진자'의 계산식을 만듭니다.

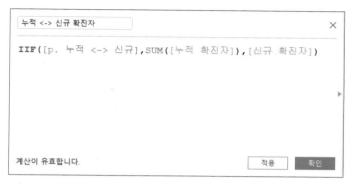

그림 7-18 신규 확진자 필드에 집계가 없는 것은 이미 퀵테이블 계산에서 처리했기 때문

18 행 선반에 있는 [신규 확진자 수] 필드는 제거하고, 그 대신 앞에서 만든 [누적 ↔ 신규 확진자] 필드를 드래그해서 행 선반에 올립니다.

19 매개 변수 섹션에 있는 [p. 누적 ↔ 신규] 매개 변수를 우클릭해 '매개 변수 표시'를 선택합니다. 그리고 매개 변수의 값을 '신규 확진'과 '누적 확진'으로 각각 변경해 봅니다. 뷰가 누적 확진자와 신규 확진자 추이로 변경되는 것을 확인할 수 있었습니까? 확인되었다면 다음 스텝으로 넘어가겠습니다.

20 마크를 라인이 아니라 막대로 변경합니다.

21 행 선반에 있는 [누적 ↔ 신규 확진자] 필드를 Ctrl키(Mac은 Command키)를 누른 상태에서 드래그해서 우측에 하나 더 추가합니다.

22 그 대신 행 선반의 두 번째에 있는 [누적 ↔ 신규 확진자]는 더블 클릭해 맨 앞에 ' ‒ '를 추가합니다. 그러면 0을 기준으로 막대 차트가 양쪽으로 배치되는 화면을 구성할 수 있습니다.

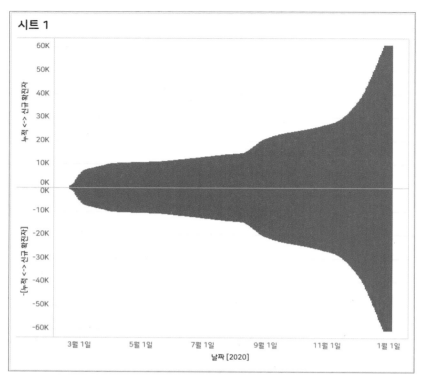

그림 7-19 0을 기준으로 양쪽 추이를 살펴보기 위한 이중 축 표현

23 화면을 0을 기준으로 양수 쪽은 전체 기준으로 표현하고자 하며, 음수 쪽은 시도별로 화면을 구성하고자 합니다. 먼저 [누적 ↔ 신규 확진자 수] 마크를 선택하고, [시도] 필드를 세부 정보 마크에 올립니다.

24 매개 변수를 하나 더 만듭니다. 여기에서는 17개 시도 + 검역을 포함한 18개 값 중 하나를 선택해 해당 시도가 별도의 색상으로 하이라이팅 처리되도록 설정해 보겠습니다.

차원에 있는 [시도] 필드에 우클릭 > 만들기 > 매개 변수를 선택하고, 매개 변수 이름만 'p. 시도'로 변경합니다.

25 [p. 시도] 매개 변수를 우클릭해 '매개 변수 표시'를 선택합니다.

26 이제부터 이 [p. 시도] 매개 변수를 선택해 해당 시도에 별도의 색상으로 하이라이팅되도록 계산식을 만들겠습니다.

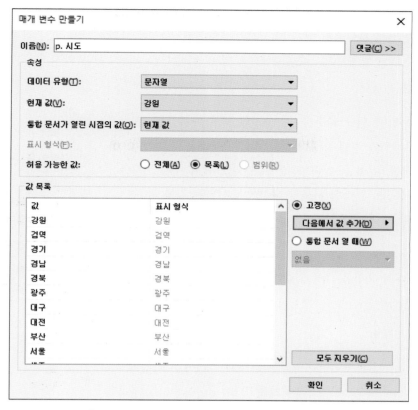

그림 7-20 선택한 시도만 별도의 색상을 적용하기 위한 매개 변수

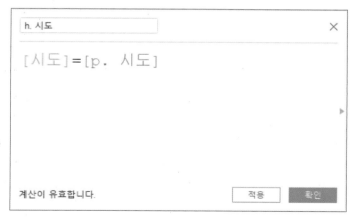

그림 7-21 시도 필드값 중 매개 변수에서 선택한 시도와 동일한 경우는 참

27 앞에서 만든 [h. 시도]를 먼저 [누적 ↔ 신규 확진자 수] 마크의 색상 위에 올립니다. 색상이 변경되었는데 시도에서 현재 값(기본 세팅)이 된 시도는 '강원'이라서 바로 확인이 안 될 수도 있습니다. 그래서 [p. 시도]를 '서울'로 변경하면, [누적 ↔ 신규 확진자 수] 마크에서 맨 위에 표시됩니다.

28 먼저 [누적 ↔ 신규 확진자 수] 마크의 색상 마크인 [h. 시도]에 우클릭 〉 정렬 〉 정렬 순서: 내림차순으로 변경합니다. 그러면 [누적 ↔ 신규 확진자 수] 마크에서 매개 변수인 [p. 시도]로 선택한 시도가 하단에 표시되는 것을 볼 수 있습니다.

29 [누적 ↔ 신규 확진자 수] 마크의 색상을 선택하고, 참과 거짓에 대한 색상을 다음과 같이 변경합니다.

참 - #ff007f

거짓 - #767f8b

30 [누적 ↔ 신규 확진자 수] 마크의 막대에는 18개의 시도가 겹쳐서 나와서 중간마다 라인처럼 보이는 영역들이 있습니다. 이 막대들을 연속적으로 연결되는 것이 아니라 각각 하나씩 분리되도록 표현해 보겠습니다.

열 선반에 있는 초록색 연속형 일(날짜) 필드에 우클릭해 하단에 있는 '연속형'을 바로 위에 있는 '불연속형'으로 변경합니다. 즉 날짜의 형태는 연속적이나 보여 주는 방식을 축 대신에 머리글로 표시하기 위해 설정합니다.

31 툴바에 있는 맞춤을 표준 대신 전체 보기로 변경합니다.

32 열 선반에 있는 '일(날짜)'을 우클릭해 머리글 표시를 해제합니다.

33 왼쪽에 있는 축도 우클릭해 '머리글 표시'를 선택해 해제합니다.

그림 7-22 축 또는 머리글 사용 표시

34 뷰에서 우클릭 〉 서식 〉 테두리 서식 〉 시트 탭에 있는 행 구분선의 패널과 열 구분선의 패널을 없음으로 변경합니다.

35 뷰에서 우클릭 〉 서식 〉 라인 서식 〉 행 탭 〉 격자선: 없음, 영(0) 기준선: 없음으로 설정합니다.

36 시트 이름을 '일별 확진자 수'로 변경합니다.

37 새로운 워크시트를 선택하고 시트 이름을 '시도별 확진자 수'로 변경합니다.

38 이 시트에서는 시도별 맵을 표현해서 누적 ↔ 신규 확진자 수를 변경해 보겠습니다. 차원에 있는 [시도] 필드 왼쪽에 있는 'Abc'를 선택하고 지리적 역할 〉 '시 / 도'를 선택합니다.

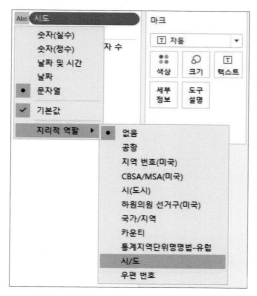

그림 7-23 문자열 필드인 시도의 지리적 역할 추가

39 지리적 역할이 추가된 [시도]를 더블 클릭하면 뷰에 맵 형태로 표시됩니다. 다만 뷰 우측 하단에 '1개의 알 수 없는 항목'으로 표시되는데, 그 이유는 17개 시도를 제외하고 '검역'이라는 값이 있는데 이 값을 자동으로 맵에 표현할 수 없기 때문입니다. 검역이란 값은 코로나 데이터에서만 활용되는 값이라서, 자동으로 맵에서 표현하도록 위도와 경도값이 Tableau에 내장되지 않기 때문입니다.

그림 7-24 검역은 맵에서 자동으로 표현할 수 없는 항목

Tableau에서 자동으로 위치 데이터로 변환되는 방식은 Tableau에서 데이터를 연결하는 과정에서 처음 몇 개의 행과 필드명을 판단해서 Country, State 등의 가능한 지리적 데이터를 식별합니다. Tableau의 내장된 규칙과 일치한 칼럼(필드명)이 있으면 자동으로 지리적 역할이 추가되지만, 명칭이 다를 경우에는 지리적 역할을 추가하거나 수동으로 해당 위치에 위도와 경도를 편집해야 합니다.

40 '1개의 알 수 없는 항목'을 마우스 왼쪽을 눌러 클릭 〉 위치 편집 〉 검역의 위치 일치에 드롭 다운 메뉴[▼]를 누르고 위도 및 경도 입력을 선택합니다.

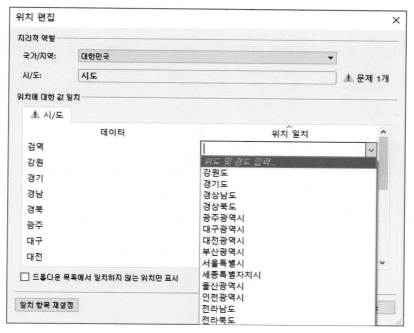

그림 7-25 자동으로 위치가 인식되지 않으면 위도와 경도를 각각 입력

검역은 인천 근처 위치로 표시하기 위해 다음과 같이 입력합니다.

위도 - 37.9590009

경도 - 125.7478718

TIPS

이 지점은 인천 부근보다 약간 북한 지역 근처에 마크가 표시됩니다. 이곳으로 위도와 경도를 잡은 이유는 추후에 확진자 수에 따라 원의 크기 표시를 다르게 표현하기 위해서인데 그때 인천 지역과 겹치지 않도록 하기 위한 것입니다. 추후에 우리나라를 제외한 나머지 영역은 맵 계층에서 투명도를 100%로 변경해서 나머지 나라는 눈에 안 띄게 적용할 예정입니다.

41 열 선반에 있는 경도(생성됨) 필드를 Ctrl키(Mac은 Command키)를 누른 상태에서 마우스 왼쪽을 잡고 드래그해서 경도(생성됨) 뒤에 하나 더 추가합니다.

42 마크에서 경도(생성됨) 첫 번째를 선택하고, 마크를 원(자동)에서 '맵'으로 변경합니다.

43 마크의 색상을 흰색으로 변경하고, 테두리는 보라색이나 검은색 계열로 변경합니다.

44 열 선반에서 우측에 있는 경도(생성됨) (2) 필드를 우클릭해 이중 축을 선택합니다. 그러면 맵 마크와 원 마크가 같은 위치에 이중으로 나타납니다.

45 우리나라를 제외한 나머지 국가들은 뷰에서 표시되지 않도록 상단 맵 메뉴 〉 맵 계층 〉 백그라운드: 투명도를 100%로 변경합니다. 그리고 맵 계층 메뉴를 닫습니다.

46 뷰에서 원 마크의 크기를 누적 확진과 신규 확진에 따라 각각 다르게 보여 주도록 설정해 보겠습니다. 이와 관련해서 계산식을 몇 가지 만들어 보겠습니다.

그림 7-26 날짜 중 가장 큰 날짜, 즉 가장 최근 날짜는 참

그림 7-27 날짜 중 가장 최근 날짜보다 -1인 날짜는 최근 전일

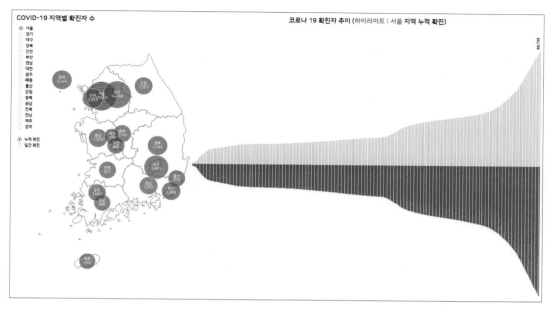

그림 7-35 선택한 지역을 색상으로 하이라이트 처리해 살펴볼 수 있음

(3) 국내 코로나19 발생 현황_권역 및 시도별 확진자 비율

권역 및 시도별 확진자 비율과 누적 그리고 신규 확진자 수에 따라 총 4가지 케이스를 하나의 대시보드에서 구성하고자 합니다.

데이터 원본 – 국내 코로나19 시도별 신규 확진자_2020년.hyper

여기서 생각해 볼 점은

첫째, 다른 대시보드로 이동하지 않고 화면을 전환하는 방법이 있을까요?

둘째, 화면 전환을 위해 애니메이션을 추가하는 방법을 아나요?

시작하기에 앞서

권역과 시도를 기준으로 누적과 신규 확진자 수에 대한 케이스로 총 4가지 값을 한 화면에서 보고자 합니다. 화면은 트리맵 형태로 구성하며, 매개 변수 변경에 따라 권역 ↔ 시도 간 화면 변경을 하고, 버튼을 눌러 누적 ↔ 신규 확진자 수에 따라 Toggle하도록 화면을 구성할 예정입니다.

참고로 이 데이터 원본은 이전 실습에서 다룬 데이터와 달리 확진자 수가 누적해서 쌓이는 것이 아니라 일별 신규 확진자 수를 포함한 데이터입니다. 확인해 보겠습니다.

1 차원에 있는 [날짜] 필드를 마우스 오른쪽(Mac은 Option키 + 마우스 왼쪽)을 잡고 드래그해서 행 선반에 올리면 필드 놓기 대화 상자가 나타나는데, 여기에서 두 번째에 있는 파란색 날짜(불연속형)를 선택합니다. 그러면 뷰에는 행 방향으로 일별로 하나씩 끊어서 표현됩니다.

2 측정값에 있는 [확진자]를 더블 클릭하면 뷰에 일별 신규 확진자 수가 표시됩니다. 즉 이전 실습과는 확진자 수에 대한 데이터 성격이 다름을 확인하고 실습하겠습니다.

3 우선 [시도] 필드를 기준으로 [권역] 필드로 '그룹' 만들기를 해 보겠습니다. 차원에 있는 [시도]에 우클릭 > 만들기 > 그룹을 선택합니다.

4 매개 변수를 만듭니다. 다음 매개 변수에서 참이면 권역 기준으로 화면을 보여주고, 거짓이면 시도 기준으로 설정하겠

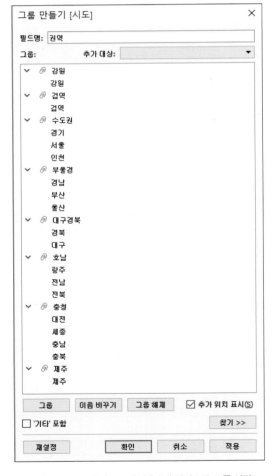

그림 7-36 17개 시도 + 검역을 8개 권역으로 그룹 설정

다는 뜻입니다.

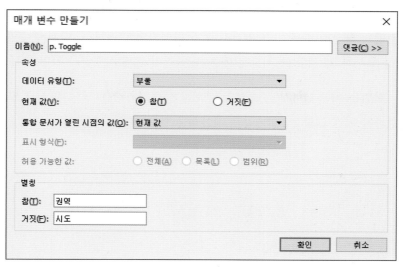

그림 7-37 참은 권역 기준으로, 거짓은 시도 기준으로 구성된 매개 변수

5 계산된 필드를 만듭니다. 이 계산식은 앞에서 만든 매개 변수인 [p. Toggle]에서 참(True)이면 [권역] 필드로, 거짓(False)이면 [시도] 필드를 기준으로 바라보겠다는 뜻입니다.

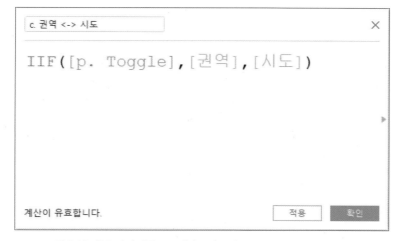

그림 7-38 참은 권역 기준으로, 거짓은 시도 기준으로 보여 주기 위한 계산식

6 [c. 권역 ↔ 시도] 필드와 [확진자] 필드를 활용해 트리맵을 만듭니다. (표현 방식에 있는 트리맵을 활용합니다.) 그리고 툴바의 맞춤을 '표준' 대신에 '전체 보기'로 변경합니다.

7 현재 트리맵의 확진자 수는 누적 확진자 수가 반영되어 있습니다. 매개 변수인 [p.Toggle 매개 변수]를 표시하고, 권역 ↔ 시도 값에 따라 화면이 변경되는 것을 확인해 봅니다.

8 이번에는 화면을 최근 날짜 기준으로만 나오도록 설정하겠습니다. 즉 최근 날짜 신규 확진자를 표현하기 위해 그림 7-39와 같은 계산식을 만듭니다.

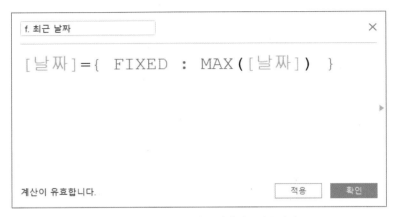

그림 7-39 날짜 중 가장 큰 값이 바로 최근 날짜

그리고 [f. 최근 날짜]를 필터 선반에 넣고 '참'을 선택합니다. 그러면 데이터 원본을 기준으로 가장 최근 데이터로 필터 처리되는 것을 볼 수 있습니다.

9 그런데 Tableau에서는 가급적이면 필터를 적게 사용하거나 필요하다면 사용하지 않는 것이 더 좋습니다. 따라서 [f. 최근 날짜]를 반영한 확진자 수, 즉 최근 날짜 확진자 수 필드를 새로 만들어 보겠습니다.

22 이 부동으로 올라가 있는 세로 개체에 '권역 및 시도 누적 확진자' 시트를 Shift키를 누른 상태에서 드래그해서 넣습니다.

23 이 세로 개체를 선택한 상태에서 좌측 사이드바의 레이아웃 패널을 선택하고, 위치 및 크기를 앞에서 설정한 값과 같도록 위치는 x 50, y는 110, 크기는 너비 900, 높이 650으로 설정합니다.

24 그러면 같은 위치에 부동 개체가 두 개 겹치게 나오나 정확하게 일치하지 않습니다. 그 이유는 세로 개체에 포함된 시트의 바깥쪽 여백이 모두 4로 설정되어 이것을 모두 0으로 변경해야 하기 때문입니다.

25 신규 확진자 시트와 누적 확진자 시트 사이에 화면을 전환하기 위해 표시 / 숨기기 단추를 추가하겠습니다. 먼저 권역 및 시도 누적 확진자 시트를 선택하고 상단에 있는 손잡이 부분을 더블 클릭하면 이 시트가 포함된 세로 개체의 레이아웃(파란색)이 생깁니다. 이때 우측에 있는 아래 세모 옵션을 선택하고 '표시 / 숨기기 단추 추가'를 클릭합니다.

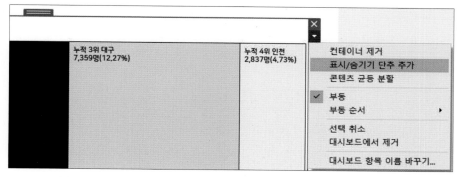

그림 7-46 일반 워크시트를 선택하면 그레이색 테두리, 개체를 선택하면 파란색 테두리

26 세로 개체 우측 상단에 나타나는 기본 단추가 표시되는데, 아래 세모 옵션을 눌러 편집 단추를 선택합니다.

스타일을 이미지 단추 ↔ 텍스트 단추로 변경하고 도구 설명을 추가하면 좀 더 직관적으로 이 버튼의 쓰임새를 청중에게 알려 줄 수 있습니다. 여기에서는 별도로 편집하지 않고 기본 단추를 활용하겠습니다.

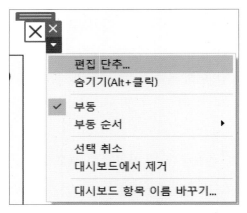

그림 7-47 단추 스타일은 변경 가능

27 해당 버튼을 Alt키를 누른 상태에서 클릭하면 '권역 및 시도 신규 확진자' 시트와 '권역 및 시도 누적 확진자' 시트 간 화면을 변경할 수 있습니다.

TIPS

현재 작업 모드에서는 Alt키를 누른 상태에서 클릭하면 화면 전환되나 프레젠테이션 모드일 때는 그냥 클릭만 하면 화면 전환됩니다.

28 제목이 겹쳐서 나오므로 제목 부분에 우클릭해 제목 표시를 해제합니다.

29 디폴트로 화면 우측에 생성된 단추를 화면 왼쪽으로 옮깁니다. 그리고 다른 사람들이 해당 버튼을 활용할 수 있도록 텍스트 개체를 부동으로 놓고 텍스트를 그림 7-48과 같이 편집합니다.

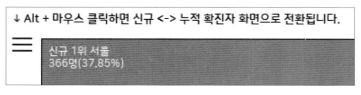

그림 7-48 아무리 좋은 기능이라도 다른 사람들이 잘 활용해야 좋은 시각화

30 대시보드 이름은 'COVID-19 권역 및 시도별 확진자 현황'이라고 변경합니다.

31 대시보드 제목 표시를 합니다. 부동으로 되어 있던 매개 변수와 숨겨 둔 색상 범례 등을 꺼내서 대시보드 상단에 배치합니다.

32 이 대시보드에서는 매개 변수인 [p. Toggle]에 대한 값인 '권역'과 '시도' 그리고 '신규'와 '누적' 두 가지 시트로 총 4가지 케이스를 한 화면에서 표시할 수 있게 되었습니다. 상단에 있는 매개 변수와 트리맵 좌측에 있는 단추를 활용해 화면을 전환해 봅니다.

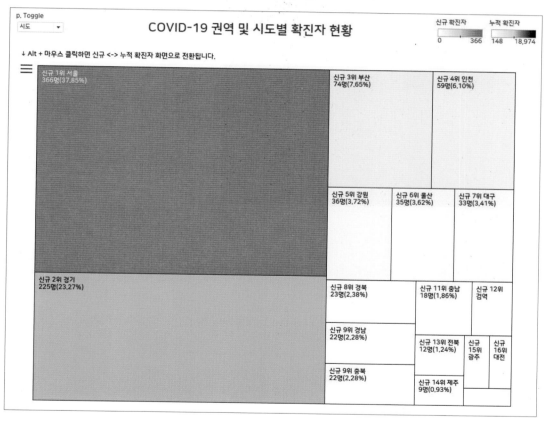

그림 7-49 시도 기준 신규 확진자 수 현황

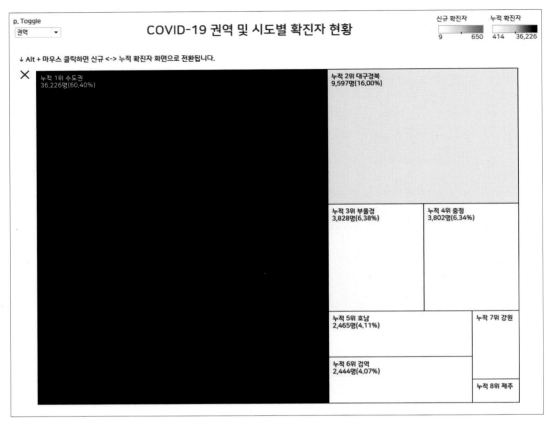

그림 7-50 권역 기준 누적 확진자 수 현황

(4) 기타 COVID-19 대시보드 예시

1) 코로나19 양성률 추이 대시보드

매일 코로나19 확진자 현황을 메신저로 주변 지인들과 공유하면 가장 많이 받는 질문이 바로 "어제보다 늘었어?"라는 대답입니다. 그때 매일 업데이트되는 현황 대시보드를 보여 주면 이번에는 "주말이라 검사가 적어서 그런 것 아니야?"와 같은 2차 질문이 발생합니다. 다음 대시보드는 해당 질문에 답하기 위해 만든 대시보드입니다.

그림 7-51은 검사 대비 확진(양성) 비율 추이를 표현한 대시보드입니다. 회색 막대 차트는 신규 확진자 수를 표현하고, 빨간색 라인 그래프는 전체 검사 중 확진자의 비율인 양성률을 나타냅니다. 특정한 시기만 필터 처리하였고, 여러분이 이 책을 보는 시점에서는 전체적인 흐름이 달라질 수 있지만 감소하던 추이가 다시금 증가하는 것을 볼 수 있습니다.

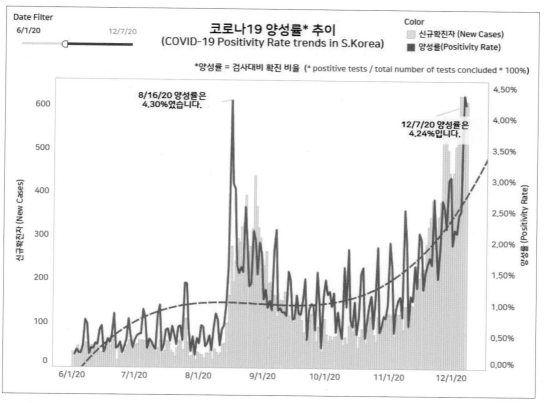

그림 7-51 반복적 질문에 답을 구하는 과정에서 나온 코로나 양성률 대시보드

그리고 한 달이 지난 시점으로 보자면, 신규 확진자는 정점을 찍고 감소하는 추세이고, 특히 양성률은 꾸준히 줄어드는 양상을 보입니다. 이는 확진자가 감소하는 수보다 더 많이 검사를 진행한 결과로 보입니다.

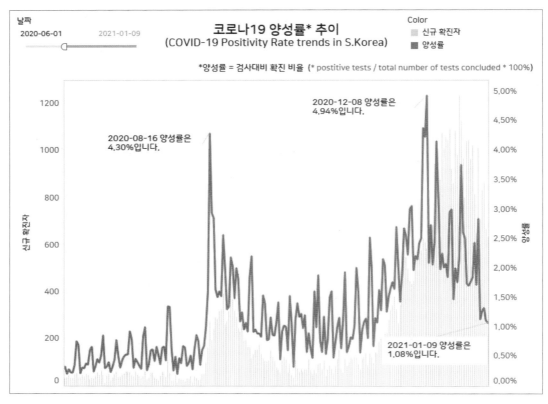

그림 7-52 시기에 따라 달라진 트렌드

앞서 주말에는 대체로 확진자 수가 떨어지는 것이 검사 숫자가 적어서 발생하는 것 아니냐고 한 질문에, 요일별로 살펴보면 그 답을 금방 찾을 수 있습니다. 발표되는 시점을 기준으로 일요일과 월요일이 대체로 높게 나타납니다. 실제 검사 날짜 기준으로는 발표일 전일 기준이므로 각각 토요일과 일요일에 양성률이 높은 것을 알 수 있습니다. 즉 확진자 수가 다른 평일에 비해 적으나 검사 건수도 상대적으로 더 적었기에, 평균 양성률은 다른 평일에 비해 높은 것을 알 수 있습니다.

이처럼 질문 → 답, 추가 질문 → 추가 답을 구하는 과정을 반복하다 보면 데이터 시각화를 보는 청중에 대한 니즈를 빠르게 찾고 그에 대한 답을 적절한 타이밍에 내놓을 수 있습니다.

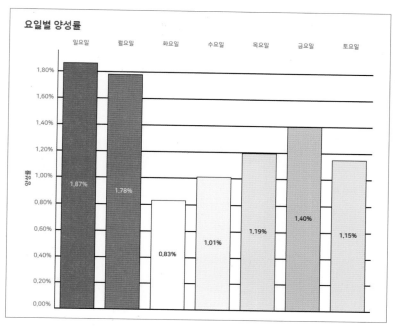

그림 7-53 코로나 요일별 양성률은 주말과 평일의 색상 구분으로 살펴볼 수 있음

2) 지역 및 시도별 코로나 확진자 현황 Sankey diagram

평소에 강의하면서 많이 받는 질문 중 하나는 Sankey chart와 같이 고급 차트를 어떻게 만들 수 있느냐는 것입니다. 그에 대한 답은 여러 가지가 있지만, 우선 꼭 생키 차트를 만드는 것이 필요한지 스스로 질문해 봅니다. 아무리 예쁜 표현 방식이라도 해당 데이터 원본에 맞는 표현 방식인지 또는 인사이트를 구하는 과정에 적합한 시각적 분석 기법인지 판단하도록 합니다. 그리고 나서 구현하고자 한다면 구글링과 유튜브 검색을 통해 한번 도전해 봅니다. 만약 실습하는 데 어려움을 느끼는 경우 Tableau 확장(Extension) 프로그램 갤러리(https://extensiongallery.tableau.com/)를 참고해서 손쉽게 만들어 볼 수도 있습니다.

그림 7-54는 국내 코로나19 발생 지역 및 시도를 기준으로 확진자 비중을 Sankey diagram으로 시각화하여 표현한 것입니다. 만약 차원 중 계층 또는 드릴다운이 가능한 필드들이 있다면 더 세부적인 생키 차트 구현도 가능합니다.

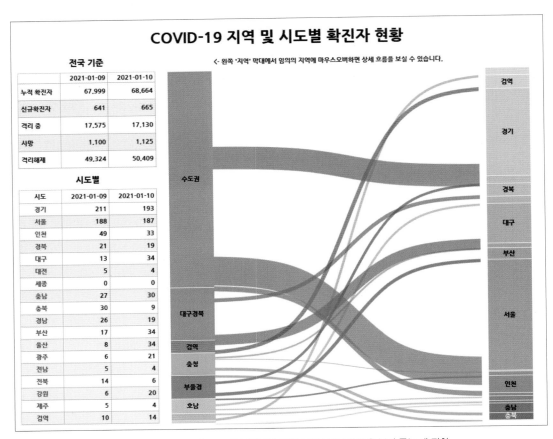

COVID-19 지역 및 시도별 확진자 현황

<- 왼쪽 '지역' 막대에서 임의의 지역에 마우스오버하면 상세 흐름을 보실 수 있습니다.

전국 기준

	2021-01-09	2021-01-10
누적 확진자	67,999	68,664
신규확진자	641	665
격리 중	17,575	17,130
사망	1,100	1,125
격리해제	49,324	50,409

시도별

시도	2021-01-09	2021-01-10
경기	211	193
서울	188	187
인천	49	33
경북	21	19
대구	13	34
대전	5	4
세종	0	0
충남	27	30
충북	30	9
경남	26	19
부산	17	34
울산	8	34
광주	6	21
전남	5	4
전북	14	6
강원	6	20
제주	5	4
검역	10	14

그림 7-54 Sankey diagram은 드릴다운하면서 세부 이동 흐름을 보여 주는 데 적합

02 | 인구 데이터 대시보드

(1) 서울 vs 경기 인구수 비교 대시보드

데이터 원본 - 우리나라 인구수.hyper

최근 몇 년 사이에 서울의 인구는 줄어들고, 경기도 인구는 꾸준히 늘어나는 것을 뉴스를 통해 자주 접합니다. 심지어 인구 천만이라는 서울이 이제는 천만 인구가 아니라고 하니 데이터로 한 번 확인해 보겠습니다.

여기서 생각해 볼 점은

첫째, 필드값 중 필요한 값만 데이터 원본에서 필터 설정하는 방법입니다.

둘째, 하나의 마크에서 두 가지 값을 다르게 보여 주는 방법입니다.

셋째, 레이블이 길 경우에 별칭을 편집하는 방법입니다.

1 데이터 원본은 우리나라 인구수.hyper 파일을 엽니다.

2 여기에서는 서울특별시와 경기도의 인구수를 비교하는 화면을 구성할 것입니다. 따라서 데이터 원본 페이지에서 [시도] 기준으로 '서울특별시'와 '경기도'만 설정하겠습니다. 데이터 원본 페이지 우측 상단에 있는 데이터 원본 필터 '추가' 링크를 누르고 '데이터 원본 필터 편집' 대화 상자에서 '추가' 버튼을 다시 누릅니다. 그리고 필터 추가에서 [시도]를 더블 클릭해 '경기도'와 '서울특별시' 두 시도만 선택하고 확인을 눌러 닫습니다. 그런 다음 시트로 이동합니다.

3 화면을 구성하기 전에 데이터를 선반과 마크에 넣어서 데이터 구성을 살펴보겠습니다. [시

도] 필드를 열 선반에, [연도] 필드를 행 선반에, [인구수] 필드를 텍스트 마크에 넣습니다. 그러면 경기도 인구는 해마다 증가하고, 서울특별시 인구는 해마다 대략 감소하는 것을 확인할 수 있습니다. 이 둘을 시각화를 통해 비교해 보겠습니다. 툴바에 있는 '시트 지우기'를 눌러 전체를 삭제합니다.

4 이번에는 [연도] 필드를 열 선반에, [인구수] 필드를 행 선반에, [시도]를 색상 마크에 올립니다. 그런데 이 경우에는 마크가 누적되면서 좌측의 축이 2천만이 넘게 나옵니다. 이런 경우에는 상단 '분석' 메뉴에서 마크 누적 〉 '해제'로 설정하면 위와 같은 현상은 사라집니다. 그 대신 경기도가 2008년부터 2020년까지 해마다 인구수가 서울특별시보다 많아서 서울특별시의 인구수가 보이지 않습니다.

5 서울특별시의 인구수를 보여 주기 위해서 차원에 있는 [시도] 필드를 드래그해서 크기 마크 위에 올립니다. 그러면 가나다순에 의해서 경기도 인구수 막대는 얇게, 서울특별시 인구수 막대는 굵게 표시됩니다.

6 인구수를 시도별로 그리고 해마다 표시하기 위해 측정값에 있는 [인구수] 필드를 드래그해서 레이블 마크에 올리고, 전체를 표시하기 위해 레이블 마크의 옵션인 '레이블이 다른 마크와 겹치도록 허용'을 체크합니다. 그러면 모든 레이블이 표시됩니다.

7 연간 인구수가 풀 넘버 기준으로 나오다 보니 다소 화면이 복잡해 보입니다. 이럴 때는 레이블 역할을 하는 '(합계) 인구수'에 우클릭 〉 서식 〉 패널 탭 〉 숫자의 사용자 지정을 소수 자릿수 2자리, 디스플레이 장치: 백만(M)으로 설정합니다.

8 이 시트의 이름을 '연간 인구수 비교'로 변경합니다.

9 새로운 워크시트를 만들겠습니다. 이번에는 연도별로 서울특별시와 경기도의 인구수 차이를 표시해 보겠습니다. 우선 계산된 필드를 만들어 보겠습니다.

10 [연도]를 열 선반에, [인구수 차이]를 텍스트 마크에 넣습니다.

11 해마다 두 시도의 [인구수 차이에 대한 연도별 차이]를 구해 보겠습니다. 텍스트 마크 역할을 하는 집계(인구수 차이)에 우클릭 〉 퀵 테이블 계산 〉 '차이'를 선택합니다. 그러면 두 시도의 인구수 차이를 연도별 편차로 구할 수 있습니다.

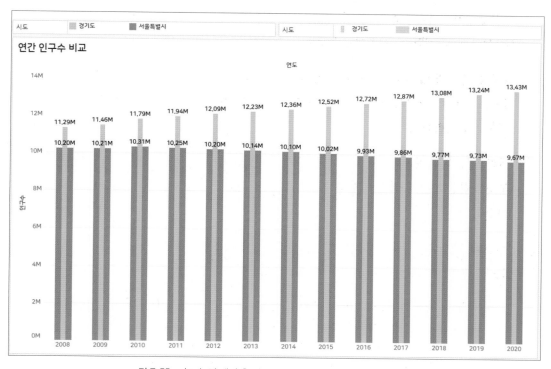

그림 7-55 마크 누적 해제 후 갈수록 인구수 차이가 벌어짐을 확인 가능

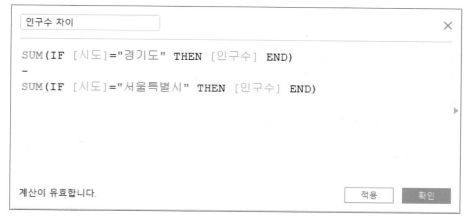

그림 7-56 각각 집계를 만들고 이 둘의 차이를 구하면 계산식을 한 번만 만들 수 있음

⒓ 측정값에 있는 [인구수 차이] 필드를 더블 클릭하면 측정값 카드가 만들어지면서 테이블 안에 [인구수 차이]와 연도별 인구수 차이의 편차를 동시에 표현할 수 있습니다.

⒔ 측정값 카드에 있는 [집계(인구수 차이) △]를 Ctrl키(Mac은 Command키)를 누른 상태에서 마우스 왼쪽을 잡고 드래그해서 좌측 사이드바로 던집니다. 그리고 필드명을 '연간 인구수 편차'로 입력합니다.

⒕ [연간 인구수 편차]의 기본 숫자 형식을 변경하겠습니다. 측정값에 있는 [연간 인구수 편차]에 우클릭 〉 기본 속성 〉 숫자 형식 〉 기본 숫자 형식 – 사용자 지정: +#,##0;-#,##0을 입력합니다.

⒖ 이번에는 연도별 '인구수 차이'의 비율 차이를 구해 보겠습니다. 측정값 카드에 있는 [집계(인구수 차이)]에 우클릭해 퀵 테이블 계산 〉 '비율 차이'를 선택합니다.

⒗ [집계(인구수 차이) △]를 Ctrl키(Mac은 Command키)를 누른 상태에서 마우스 왼쪽을 잡고 드래그해서 좌측 사이드바로 던집니다. 그리고 필드명을 '연간 인구수 편차 비율'로 입력합니다.

⒘ [연간 인구수 편차 비율]의 기본 숫자 형식을 변경하겠습니다. 측정값에 있는 [연간 인구수 편차 비율]에 우클릭 〉 기본 속성 〉 숫자 형식 〉 기본 숫자 형식 – 사용자 지정: +0.00%;-0.00%를 입력합니다.

⒙ 측정값 카드에 있는 [연간 인구수 편차 비율 △]을 [연간 인구수 편차 △]보다 아래로 위치시킵니다.

⒚ 측정값에 있는 [인구수 차이] 필드를 드래그해서 측정값 카드 맨 위에 올립니다.

⒛ 이 시트의 이름을 '서울 vs 경기 연간 인구수 차이'로 변경합니다.

							연도						
	2008	2009	2010	2011	2012	2013	2014	2015	2016	2017	2018	2019	2020
인구수 차이	1,091,437	1,252,308	1,474,077	1,687,736	1,897,981	2,090,985	2,254,597	2,500,425	2,786,164	3,016,469	3,311,530	3,510,559	3,758,549
연간 인구수 편차		+160,871	+221,769	+213,659	+210,245	+193,004	+163,612	+245,828	+285,739	+230,305	+295,061	+199,029	+247,990
연간 인구수 편차 비율		+14.74%	+17.71%	+14.49%	+12.46%	+10.17%	+7.82%	+10.90%	+11.43%	+8.27%	+9.78%	+6.01%	+7.06%

그림 7-57 퀵 테이블 계산을 이용하면 차이와 비율 차이 등을 간단히 구할 수 있음

[21] 새 대시보드를 만듭니다. '서울 vs 경기 연간 인구수 차이' 필드를 먼저 '여기에 시트 놓기' 위에 올립니다.

[22] 그리고 '서울 vs 경기 연간 인구수 차이' 시트 아래에 '연간 인구수 비교' 시트를 놓습니다.

[23] 두 시트의 상단에 '연도'라는 머리글이 동일한데 동시에 표현됩니다. 이 중에서 하단에 있는 '연간 인구수 비교'의 '연도' 머리글을 없애겠습니다. 이 시트 내 연도 머리글에서 우클릭 〉 '머리글 표시'를 해제합니다.

[24] 이번에는 상단의 '서울 vs 경기 연간 인구수 차이'의 연도는 2008이 나오는데, 하단의 '연간 인구수 비교' 시트는 2008과 2009가 나와서 정렬이 필요해 보입니다. '서울 vs 경기 연간 인구수 차이' 시트의 필드 레이블인 '연간 인구수 편차'에 우클릭 〉 별칭 편집: '편차'로, '연간 인구수 편차 비율'에 우클릭 〉 별칭 편집: 편차(%)로 변경합니다.

[25] 행에 대한 필드 레이블이 줄어들면서 '서울 vs 경기 연간 인구수 차이'의 시작 공간이 줄어듭니다. 만약 하단의 '연간 인구수 비교' 시트와 정렬되지 않는다면, 하단의 '연간 인구수 비교' 시트의 좌측 축도 위치를 조정해 봅니다.

그림 7-58 레이블이 긴 경우 별칭을 편집

그림 7-59 별칭을 편집하면 두 시트의 같은 연도가 같은 라인으로 나옴

26 이 대시보드의 이름을 '서울 vs 경기 인구수 변화_2008 ~ 2020'으로 지정하고 '대시보드 제목 표시'를 합니다.

27 '시도' 색상 범례는 '연간 인구수 비교' 시트 근처에 부동(floating)으로 위치시킵니다.

28 대시보드 '서울 vs 경기 인구수 변화_2008 ~ 2020' 이름에 우클릭해 '모든 시트 숨기기' 설정을 합니다.

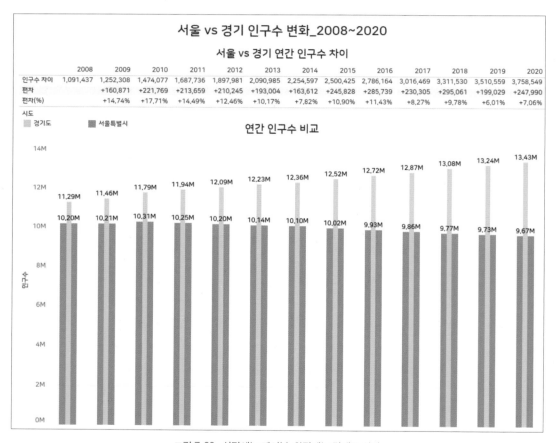

그림 7-60   상단에는 테이블, 하단에는 막대로 설정

29 또는 막대 차트의 길이 차이가 해마다 커지는 것을 우선 보여 주기 위해 시트의 위치를 변경해도 좋습니다.

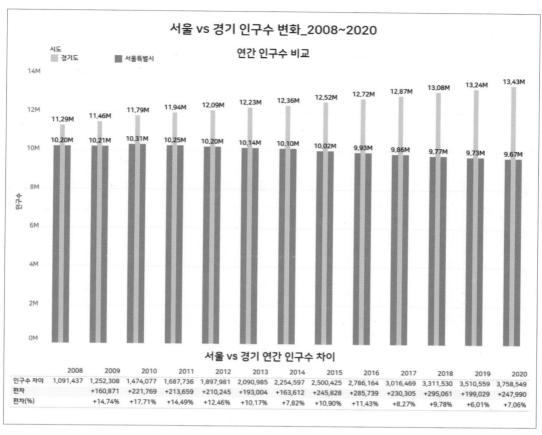

	2008	2009	2010	2011	2012	2013	2014	2015	2016	2017	2018	2019	2020
인구수 차이	1,091,437	1,252,308	1,474,077	1,687,736	1,897,981	2,090,985	2,254,597	2,500,425	2,786,164	3,016,469	3,311,530	3,510,559	3,758,549
편차		+160,871	+221,769	+213,659	+210,245	+193,004	+163,612	+245,828	+285,739	+230,305	+295,061	+199,029	+247,990
편차(%)		+14.74%	+17.71%	+14.49%	+12.46%	+10.17%	+7.82%	+10.90%	+11.43%	+8.27%	+9.78%	+6.01%	+7.06%

그림 7-61 두 시트의 위치를 변경

(2) 서울 vs 경기 인구수 비교 스토리

데이터 원본 - 우리나라 인구수.hyper

이번에는 서울특별시와 경기도 인구수 변화 추이 화면을 만들고, 찾은 인사이트를 스토리텔링 형식으로 추가해 보겠습니다. 이때 '스토리'를 만들어 스토리 포인트에 인사이트를 추가하겠습니다.

여기서 생각해 볼 점은

첫째, 임시 계산을 통해 임의의 위치에 원하는 모양을 넣는 방법입니다.

둘째, 화면을 구현한 후에 찾은 인사이트를 스토리 형태로 추가하는 방법입니다.

1 데이터 원본은 우리나라 인구수.hyper 파일을 엽니다.

2 이번에도 서울특별시와 경기도의 인구수만 활용하겠습니다. 데이터 원본 페이지 우측 상단에 있는 데이터 원본 필터 '추가' 링크를 누르고, '데이터 원본 필터 편집' 대화 상자에서 '추가' 버튼을 다시 누릅니다. 그리고 필터 추가에서 [시도]를 더블 클릭해 '경기도'와 '서울특별시' 두 개의 시도만 선택하고 확인을 눌러 닫습니다. 그리고 시트로 이동합니다.

3 서울특별시 인구수를 표시하려면 가장 쉬운 방법은 [인구수] 필드를 선반에 올리고 [시도] 필드를 필터 선반에 놓는 것입니다. 그런데 여기에서는 필터를 활용하지 않고 별도의 계산식을 만들어 처리하겠습니다.

필드명 - 서울특별시 인구수
SUM(IIF([시도] = "서울특별시", [인구수], NULL))

TIPS

Tableau의 성능을 높이기 위해 다음 두 과정을 진행했습니다.

첫 번째, [시도]= '서울특별시' 필터를 사용하지 않고 [서울특별시 인구수]를 별도의 계산식을 만들었습니다.

두 번째, 이 과정에서 '서울특별시' 기준 모든 인구수를 각 행에 표시하는 것이 아니라 SUM으로 한 덩어리로 묶어 버리면서 집계가 된 상태로 활용할 수 있습니다.

---

4 [연도] 필드를 열 선반에, [서울특별시 인구수] 필드를 행 선반에 올립니다.

5 측정값에 있는 [서울특별시 인구수] 필드를 레이블 마크에 올리고 맞춤에서 세로를 가운데 정렬합니다.

6 막대의 색상을 천만을 기준으로 구분해 보겠습니다. 계산식을 다음과 같이 만들겠습니다.

필드명 - 서울특별시 인구수 천만?

[서울특별시 인구수] >= 10,000,000

7 [서울특별시 인구수 천만?] 필드를 색상 마크에 올립니다. 그러면 2016년을 기준으로 색상이 두 가지로 나뉘는 것을 볼 수 있습니다. 즉 2008~2015년 사이 서울 인구수는 천만이 넘었으나 2016년부터는 천만 이하의 인구수를 기록하는 것이 색상으로 구분되는 것을 볼 수 있습니다. 색상은 기호에 맞게 변경해 봅니다.

8 색상 마크 역할을 하는 집계(서울특별시 인구수 천만)에 우클릭해 '도구 설명에 포함'을 체크 해제합니다.

9 이 뷰에서는 천만이라는 숫자가 중요합니다. 서울특별시 인구 천만이 어느 시점에 무너졌고, 이 시점을 기준으로 색상을 두 가지 케이스로 구분했습니다. 따라서 천만(10,000,000)에 대한 라인을 추가하겠습니다. 좌측 사이드바를 '분석' 패널로 변경하고, 요약에 있는 '상수 라인'을 드래그해서 참조선을 추가하겠습니다. 그러면 기본값은 가장 최솟값(2020년 서울특별시 인구수)이 표시됩니다. 값으로 10M을 넣으면 10×Million이 적용되어 10,000,000 상수 라인이 표시됩니다.

10 하단에 있는 '연도' 머리글을 상단으로 표시하기 위해 상단 '분석' 메뉴 〉 테이블 레이아웃 〉 고급 〉 테이블 옵션: 열 〉 '세로 축이 있을 때 보기 하단의 가장 안쪽 수준 표시'를 체크 해제합니다.

11 이 시트의 이름을 '서울 인구수 추이'라고 지정합니다.

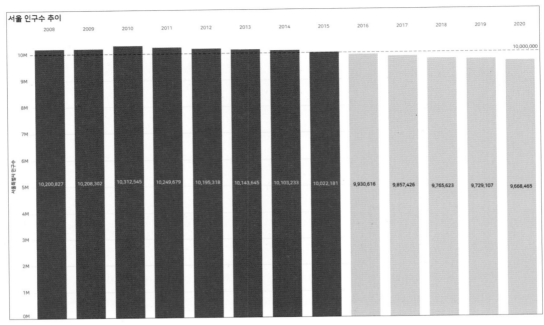

그림 7-62   천만이라는 기준을 두고 색상을 다르게 표현

12 '서울 인구수 추이'라는 시트를 우클릭해 '시트 복제'를 선택합니다. 여기에서는 서울 인구수
가 해마다 얼마나 변화했는지 상단에 비율 차이를 표시하는 화면을 구성할 예정입니다. 이
시트의 이름을 '서울 연간 인구수 변화'로 변경하겠습니다.

13 측정값에 있는 [서울특별시 인구수] 필드를 드래그해서 행 선반에 집계(서울특별시 인구수)
한 뒤에 하나 더 추가합니다. 그리고 이 필드(알약)에 우클릭해 퀵 테이블 계산 > '비율 차이'
를 선택합니다. 그리고 나서 이 필드를 마우스 왼쪽을 잡고 드래그해서 좌측 사이드바로 보
냅니다. 그리고 이 필드의 이름을 '서울특별시 인구수 성장률'이라고 합니다.

14 그 대신 행 선반에 [서울특별시 인구수 성장률] 필드는 선반 위로 던져서 제거합니다.

15 앞에서 만든 [서울특별시 인구수 성장률]을 각 연도 인구수 막대 위에 표시하기 위해 행 선
반에 임시 계산을 추가하겠습니다.

행 선반 집계(서울특별시 인구수) 우측 여백을 더블 클릭해 MIN(12,000,000)을 입력합니
다. 그러면 임의로 12,000,000까지 이어지는 막대가 생깁니다. 이 집계(MIN(12,000,000))

마크는 모양 마크로 변경합니다.

16 이 집계(MIN(12,000,000))에 색상과 모양을 적용할 새로운 필드를 하나 더 만듭니다.

필드명: 서울특별시 인구수 성장률 기준

IF [서울특별시 인구수 성장률] > 0 **THEN** "Up"

ELSEIF [서울특별시 인구수 성장률] < 0 **THEN** "Down"

ELSE " – "

END

17 [서울특별시 인구수 성장률 기준] 필드를 '집계(MIN(12,000,000))' 마크의 색상과 모양에 추가합니다.

18 우선 색상 범례를 변경하겠습니다.

Up: 파란색(#4e79a7)

–: 흰색(#ffffff)

Down: 빨간색(#e15759)

19 이번에는 모양 범례를 변경하겠습니다. 뷰 우측에 있는 모양 범례 우측 상단에 있는 아래 세모 옵션에서 모양 편집을 누르고, 모양표 선택에서 기본값 대신 화살표 모양의 범례를 선택합니다. Up은 상승 표시, Down은 하락 표시를 선택합니다. (' – '은 색상을 흰색으로 지정해 별도로 모양을 변경하지 않아도 됩니다.)

20 이제 막대와 모양을 하나의 뷰에 함께 표현해 보겠습니다. 행 선반에 있는 '집계(MIN(12,000,000))'에 우클릭해 '이중 축'을 선택합니다. 그리고 아무 축이나 우클릭해 '축 동기화'를 선택합니다. 그 대신 우측에 있는 축은 우클릭해 '머리글 표시'를 해제합니다.

이중 축 선택 시 '서울특별시 인구수' 마크가 막대가 아니라 원으로 변경되는 경우에는 다시 마크를 막대로 변경합니다.

21 측정값에 있는 [서울특별시 인구수 성장률] 필드를 드래그해서 집계 필드를 '집계(MIN(12,000,000))' 마크의 레이블 위에 올립니다. 그리고 레이블의 맞춤을 세로에서 아래

로를 선택합니다.

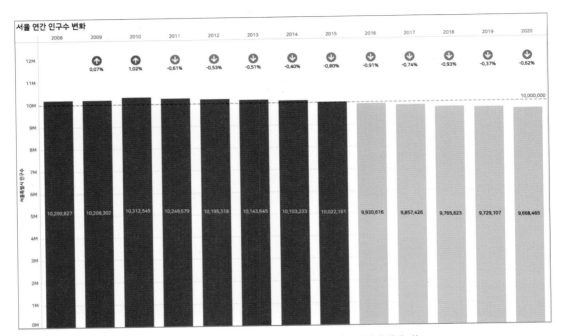

그림 7-63 임시 계산을 통해 별도의 마크를 원하는 위치에 생성 가능

22 이번에는 '서울 인구수 추이'라는 시트를 우클릭해 '시트 복제'를 선택합니다. 여기에서는 경기도 인구수 추이를 표현하기 위해 시트 이름을 우선 '경기 인구수 추이'로 변경합니다.

23 앞서 만든 [서울특별시 인구수] 필드와 [경기도 인구수 필드]가 계산된 필드를 복제해서 각각 다음과 같이 편집해 봅니다.

필드명 - 경기도 인구수

SUM(IIF([시도] = "경기도", [인구수], NULL))

필드명 - 경기도 인구수 천만?

[경기도 인구수] >= 10,000,000

24 [경기도 인구수] 필드는 행 선반에 [서울특별시 인구수]를 대체하고, [경기도 인구수 천만?] 필드는 색상 마크에 [서울특별시 인구수 천만?]을 대신합니다.

경기도 인구수는 데이터 원본의 시작 연도인 2008년 이후로 계속 인구수가 천만 이상인 것을 확인할 수 있습니다.

25 레이블 마크에 있는 집계(서울특별시 인구수) 대신 [경기도 인구수]로 대체합니다.

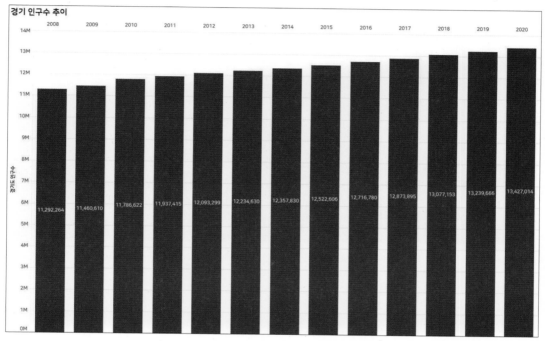

그림 7-64 기존 필드를 복제 후 대체하면 효율적으로 화면 구성 가능

26 이번에는 '서울 연간 인구수 변화' 시트를 우클릭해 복제합니다. 그리고 시트 이름을 '경기 연간 인구수 변화'로 변경합니다.

27 행 선반 우측에 있는 '집계(MIN(12,000,000))'를 더블 클릭해 MIN(12,000,000)을 MIN(15,000,000)으로 변경합니다.

그 이유는 경기도 인구수가 서울특별시 인구수보다 더 많아서 임의의 축을 1,200만이 아니라 1,500만을 기준으로 설정했기 때문입니다.

28 이 시트에서 서울특별시와 관련된 필드들을 모두 경기도와 관련된 필드들로 대체해 봅니다.

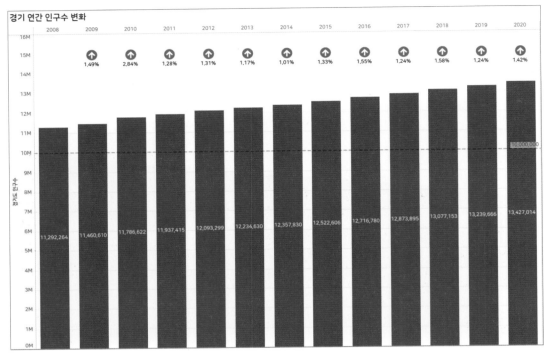

그림 7-65 경기도 인구수는 매년 증가

29 측정값에 계산된 필드를 만들면서 비슷한 필드들은 하나의 폴더에 넣어 관리하면 헷갈리지
않고 깔끔하게 관리할 수 있습니다.

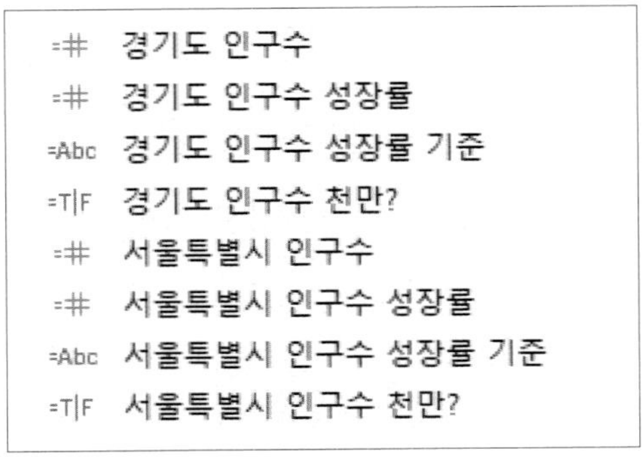

=# 경기도 인구수
=# 경기도 인구수 성장률
=Abc 경기도 인구수 성장률 기준
=T|F 경기도 인구수 천만?
=# 서울특별시 인구수
=# 서울특별시 인구수 성장률
=Abc 서울특별시 인구수 성장률 기준
=T|F 서울특별시 인구수 천만?

그림 7-66 계산식을 계속 만들다 보면 사이드바가 복잡해짐

좌측 사이드바 우측 맨 끝 아래 세모 옵션[▼]을 누르면 현재 '데이터 원본 테이블별 그룹화' 가 기본 세팅되어 있는데, 그 대신에 그 위에 있는 '폴더별 그룹화'를 선택합니다. 그러면 좌측 사이드바의 명칭이 '테이블' → '폴더'로 변경됩니다.

30 좌측 사이드바에 '경기도 인구수'부터 '경기도 인구수 천만?' 필드까지 총 4개의 필드를 선택하고 우클릭 〉 폴더 〉 폴더 만들기를 선택합니다. 그리고 폴더명을 '경기도'라고 설정하면 '경기도' 폴더에 4개의 측정값이 배치됩니다.

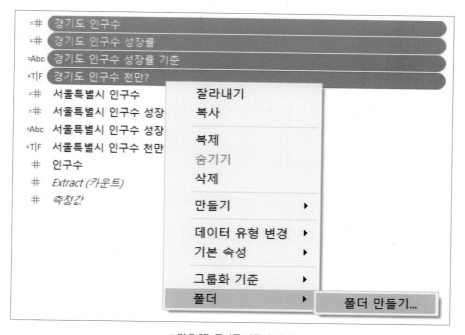

그림 7-67 폴더를 만들어 정리

31 똑같은 방식으로 '서울특별시' 폴더도 만들어 봅니다.

그림 7-68 폴더별로 그룹화해 사이드바에서 폴더가 상단에 노출됨

32 이제 4개의 워크시트를 각각 넣는 4개의 대시보드를 만듭니다.

33 4개의 대시보드 모두 사용자 지정 크기로 1300×600으로 설정합니다.

34 각각의 대시보드의 이름을 각 워크시트의 이름에서 2008_2020을 추가합니다. 예를 들어, '서울 인구수 추이' 워크시트로 만든 대시보드의 이름을 '서울 인구수 추이_2008_2020'으로 변경합니다. 나머지 3개의 시트도 동일하게 대시보드 이름을 지정해 봅니다.

TIPS

대시보드 4개를 각각 작업하기보다 하나의 대시보드를 잘 만들어 복제하고 시트 바꾸기를 적용합니다. 예를 들어, '서울 인구수 추이' 시트를 기반으로 '서울 인구수 추이_2008_2020' 대시보드를 대시보드 크기 1300×600 사이즈로 만듭니다. 그리고 이 대시보드를 복제하고, 대시보드 내 변경 대상인 '서울 인구수 추이' 시트를 선택하고, 대시보드 패널에서 변경하려는 '서울 연간 인구수 변화' 시트에 마우스 오버하면 해당 시트의 미리 보기를 볼 수 있고 '시트 바꾸기' 아이콘이 나타납니다. 이 버튼을 클릭하면 대시보드 내 워크시트가 교체됩니다.

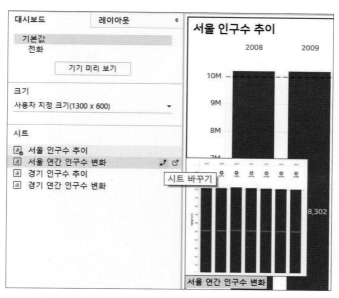

그림 7-69 기존 시트를 새로운 시트로 교체할 때 시트 바꾸기 기능 활용

35 각각의 대시보드 이름에 우클릭해 '모든 시트 숨기기'를 설정합니다.

36 새 스토리를 선택합니다. 우선 스토리 이름을 지정합니다. 스토리의 이름을 '서울 vs 경기 인구수 변화 추이(2008 ~ 2020)'로 설정합니다.

37 화면 좌측에 있는 스토리 패널 하단의 스토리 크기를 '일반 데스크톱(1366×768)'으로 변경합니다.

38 먼저 '서울 인구수 추이_2008_2020' 대시보드를 드래그해서 '여기로 시트 끌기' 위에 올립니다. 그리고 상단의 캡션 추가에 스토리 포인트로 다음과 같이 입력합니다.

'서울 인구수는 2016년을 기점으로 천만이 붕괴되었습니다.'

39 스토리 패널의 새 스토리 포인트에 '빈 페이지'를 추가하고, '서울 연간 인구수 변화_2008_2020' 대시보드를 드래그해서 '여기로 시트 끌기' 위에 올립니다. 그리고 캡션 추가에 다음과 같이 인사이트를 추가합니다.

'그 조짐은 서울의 인구수가 줄어들기 시작한 2011년부터 보입니다.'

40 이번에는 스토리 패널에서 '경기 인구수 추이_2008_2020' 대시보드를 드래그해서 두 번째 스토리 포인트 뒤에 바로 끌어서 넣습니다. 이 경우에는 빈 페이지를 만들고 대시보드(또는 워크시트)를 삽입하는 과정을 한 번에 끝낼 수 있습니다. 이번 캡션에는 다음과 같이 인사이트를 추가합니다.

'반면에 경기도 인구수는 해마다 증가합니다.'

41 '경기 연간 인구수 변화_2008_2020' 대시보드를 드래그해서 세 번째 스토리 포인트 뒤에 바로 끌어서 넣고, 다음과 같이 스토리 포인트를 추가합니다.

'경기도 인구수가 매년 1%씩 증가하는데, 언제까지 이 추세가 이어질지 지켜보겠습니다.'

42 스토리 제목을 표시합니다.

43 스토리 이름인 '서울 vs 경기 인구수 변화 추이(2008 ~ 2020)'에 우클릭해 '모든 시트 숨기기'를 선택합니다.

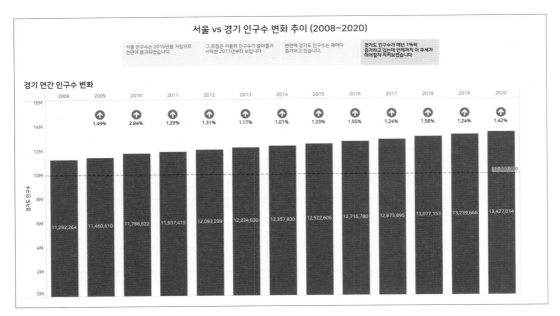

그림 7-70 자신이 찾은 인사이트를 스토리 포인트에 추가

스토리는 대시보드뿐만 아니라 워크시트를 추가할 수 있습니다. 그런데 여기에서는 왜 워크시트를 바로 넣지 않고 대시보드에 워크시트들을 넣었을까요?

워크시트는 크기를 조정하는 기능이 없는 대신 대시보드에는 크기를 지정할 수 있는 기능이 있습니다. 따라서 스토리에 워크시트를 바로 넣으면 스토리에 맞게 크기 조정이 잘되지 않는 경우가 많습니다. 이럴 때는 바로 워크시트를 스토리에 넣지 말고 대시보드에 넣어서 크기를 조정하고 스토리에 활용해 봅니다.

(3) 시도별·성별 인구수 대시보드

데이터 원본 – 우리나라 인구수.hyper

여기서 생각해 볼 점은

첫째, 남자와 여자 인구수를 0을 기준으로 좌우로 표시하는 방법입니다.

둘째, 선택하는 시도 기준으로 값을 변경하는 방법입니다.

셋째, 선택하는 시도를 상단에 표시하는 방법입니다.

이 대시보드는 총 3개의 워크시트로 구성되어 있습니다. 첫 번째는 '요약' 시트, 두 번째는 '시도별 순위' 시트, 세 번째는 해당 시도의 '시군구별 순위' 시트입니다. 이제부터 함께 하나씩 시트를 만들어 보겠습니다.

인구수 대시보드
(2020년 12월 기준)

	남자 인구수	여자 인구수	인구수
	4,701,723	4,966,742	9,668,465

▼ 순위를 선택하면 해당 시도 기준으로 화면이 변환됩니다.

순위	시도	인구수
02위	서울특별시	9,668,465
01위	경기도	13,427,014
03위	부산광역시	3,391,946
04위	경상남도	3,340,216
05위	인천광역시	2,942,828
06위	경상북도	2,639,422
07위	대구광역시	2,418,346
08위	충청남도	2,121,029
09위	전라남도	1,851,549
10위	전라북도	1,804,104
11위	충청북도	1,600,837
12위	강원도	1,542,840
13위	대전광역시	1,463,882
14위	광주광역시	1,450,062
15위	울산광역시	1,136,017
16위	제주특별자치도	674,635
17위	세종특별자치시	355,831

순위	시군구	남자 인구수	여자 인구수	인구수
01위	송파구	322,299	345,661	667,960
02위	강서구	280,034	300,151	580,185
03위	강남구	257,999	281,232	539,231
04위	노원구	252,383	270,654	523,037
05위	관악구	248,339	246,721	495,060
06위	은평구	230,279	249,556	479,835
07위	강동구	226,216	233,754	459,970
08위	양천구	222,824	231,427	454,251
09위	성북구	210,810	226,343	437,153
10위	서초구	203,359	221,767	425,126
11위	구로구	199,673	204,735	404,408
12위	중랑구	195,165	199,537	394,702
13위	동작구	189,152	202,068	391,220
14위	영등포구	187,647	191,833	379,480
15위	마포구	175,150	196,740	371,890
16위	광진구	167,310	179,372	346,682
17위	동대문구	169,769	173,068	342,837

그림 7-71 이번에는 완성본을 먼저 보고 출발

1 데이터 원본인 '우리나라 인구수.hyper' 파일을 오픈합니다.

2 현재 데이터 원본은 2008년부터 2020년까지 데이터가 있습니다. 여기에서는 가장 최근 데이터인 2020년 데이터만 활용하겠습니다. 데이터 원본 페이지 〉 데이터 원본 필터: 추가 〉 연도 〉 2020을 선택합니다.

3 먼저 요약 시트부터 만들어 보겠습니다. 차원에 있는 [시도] 필드를 드래그해서 행 선반에 올립니다.

4 남자 인구수와 여자 인구수 필드를 만들어 보겠습니다. 좌측 사이드바 빈 여백에 마우스 우클릭 〉 '계산된 필드 만들기'를 선택하고, 다음과 같이 각각 계산식을 만듭니다.

필드명: 남자 인구수

IIF([성별] = "남", [인구수], NULL)

필드명: [여자 인구수]

IIF([성별] = "여", [인구수], NULL)

5 좌측 사이드바 측정값에 있는 [남자 인구수], [여자 인구수], [인구수] 필드를 각각 더블 클릭해서 테이블 안에 측정값 카드 형태로 세 가지 필드를 모두 넣습니다.

6 집합을 하나 만들겠습니다. 추후에 이 집합에서 선택된(IN) 시도 기준으로 요약 테이블 값이 변경되도록 처리할 예정입니다. 좌측 사이드바 차원에서 [시도] 필드에 우클릭 〉 만들기 〉 집합을 선택합니다.

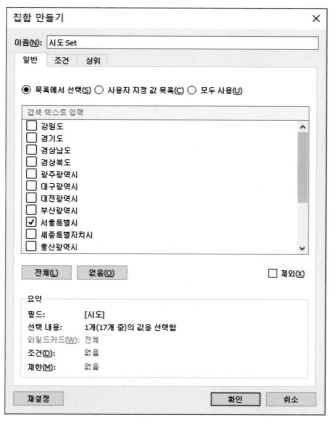

그림 7-72 시도 필드를 기반으로 집합 설정

집합의 이름은 '시도 Set'로 하고 임의로 '서울특별시'를 선택하고 확인 버튼을 눌러 집합 만들기를 완성합니다.

7 앞에서 만든 [시도 Set] 필드를 필터 선반에 올립니다. 그러면 앞에서 임의로 선택한 '서울특별시' 집합 기준으로 인구수 데이터만 표시됩니다.

8 툴바에 있는 '맞춤'을 '전체 보기'로 변경합니다.

9 그 외 서식을 한 번 직접 변경해 봅니다.

> **HINT** 뷰에서 우클릭 > 서식 > 테두리 > 행 구분선: 패널(머리글 적용 안 함), 열 구분선: 패널(머리글 적용 안 함)

> **HINT** 텍스트 마크 > 맞춤 – 가로: 가운데, 텍스트 크기: 14

> **HINT** '시도' 머리글 숨기기

10 도구 설명 마크를 선택한 다음 현재 설정된 기본값들을 모두 삭제하고 '도구 설명 표시', '명령 단추 포함', '범주로 선택 허용' 체크 박스를 모두 해제합니다.

11 시트 이름을 '인구수 요약'으로 변경합니다.

12 새로운 워크시트를 만듭니다. 여기에는 시도별 인구수를 표현해 보겠습니다.

13 좌측 사이드바 차원에 있는 [시도]를 드래그해서 행 선반에 올립니다.

14 마크를 텍스트 자동 대신 '막대'로 변경합니다.

15 열 선반을 더블 클릭해 임시 계산(ad hoc calculation)으로 MIN(0.8)이라고 입력합니다. 0부터 0.8까지 임의의 막대를 만들었습니다. 필자는 0.8로 했지만 여러분이 실습할 때는 0.5든 1이든 상관없습니다. 단순히 임의로 막대 하나를 만들기 위해서 작성하는 것입니다.

16 좌측 사이드바 차원에 있는 [시도 Set] 필드를 색상 마크에 올립니다. 그러면 앞에서 [시도 Set]로 설정한 '서울특별시'만 IN으로 별도의 색상으로 표시됩니다.

17 색상을 변경해 보겠습니다. 색상 범례에서 IN은 연한 파란색(#b9ddf1)으로, OUT은 흰색 (#ffffff)으로 각각 설정합니다.

18 좌측 사이드바 차원에 있는 [시도] 필드를 드래그해서 레이블 마크에 올립니다.

19 앞에서 추가한 레이블이 막대 오른쪽에 있는데 이것을 막대 왼쪽으로 위치를 변경해 봅니다.

> **HINT**　레이블 마크에서 맞춤을 변경합니다.

20 이번에는 각 시도 인구수를 표시하는데 시도마다 천만 단위, 백만 단위, 십만 단위로 다양해 시도와 달리 인구수를 우측 정렬을 하고자 합니다. 이때 다시 한 번 임의로 막대 차트를 하나 더 만들어 보겠습니다.

> **여기서 잠깐**　**그럼 왜 막대로 화면을 계속 구성할까요?**
>
> 선택하는 시도 Set에 따라 색을 별도로 표시하기 위해서입니다. 단순히 텍스트에 색상을 입히면 시각적으로 잘 두드러지지 않아 막대로 마크를 설정하고, 막대를 색상으로 구분하면 텍스트보다 훨씬 구분하기 쉽습니다.

21 열 선반의 [MIN(0.8)] 우측 빈 여백을 더블 클릭해 MIN(0.5)라고 입력합니다. 그러면 0에서 시작한 0.5 크기만큼의 막대가 하나 만들어집니다.

22 마크에서 '집계(MIN(0.5))' 마크를 선택하고 [시도] 필드는 밖으로 던져서 제거합니다. 그 대신 [인구수] 필드를 이 마크의 레이블 위에 추가합니다.

23 '집계(MIN(0.5))' 마크에 있는 레이블은 가로를 '왼쪽' 정렬이 아니라 '오른쪽' 정렬로 변경합니다.

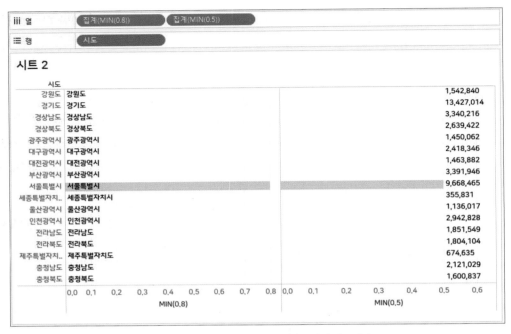

그림 7-73 각각의 임시 계산으로 레이블 위치 별도 설정

24 이제 이 두 막대를 하나처럼 보이게 하기 위해 다음과 같은 작업을 진행하겠습니다. 우선 MIN(0.8)이라는 축에서 우클릭 〉 축 편집 〉 범위: 고정 – 고정된 끝을 0.8로 변경합니다. 즉 MIN(0.8)인데 자동으로 생성된 여유 공간을 제거하기 위해서입니다.

이제 MIN(0.8)과 MIN(0.5)가 연결되는데 명확하게 하나처럼 보이게 하기 위해 다음과 같은 서식을 변경하겠습니다.

25 MIN(0.5) 축도 똑같이 축에서 우클릭 〉 축 편집 〉 범위: 고정 – 고정된 끝을 0.5로 변경합니다. 그러면 인구수가 천만, 백만, 십만 자리로 각기 다른 인구수가 모두 오른쪽 정렬됩니다.

26 뷰에서 우클릭 〉 서식 〉 테두리 서식 행 구분선: 패널 – 없음, 열 구분선: 패널 – 없음으로 변경합니다.

27 그리고 라인 서식 〉 시트 탭: 영 기준선 – 없음, 열 탭: 격자선 – 없음으로 변경합니다.

28 축에서 우클릭해 '머리글 표시'를 해제합니다.

29 시도별 인구수 기준으로 순위를 표시해 보겠습니다. 계산된 필드 만들기에서 다음과 같이 설정합니다.

필드명: [순위]

RANK(SUM([인구수]))

30 [순위]를 불연속형으로 변경하기 위해 [순위] 필드에 우클릭해 '불연속형으로 변환'을 선택합니다.

31 좌측 사이드바 차원에 있는 [순위] 필드를 드래그해서 행 선반의 [시도] 앞에 위치시킵니다. 그러면 순위 기준으로 '경기도'와 '서울특별시' 두 개의 시도가 1위로 표시됩니다. 그 이유는 행 선반에 있는 [순위 △]에 우클릭해 '테이블 계산 편집'을 누르고 '다음을 사용하여 계산에서 '특정 차원'으로 이동하면 이 순위는 [시도] 기준으로만 체크되고 시도 Set의 In / Out 기준으로는 체크가 안 되기 때문입니다. 클릭합니다.

32 이 뷰에서는 [시도 Set]에 설정되는 시도(시도 Set에서 현재 IN으로 설정되는 '서울특별시')를 순위와 상관없이 맨 위에 배치하기 위해 [시도 Set]를 드래그해서 행 선반의 [순위 △] 앞에 배치합니다.

시도 Set의 In..	순위	시도		
IN	2	서울특별시	서울특별시	9,668,465
OUT	1	경기도	경기도	13,427,014
	3	부산광역시	부산광역시	3,391,946
	4	경상남도	경상남도	3,340,216
	5	인천광역시	인천광역시	2,942,828
	6	경상북도	경상북도	2,639,422
	7	대구광역시	대구광역시	2,418,346
	8	충청남도	충청남도	2,121,029
	9	전라남도	전라남도	1,851,549
	10	전라북도	전라북도	1,804,104
	11	충청북도	충청북도	1,600,837
	12	강원도	강원도	1,542,840
	13	대전광역시	대전광역시	1,463,882
	14	광주광역시	광주광역시	1,450,062
	15	울산광역시	울산광역시	1,136,017
	16	제주특별자치..	제주특별자치도	674,635
	17	세종특별자치..	세종특별자치시	355,831

그림 7-74 시도 Set를 행 선반 맨 앞에 위치시킴

33 이제 화면 레이아웃 설정은 거의 끝났습니다. 그 대신 꼭 필요한 정보만 노출하고 나머지는 숨기기 처리하겠습니다. 우선 시도 Set의 In / Out에 대한 머리글은 굳이 다른 사람들에게 노출할 필요는 없을 것 같습니다. 따라서 행 선반에 있는 [IN / OUT(시도 Set)] 필드에 우클릭해 '머리글 표시'를 해제합니다.

34 또한 행 선반에 있는 [시도] 머리글은 앞서 MIN(0.8) 막대에 [시도]를 표시해 중복으로 노출할 필요가 없습니다. 왜냐하면 [시도 Set]에 설정된 시도명과 인구수를 별도의 색상으로 표시하는 것이 시각적으로 돋보여 행 선반에 있는 [시도]에 우클릭해 '머리글 표시'를 해제했기 때문입니다.

35 마지막으로 순위를 모두 '00위'와 같은 형태로 변경하겠습니다. 좌측 사이드바 [순위] 필드에 우클릭 〉 기본 속성 〉 숫자 형식 〉 사용자 지정: 0#위로 입력합니다. 그리고 이 머리글의 맞춤을 자동이 아니라 가로를 가운데 정렬합니다.

36 도구 설명 마크를 선택하고 현재 설정된 기본값들을 모두 삭제한 뒤 '도구 설명 표시', '명령 단추 포함', '범주로 선택 허용' 체크 박스를 모두 해제합니다.

37 이 시트의 이름을 '시도별 인구수'로 지정합니다.

38 새 워크시트를 선택합니다. 이 시트에서는 앞에서 만든 '시도별 인구수'에서 설정된 시도 하위에 있는 시군구별 인구수를 표시하겠습니다. 먼저 좌측 사이드바 차원에 있는 [시군구] 필드를 드래그해서 행 선반에 올립니다.

39 좌측 사이드바 측정값에 있는 [순위]를 드래그해서 행 선반의 [시군구] 앞에 위치시킵니다.

> **여기서 잠깐** **여기에서 서구가 1위인 이유가 뭘까요?**
> 단순히 시군구 명칭에 따라 순위가 고려되어 '부산광역시 서구', '대구광역시 서구', '인천광역시 서구', '광주광역시 서구', '대전광역시 서구'가 모두 포함되었기 때문입니다. 추후에는 대시보드 동작(작업 또는 action) 중 집합 동작을 통해 선택하는 시도를 기준으로 시군구들이 리스트 형태로 표시될 것이므로 [시도] 필드를 굳이 활용하지 않아도 됩니다.

40 좌측 사이드바 측정값에 있는 [남자 인구수], [여자 인구수], [인구수] 필드를 각각 더블 클릭해서 테이블 안에 측정값 카드 형태로 세 가지 필드를 모두 넣습니다.

41 마크에 텍스트 역할을 하는 [측정값]을 기준으로 화면을 '남자 인구수', '여자 인구수', '인구수' 기준으로 분할해 보겠습니다. 텍스트 마크로 된 [측정값]을 Ctrl키(Mac은 Command키)를 누른 상태에서 마우스 왼쪽을 잡고 드래그해서 열 선반에 있는 [측정값 이름] 뒤에 위치시킵니다. 그러면 마크가 막대로 변경됩니다.

42 이 막대에서 남자 인구수와 여자 인구수를 대비되는 것으로 표현하기 위해 측정값 카드에 있는 '합계(남자 인구수)' 필드(알약)를 더블 클릭하면 SUM([남자 인구수])이 표시되는데 SUM 앞에 ' − (마이너스)'를 추가합니다.

순위	시군구	-SUM([남자 인구수])	여자 인구수	인구수
01위	서구	-792,177	803,154	1,595,331
02위	북구	-686,727	686,933	1,373,660
03위	수원시	-597,076	589,002	1,186,078
04위	고양시	-528,480	550,736	1,079,216
05위	용인시	-532,847	541,329	1,074,176
06위	창원시	-525,278	511,460	1,036,738
07위	동구	-488,752	487,335	976,087
08위	남구	-467,963	481,043	949,006
09위	성남시	-465,407	474,657	940,064
10위	화성시	-443,841	411,407	855,248
11위	청주시	-425,848	419,145	844,993
12위	중구	-417,222	418,962	836,184
13위	부천시	-406,023	412,360	818,383
14위	강서구	-351,279	366,863	718,142
15위	남양주시	-355,197	358,124	713,321

그림 7-75 0을 기준으로 양쪽으로 배치하기 위해 남자 인구수는 음수로 설정

43 그 대신 남자 인구수는 0을 기준으로 마이너스 쪽으로 위치를 변경했으나 숫자 표시는 원래대로 양수로 표시해야 합니다. 왜냐하면 인구수가 마이너스로 나올 수는 없기 때문입니다. 따라서 측정값 카드에 있는 '집계 −SUM([남자 인구수])' 필드(알약)에 우클릭해 서식 〉 패널 탭의 숫자 〉 숫자(사용자 지정) − 소수 자릿수: 0으로 설정한 후 '사용자 지정'으로 이동하면 '#,##0;-#,##0'으로 숫자 형식이 기본 세팅된 것을 확인할 수 있습니다. 여기에서 중간에 있는 ;(세미콜론)을 기준으로 앞은 양수, 그 뒤는 음수에 대한 서식입니다. 여기에서 세미콜론 뒤에 있는 ' − (마이너스)'를 삭제해서 '#,##0;#,##0'으로 변경합니다.

44 뷰 상단에 있는 '−SUM([남자 인구수])'을 우클릭해서 별칭 편집에서 '남자 인구수'로 변경합

니다.

45 값이라는 축에서 우클릭해 '머리글 표시'를 해제합니다.

46 이제 막대마다 색상을 다르게 표시하겠습니다. 여기에서는 순위 기준으로 홀짝 순위에 따라 색상을 다르게 표시하겠습니다. 즉 1, 3, 5……처럼 홀수 순위에는 연한 파란색 계열을, 2, 4, 6……처럼 짝수 순위에는 흰색을 입히겠습니다.

47 계산된 필드를 하나 만들겠습니다.

필드명: 순위 홀짝 색상 적용

[순위] % 2 = 1

> **여기서 잠깐**   **%는 뭘까요?**
>
> %는 모듈로(modulo)라는 것으로 나눗셈 연산자의 나머지를 나타냅니다. 즉 2로 나누었을 때 나머지가 1이 된다면 홀수이고, 그 나머지의 경우(즉 0이면)는 짝수가 될 것입니다.

48 좌측 사이드바 차원에 있는 [순위 홀짝 색상 적용] 필드를 드래그해서 색상 마크에 올립니다.

49 색상을 변경하겠습니다. '색상' 마크 〉 '색상 편집'에서 참은 연한 파란색(#b9ddf1)으로, 거짓은 흰색(#ffffff)으로 각각 설정합니다.

50 다시 한 번 색상 마크를 선택하고 불투명도를 30%로 지정합니다. 그리고 효과의 테두리는 회색(#c0c0c0)으로 지정합니다.

51 화면을 깔끔하게 보여 주기 위해 테두리와 라인 서식을 변경하겠습니다. 먼저 뷰에서 우클릭 〉 서식 〉 테두리 서식 행 구분선: 패널 – 없음, 열 구분선: 패널 – 없음으로 변경합니다.

52 그리고 라인 서식 〉 시트 탭: 영 기준선 – 없음, 열 탭: 격자선 – 없음으로 변경합니다.

53 이제 선택한 시도만 나오도록 차원에 있는 [시도 Set]를 드래그해서 필터 선반에 올리면, 앞서 설정한 [시도 Set]인 '서울특별시' 기준으로 화면이 필터 처리됩니다.

54 도구 설명 마크를 선택하고 현재 설정된 기본값들을 모두 삭제한 후 '도구 설명 표시', '명령 단추 포함', '범주로 선택 허용' 체크 박스를 모두 해제합니다.

55 이 시트의 이름을 '시군구별 인구수'로 변경합니다.

56 새 대시보드 만들기 아이콘을 선택합니다.

57 가로 개체를 드래그해서 '여기에 시트 놓기' 위에 올립니다.

58 이 가로 개체 안에 '시도별 인구수' 시트를 넣고 가로 개체 안에서 '시도별 인구수' 시트 오른쪽에 '시군구별 인구수' 시트를 올립니다.

59 '시도별 인구수' 시트를 선택하고 툴바에 있는 맞춤을 '전체 보기'로 변경합니다.

60 '시도별 인구수' 시트에서 '순위'라는 필드 레이블을 우클릭해 '행에 대한 필드 레이블 숨기기를 처리합니다.

61 '시도별 인구수' 시트의 제목 부분을 더블 클릭해 〈시트 이름〉 부분을 삭제하는 대신 아래와 같이 입력합니다. 그 이유는 추후에는 시도명과 인구수 영역에는 클릭이 발생하지 않도록 설정하는 대신 순위만 선택해서 해당 기준으로 나머지 시트들도 변경을 적용해야 하기 때문입니다. ▼ 순위를 선택하면 해당 시도 기준으로 화면이 변환됩니다.

▼ 순위를 선택하면 해당 시도 기준으로 화면이 변환됩니다.		
02위	서울특별시	9,668,465
01위	경기도	13,427,014
03위	부산광역시	3,391,946

그림 7-76 청중에게 세심한 가이드 제공

62 '시군구별 인구수' 시트의 제목 부분을 우클릭해 '제목 숨기기'를 선택합니다.

63 좌측 대시보드 패널 하단에 있는 '대시보드 제목 표시'를 체크합니다.

64 대시보드 이름을 '인구수 대시보드'로 변경합니다.

65 가로 개체를 드래그해서 대시보드 제목 상단에 위치시킵니다.

66 대시보드 제목(인구수 대시보드)을 드래그해서 이 가로 개체 안에 넣습니다.

67 인구수 요약 시트에서 제목을 우클릭해 '제목 숨기기'를 선택합니다.

68 그리고 대시보드 패널에 있는 시트 영역에서 '인구수 요약' 시트를 드래그해서 가로 개체 안의 '대시보드 제목' 오른쪽에 넣습니다.

69 대시보드 제목을 다음과 같이 편집합니다.

\<시트 이름\>

(2020년 12월 기준)

70 '시도 Set의 In / Out' 색상 범례를 제거합니다.

71 대시보드 제목 아래에 있는 '시도별 인구수' 시트를 선택하면 나머지 시트들이 해당 시도 Set 기준으로 변경되도록 집합 값 변경 동작을 추가해 보겠습니다.

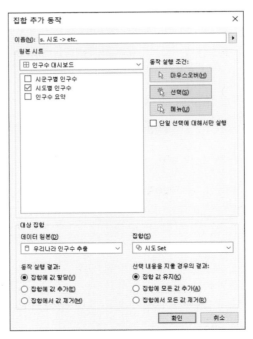

그림 7-77 집합 동작 추가

→ 상단 '대시보드' 메뉴 〉 동작(버전에 따라 '작업'이라고 표시되기도 함) 〉 동작 추가(작업 추가) 〉 '집합 값 변경' 선택 후 '집합 작업 동작' 대화 상자를 위와 같이 설정합니다.

72 '시도별 순위' 시트에서 임의의 영역을 선택하면 해당 시도 기준으로 나머지 영역이 모두 변경되는지 확인해 봅니다.

73 마지막으로 '시도별 순위' 시트에서 '순위' 영역만 클릭 영역으로 설정하고, 나머지 시도명과 인구수는 클릭해도 아무런 변경 사항이 없도록 약간의 장치를 추가하겠습니다.

좌측 대시보드 패널에서 '바둑판식' 대신 '부동'을 선택합니다. 그리고 개체에서 '빈 페이지'(버전에 따라 '공백') 개체를 대시보드 내 '시도별 순위' 시트 내 시도명과 인구수 영역을 드래그합니다. 그러면 해당 영역은 클릭하지 않고 오직 순위 영역만 클릭했을 때 집합 값 변경 동작이 적용됩니다.

▼ 순위를 선택하면 해당 시도 기준으로 화면이 변환됩니다.		
03위	부산광역시	3,391,946
01위	경기도	13,427,014
02위	서울특별시	9,668,465
04위	경상남도	3,340,216
05위	인천광역시	2,942,828
06위	경상북도	2,639,422
07위	대구광역시	2,418,346
08위	충청남도	2,121,029
09위	전라남도	1,851,549
10위	전라북도	1,804,104
11위	충청북도	1,600,837
12위	강원도	1,542,840
13위	대전광역시	1,463,882
14위	광주광역시	1,450,062
15위	울산광역시	1,136,017
16위	제주특별자치도	674,635
17위	세종특별자치시	355,831

그림 7-78 사용자 액션을 원치 않을 경우 빈 페이지 개체 활용

이렇게 설정하는 이유는 '시도별 인구수' 시트에서 시도명과 인구수에는 선택되는 값, 즉 집합에서 IN인 경우에는 파란색이, 나머지 시도에는 다른 색이 적용되어 클릭할 때마다 지저분하게 보일 수 있기 때문입니다. 이것을 미리 방지하기 위해 순위만 클릭하도록 상단에 가이드도 추가하고, 나머지 영역은 빈 페이지(공백) 개체를 활용한 것입니다.

74 대시보드 이름인 '인구수 대시보드'에 우클릭해 '모든 시트 숨기기'를 설정합니다. 그러면 이 대시보드에 포함된 워크시트 3개가 모두 숨기기 처리됩니다.

75 완성된 화면은 그림 7-79와 같습니다.

	남자 인구수	여자 인구수	인구수
인구수 대시보드 (2020년 12월 기준)	4,701,723	4,966,742	9,668,465

▼ 순위를 선택하면 해당 시도 기준으로 화면이 변환됩니다.

순위	시도	인구수		순위	시군구	남자 인구수	여자 인구수	인구수
02위	서울특별시	9,668,465		01위	송파구	322,299	345,661	667,960
01위	경기도	13,427,014		02위	강서구	280,034	300,151	580,185
03위	부산광역시	3,391,946		03위	강남구	257,999	281,232	539,231
04위	경상남도	3,340,216		04위	노원구	252,383	270,654	523,037
05위	인천광역시	2,942,828		05위	관악구	248,339	246,721	495,060
06위	경상북도	2,639,422		06위	은평구	230,279	249,556	479,835
07위	대구광역시	2,418,346		07위	강동구	226,216	233,754	459,970
08위	충청남도	2,121,029		08위	양천구	222,824	231,427	454,251
09위	전라남도	1,851,549		09위	성북구	210,810	226,343	437,153
10위	전라북도	1,804,104		10위	서초구	203,359	221,767	425,126
11위	충청북도	1,600,837		11위	구로구	199,673	204,735	404,408
12위	강원도	1,542,840		12위	중랑구	195,165	199,537	394,702
13위	대전광역시	1,463,882		13위	동작구	189,152	202,068	391,220
14위	광주광역시	1,450,062		14위	영등포구	187,647	191,833	379,480
15위	울산광역시	1,136,017		15위	마포구	175,150	196,740	371,890
16위	제주특별자치도	674,635		16위	광진구	167,310	179,372	346,682
17위	세종특별자치시	355,831		17위	동대문구	169,769	173,068	342,837

그림 7-79 사용자 편의를 위해 어떤 것을 개선할지 계속 고민

(4) 인구소멸 위험지수

데이터 원본 - 우리나라 인구수.hyper

여기서 생각해 볼 점은

첫째, 인구소멸 위험지수란?

둘째, 인구 고령화와 저출산으로 사라질지도 모르는 지역의 위험성을 표현하는 방식은?

셋째 대시보드 간 이동을 설정하는 방법은?

TIPS

인구소멸 위험지수란?

만 20 ~ 39세 여성 인구수 ÷ 만 65세 이상 고령 인구수

1. 데이터 원본인 '우리나라 인구수.hyper' 파일을 오픈합니다.

2. 현재 데이터 원본은 2008년부터 2020년까지 데이터가 있습니다. 여기에서는 가장 최근 데이터인 2020년 데이터만 활용하겠습니다. 데이터 원본 페이지 〉데이터 원본 필터: 추가 〉연도 〉 2020을 선택합니다.

3. 차원에 있는 [시도]와 [시군구] 필드를 맵 형태로 표현하기 위해 지리적 역할을 각각 부여합니다. [시도] 필드 왼쪽에 있는 'Abc'를 클릭해 지리적 역할 〉 '시 / 도'를 선택합니다.

4. [시군구] 필드 왼쪽 'Abc'를 클릭해 지리적 역할 〉 '카운티'를 선택합니다. ('카운티'가 없다면 '시군구'를 선택합니다.)

5. [시도]와 [시군구] 필드를 계층으로 설정하기 위해 [시군구] 필드를 드래그해서 [시도] 필드 위에 올리면 계층 만들기 대화 상자가 나타나는데 계층의 이름을 '지도'로 설정합니다.

6. [시군구] 필드를 더블 클릭하면 우리나라 (시도를 포함한) 시군구 맵이 표현됩니다. 뷰 우측

하단에 있는 '1개의 알 수 없는 항목'을 선택하면 [시군구]에 대한 특수 값 팝업이 나타납니다. 여기에서 '위치 편집'을 선택하면 카운티 기준으로 데이터의 빈 값이 있습니다. 이곳의 위치를 일치시켜 주면 맵에도 해당 지역에 마크가 생성됩니다. 여기에서는 데이터 원본에서 '세종특별자치시'가 시도명에 있지만 시군구명으로는 별도의 값이 빠져 있습니다. 이곳을 위치 일치에서 '세종'이라고 입력하고 키보드에서 아래 키를 누르면 '세종'이라는 키워드가 포함된 지명이 노출됩니다. 그리고 나타나는 '세종특별자치시'를 선택하면 맵에서 '세종특별자치시'에 마크가 생성됩니다.

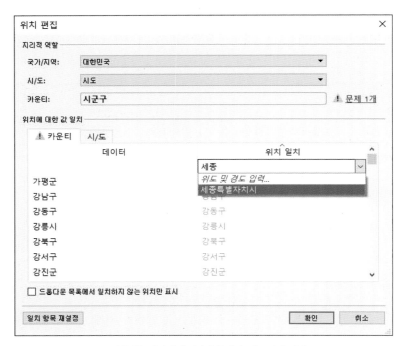

그림 7-80 지리적 데이터에 문제가 있는 위치 편집

7 마크를 '원 자동'에서 '맵'으로 변경합니다.

8 우리나라 인구수 대시보드이므로 뷰에서 우리나라를 제외한 나머지 국가들을 안 보이게 처리하겠습니다. 상단 '맵' 메뉴 〉 맵 계층 〉 백그라운드: 투명도를 100%로 만듭니다. 지금부터는 '인구소멸 위험지수'를 구하기 위해 집합 및 계산된 필드를 만들어 보겠습니다.

9 먼저 워크시트를 새로 하나 만들어 차원에 있는 [성별] 필드를 열 선반에 올립니다.

10 차원에 있는 [나이] 필드를 드래그해서 행 선반에 올립니다.

11 여 20 ~ 24를 클릭해 Ctrl키(Mac은 Command키)를 누른 상태에서 25 ~ 29세, 30 ~ 34세, 35 ~ 39세를 선택하고 '명령 단추'에서 ⊘을 클릭해 '집합 만들기'를 선택합니다.

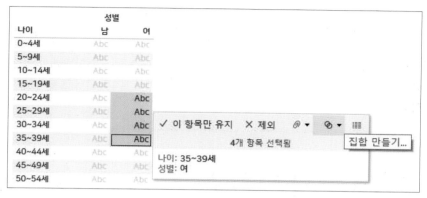

그림 7-81 성별과 나이 두 가지 조건으로 집합 만들기

그리고 집합 만들기에서 다음과 같이 설정합니다.

이름: 20 ~ 39세 여성

멤버 위치 변경: 멤버에서 성별 칼럼을 잡고 드래그해서 나이 칼럼보다 앞으로 위치시킴

멤버 구분 기준: Spacebar 한 번 입력(그 이유는 성별과 나이 사이에 한 칸 띄우기 위함)

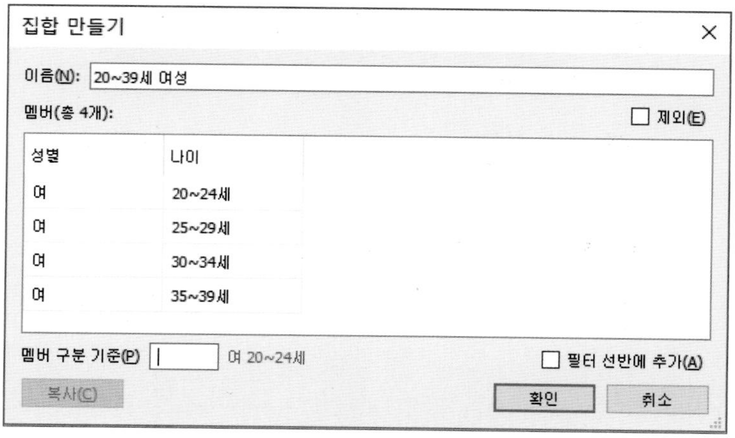

그림 7-82 집합을 만들 때 멤버의 표현 방식 편집

12 집합을 설정하기 위해 사용한 시트 2는 삭제합니다.

13 차원에 있는 [나이] 필드에서 우클릭 > 만들기 > '집합'을 선택하고 집합 만들기 대화 상자에서 다음과 같이 설정합니다.

TIPS

65 ~ 69세의 텍스트 영역을 마우스로 클릭해 Shift키를 누른 상태에서 맨 아래에 있는 100세 이상을 선택하면 65 ~ 69세부터 100세 이상 영역이 파란색으로 해당 영역이 잡힙니다. 이때 체크 박스를 한 곳만 클릭하면 나머지 영역이 모두 체크 설정됩니다.

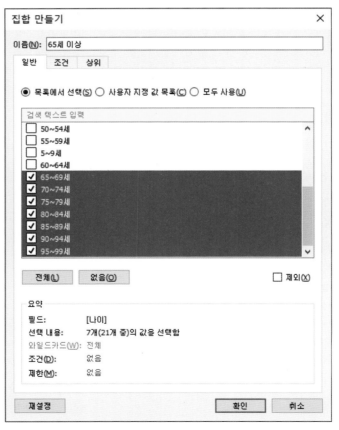

그림 7-83 체크 박스를 여러 개 설정 시 Shift키나 Ctrl키를 활용하면 효율적

14 앞에서 만든 집합을 기준으로 계산된 필드를 만들겠습니다.

좌측 사이드바 빈 여백을 우클릭해 계산된 필드 만들기를 선택합니다.

필드명: 20 ~ 39세 여성 인구수

IIF([20 ~ 39세 여성], [인구수], NULL)

15 계산된 필드를 하나 더 만듭니다.

필드명: 65세 이상 인구수

IIF([65세 이상], [인구수], NULL)

16 앞에서 만든 [20 ~ 39세 여성 인구수]와 [65세 이상 인구수] 필드를 활용해 다음과 같이 계산된 필드를 만듭니다.

필드명: 인구소멸 위험지수

SUM([20 ~ 39세 여성 인구수]) / SUM([65세 이상 인구수])

17 [인구소멸 위험지수] 필드에 우클릭 〉 기본 속성 〉 숫자 형식 〉 숫자(사용자 지정) 〉 소수 자릿수를 3으로 변경 후 확인 버튼을 누릅니다.

18 인구소멸 위험지수 단계를 계산식으로 추가로 만들어 보겠습니다.

필드명: 인구소멸 위험지수 단계

계산식은 다음과 같음

// 소멸 위험지수란? 20 ~ 39세 여성 인구 / 65세 이상 고령 인구

IF[인구소멸 위험지수] < 0.2 THEN "고위험"

ELSEIF[인구소멸 위험지수] < 0.5 THEN "위험 진입"

ELSEIF[인구소멸 위험지수] < 1.0 THEN "주의"

ELSEIF[인구소멸 위험지수] < 1.5 THEN "보통"

ELSE "매우 낮음"

END

19 앞에서 만든 [인구소멸 위험지수 단계] 필드를 색상 마크에 올립니다.

20 색상 범례에서 순서를 다음과 같이 설정하기 위해 마우스로 드래그해서 위치를 변경합니다. (고위험 → 위험 진입 → 주의 → 보통 → 매우 낮음)

21 색상을 변경하기 위해 색상 마크 〉 색상 편집을 눌러 5개 데이터 항목의 색상을 각각 다음과 같이 편집합니다.

고위험 - #e15759

위험 진입 - #f28e2b

주의 - #edc948

보통 - #93b958

매우 낮음 - #24693d

22 색상 마크를 선택해 효과에 있는 테두리를 흰색(#ffffff)으로 설정합니다. 그러면 맵의 각 시군구 경계선(테두리)이 모두 흰색으로 지정됩니다.

23 워크시트의 제목을 더블 클릭해 다음과 같이 제목을 편집하고 가운데 정렬합니다. 단 폰트는 흰색으로 지정합니다.

소멸 위험지수(click하면 해당 지역 상세 정보 확인 가능)

24 워크시트 제목을 우클릭 〉 제목 서식 〉 제목 및 캡션 서식에서 제목의 음영을 검은색(#000000)으로 지정합니다.

25 워크시트 이름을 '전국'으로 변경합니다.

26 '전국'이라는 시트 이름을 우클릭해 '복제'를 선택합니다. 그리고 시트의 이름을 '서울특별시'로 변경합니다.

27 차원에 있는 [시도] 필드를 드래그해서 필터 선반에 올리고 '서울특별시'만 필터 설정합니다. 그러면 뷰에 서울특별시 맵만 나타납니다.

28 각 구 인구소멸 위험지수를 표시하기 위해 측정값에 있는 [인구소멸 위험지수]를 드래그해서 도구 설명 마크에 올립니다.

그림 7-84 계산식을 만들어 지수에 따른 색상 적용

29 그리고 도구 설명을 다음과 같이 편집합니다.

<시도> <시군구>의

인구소멸 위험지수는 <집계(인구소멸 위험지수)>로

인구소멸 위험지수 단계는 <집계(인구소멸 위험지수 단계)>입니다.

30 워크시트의 제목 부분을 더블 클릭해 '제목 편집' 대화 상자의 좌측 하단에 있는 '재설정' 버튼을 선택합니다.

31 다시 제목 부분을 더블 클릭해 〈시트 이름〉을 가운데 정렬하고 폰트를 검은색으로 변경합니다.

32 워크시트 제목을 우클릭 〉 제목 서식 〉 제목 및 캡션 서식에서 제목의 음영을 '없음'으로 지정합니다.

33 이제부터 '서울특별시' 시트를 기준으로 복제 및 필터 편집을 적용해서 나머지 16개 시도별 워크시트를 만들어 봅니다. '전국' 시트 외에 '17개 시도별' 워크시트를 만들었다면 이제 새 대시보드를 만들어 봅니다.

> HINT 권역 이름은 텍스트 마크로 만들 수 있습니다. 그리고 해당 권역 하단에는 가로 개체를 활용해 3 ~ 4단으로 구성할 수 있습니다.

> HINT 각 시트로 해당 시도의 맵 화면을 확대 또는 축소하려는 경우 변경하려는 시트(시도)를 선택해 마우스 휠로 조정할 수 있습니다.

34 대시보드 이름을 '대한민국 인구소멸 위험지수'로 입력합니다.

35 좌측 대시보드 패널 하단에 있는 '대시보드 제목 표시'를 체크합니다.

36 '대한민국 인구소멸 위험지수' 대시보드 이름에 우클릭해 '모든 시트 숨기기'를 선택합니다.

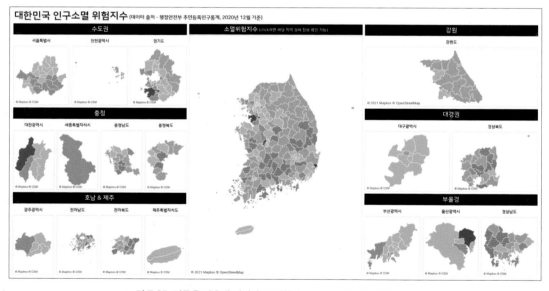

그림 7-85 전국을 가운데 배치하고, 서쪽과 동쪽으로 나눠 시도별 맵 배치

37 '대한민국 인구소멸 위험지수' 대시보드 가운데 있는 인구소멸 위험지수 맵에서 특정한 시군구를 선택해 해당 시군구를 기준으로 성별 & 나이별 인구수를 상세하게 볼 수 있도록 화면을 별도로 만들어 보겠습니다. 새 워크시트를 만들어 시트 이름을 '남녀 비율'이라고 먼저

지정합니다.

38 차원에 있는 [나이] 필드를 드래그해서 행 선반에 올립니다.

39 계산된 필드를 다음과 같이 하나 만듭니다.

필드명: 남녀 인구수

IIF([성별] = "남", -[인구수], [인구수])

40 측정값에 생성된 [남녀 인구수] 필드를 드래그해서 열 선반에 올립니다.

41 차원에 있는 [성별] 필드는 색상 마크에 올립니다.

42 색상을 변경합니다. 성별 색상 범례를 더블 클릭해 남(#79aacf), 여(#ff9da7)로 지정합니다.

43 측정값에 있는 [인구수] 필드를 레이블 마크에 올리는 대신 여기서는 같은 나이를 기준으로 남자와 여자의 구성 비율로 표시해 보겠습니다. 레이블 역할을 하는 '합계(인구수)'에 우클릭 〉 퀵 테이블 계산 〉 '구성 비율'을 선택합니다.

44 앞에서 설정한 구성 비율이 테이블 아래로 전체 기준으로 기본 세팅되어 우리가 구하려는 같은 나이의 남녀 비율과는 거리가 있습니다. 이 경우에는 레이블 역할을 하는 '합계(인구 수) △'에 우클릭해 테이블 계산 편집을 선택합니다. 그리고 특정 차원에서 공통된 기준인 '나이'는 체크 해제합니다. 그러면 같은 나이에서 남녀 비율을 확인할 수 있습니다.

45 열 선반에 있는 [남녀 인구수] 필드를 Ctrl키(Mac은 Command키)를 누른 상태에서 마우스 왼쪽을 잡고 드래그해서 하나 더 복제합니다. 그리고 복제된 [남녀 인구수] (2)의 필드(알약) 를 선택하면 마크에서 '남녀 인구수 (2)' 마크 영역이 오픈됩니다.

46 '남녀 인구수 (2)' 영역은 같은 나이의 남녀 구성 비율이 아니므로 실제 인구수를 표현하기 위해서 레이블 역할을 하는 '합계(인구수) △'에 우클릭해 '테이블 계산 지우기'를 선택합니다.

47 '남녀 인구수 (2)' 마크는 '막대 자동'이 아니라 간트 차트로 변경합니다.

48 열 선반에 있는 [남녀 인구수] (2) 필드(알약)에 우클릭해 '이중 축'을 선택합니다. 그런데 이 때 [남녀 인구수] 첫 번째 마크는 Tableau에서는 '원 자동'으로 변경하는데 우리는 다시 '원

자동'을 '막대'로 변경합니다.

49 뷰에서 위아래 양쪽 축 중에 아무 곳에나 우클릭해 '축 동기화'를 설정합니다.

50 하단에 있는 축은 우클릭해 '머리글 표시'를 해제하면 위아래 양쪽의 축에 대한 머리글이 모두 사라집니다.

51 뷰에서 우클릭 〉 서식 〉 라인 서식 〉 열 탭 〉 격자선: 없음, 영(0) 기준선: 없음을 설정합니다.

52 '나이'라는 필드 레이블을 우클릭해 '행에 대한 필드 레이블 숨기기'를 처리합니다.

53 남자 인구수에 대한 파란색 막대에 마우스 오버하면 도구 설명에 나타나는 [남녀 인구수]는 마이너스 인구수로 표시되어 오해의 소지가 있습니다. 이럴 때는 열 선반에 있는 [남녀 인구수]에 우클릭해 '도구 설명에 포함'을 체크 해제합니다.

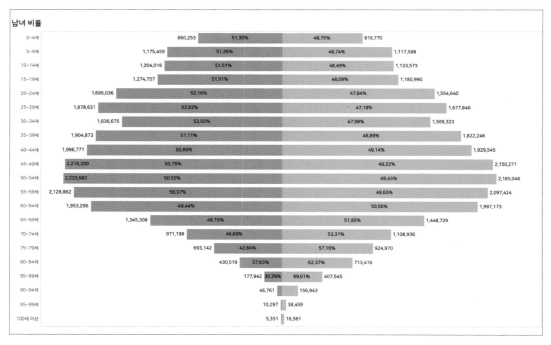

그림 7-86 피라미드 형태로 남녀 연령대별 인구 비율 만들기

54 '남녀 비율' 시트 이름을 우클릭해 복제하고 시트 이름을 '총 비율'로 변경합니다. 이 시트에서는 총 남녀 비율로 구성합니다.

55 '총 비율' 시트에서 행 선반에 있는 [나이] 필드를 제거합니다. 그러면 나이별 인구수가 아니라 전체 인구수를 표현할 수 있습니다.

56 그 대신 행 선반 빈 여백을 더블 클릭해 '총 인구수'라고 입력합니다.

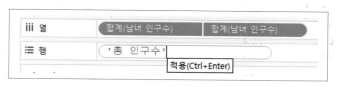

그림 7-87 선반에 더블 클릭해 임시 계산 또는 텍스트 추가

57 '총 인구수'라는 머리글을 우클릭 〉 서식 〉 글꼴을 11pt로 키우고 가운데 정렬합니다.

58 만약 막대 차트 안에 남녀 인구수 구성 비율의 백분율이 2자리 이상이면 앞에서 만든 '남녀 비율' 시트처럼 백분율 소수 자릿수를 2로 변경해 줍니다.

59 지금부터는 이전에 만든 '대한민국 인구소멸 위험지수' 대시보드의 '인구소멸 위험지수' 맵에서 선택하는 지역에 대한 상세 정보를 추가하고자 합니다. 새 워크시트를 만들어 시트의 이름을 '시도 & 시군구'로 변경합니다.

60 [시도]와 [시군구] 필드를 결합한 새로운 필드를 하나 만들겠습니다. 좌측 사이드바 차원에서 [시도]를 선택해 Ctrl키(Mac은 Command키)를 누른 상태에서 [시군구] 필드를 선택합니다. 그리고 우클릭 〉 만들기 〉 '결합한 필드'를 선택합니다. 그러면 '시군구 및 시도(결합됨)' 필드가 생성됩니다.

61 [시군구 및 시도(결합됨)] 필드에 우클릭해 '결합한 필드 편집'을 선택한 후, 다음과 같이 편집합니다.

이름: 시도 + 시군구

멤버 위치 변경: 멤버에서 시도 칼럼을 잡고 드래그해서 시군구 칼럼보다 앞으로 위치시킴

멤버 구분 기준: Spacebar 한 번 입력(그 이유는 성별과 나이 사이에 한 칸 띄우기 위함)

그리고 확인 버튼을 누릅니다.

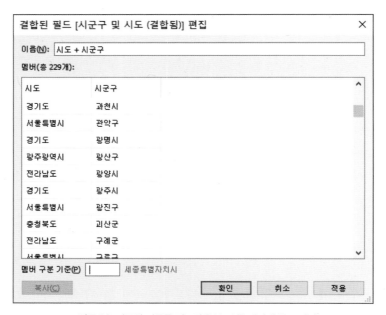

그림 7-88 시도와 시군구 필드값을 blank를 사이에 두고 연결

62 [시도 + 시군구] 필드를 드래그해서 텍스트 마크에 올리고 툴바에 있는 맞춤을 '전체 보기'로 변경합니다.

63 뷰에서 우클릭해 서식에서 테두리 〉 시트 탭의 기본값에서 패널을 '실선'으로 변경합니다.

64 텍스트 마크를 선택한 후 맞춤의 가로를 가운데 정렬하고 텍스트 편집에서 글꼴을 16pt로 변경합니다.

65 '시도 & 시군구' 시트 이름을 우클릭해 복제를 선택하고 이 시트의 이름을 '20 ~ 39세 여성 인구수'로 변경합니다.

66 좌측 사이드바 측정값에 있는 [20 ~ 39세 여성 인구수] 필드를 드래그해서 기존의 텍스트 마크 역할을 하는 [시도 + 시군구] 필드 위에 오버해서 대체합니다. 그리고 텍스트 마크를 선택하고 텍스트 우측 끝에 있는 점 3개 옵션을 선택합니다. 그다음 '20 ~ 39세 여성 인구수'라는 텍스트를 상단에 추가하고 맨 끝에 '명'이라는 텍스트를 추가합니다.

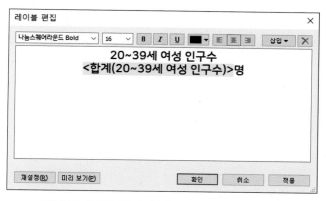

그림 7-89 효율적인 공간 사용을 위해 제목 대신 레이블 활용

67 '20 ~ 39세 여성 인구수' 시트 이름을 우클릭해 복제를 선택합니다. 그리고 이 시트의 이름을 '65세 이상 인구수'로 변경합니다.

68 측정값에 있는 [65세 이상 인구수]를 드래그해서 기존의 텍스트 마크 역할을 하는 [20 ~ 39세 여성 인구수] 필드 위에 오버해서 대체합니다. 그리고 텍스트 마크를 선택하고 텍스트 우측 끝에 있는 점 3개 옵션을 선택합니다. 그다음 '65세 이상 인구수'라는 텍스트를 상단에 추가하고 맨 끝에 '명'이라는 텍스트를 추가합니다.

69 새 워크시트를 선택해 시트의 이름을 '인구소멸 위험지수'로 변경합니다.

70 마크를 '텍스트 자동'에서 '사각형'으로 변경합니다.

71 측정값에 있는 [인구소멸 위험지수 단계]를 드래그해서 색상 마크와 레이블 마크에 추가합니다.

72 측정값에 있는 [인구소멸 위험지수] 필드를 드래그해서 레이블 마크에 올립니다.

73 툴바에 있는 맞춤을 '전체 보기'로 변경합니다.

74 레이블을 가로 가운데 맞춤으로 설정하고 16pt로 변경합니다. 그리고 사각형 크기를 최대로 늘려서 전체 뷰에 맞게 사각형 크기를 확대합니다.

75 새 대시보드를 만들어 대시보드의 크기를 자동으로 변경합니다.

76 가로 개체를 드래그해서 '여기에 시트 놓기' 위에 올립니다. 이 가로 개체 안에 '시도 & 시군 구', '인구소멸 위험지수', '20 ~ 39세 여성 인구수', '65세 이상 인구수' 시트를 차례로 넣습니다.

77 가로 개체에 있는 4개 워크시트의 제목들을 각각 우클릭해 숨기기 처리합니다.

78 이 가로 개체 아래에 '남녀 비율' 시트를 넣고 그 아래에 '총 비율' 시트를 넣습니다. 그다음 '남녀 비율' 시트와 '총 비율' 시트의 제목을 숨기기 처리합니다.

79 대시보드 우측에 있는 성별 색상 범례를 우클릭해 '부동'을 선택합니다. 그리고 남녀 비율 시트 좌측 하단에 100세 이상 근처로 위치 이동합니다.

80 이 대시보드의 이름을 '지역별 남녀 비율'로 변경합니다.

81 이제 대시보드 간의 이동을 설정해 보겠습니다. 우선 '대한민국 인구소멸 위험지수' 대시보 드 가운데 있는 '인구소멸 위험지수' 시트에서 선택하는 시군구 기준으로 '지역별 남녀 비율' 대시보드가 해당 시군구 기준으로 화면이 변경되도록 설정해 보겠습니다.

그림 7-90 다른 대시보드에 영향을 주는 대시보드 필터 동작

'대한민국 인구소멸 위험지수' 대시보드에서 상단 '대시보드' 메뉴 〉 동작(작업 또는 action) 〉 동작 대화 상자에서 '동작 추가' 〉 필터를 선택합니다.

필터 이름: 전국 인구소멸 위험지수 → 지역별 남녀 비율

원본 시트: '대한민국 인구소멸 위험지수' 대시보드에서 '전국' 시트만 선택

동작 실행 조건: 선택

대상 시트: '지역별 남녀 비율' 대시보드의 모든 워크시트

선택 내용을 지울 경우의 결과: 필터 유지

위와 같이 설정하고 확인 버튼을 눌러 설정을 완료합니다.

82 '인구소멸 위험지수' 맵에서 '경상북도 의성군'을 선택하면 '지역별 남녀 비율' 대시보드로 이동하면서 '경상북도 의성군' 기준으로 화면이 설정되는 것을 확인할 수 있습니다. (참고로 경상북도 의성군은 우리나라에서 인구 고령화가 가장 심한 곳입니다.)

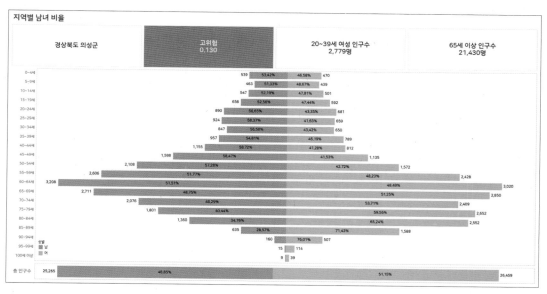

그림 7-91 앞선 필터 동작에서 선택된 지역의 결과만 볼 수 있음

83 '지역별 남녀 비율' 대시보드에서 이전 대시보드인 '대한민국 인구소멸 위험지수' 대시보드로 이동하도록 설정해 보겠습니다.

먼저 개체에서 '탐색' 개체를 드래그해서 상단의 가로 개체에서 '시도 & 시군구'(여기에서는

경상북도 의성군)라고 현재 나와 있는 시트 왼쪽에 배치합니다. 그러면 자동으로 '탐색'이라는 텍스트로 단추(Button)가 나오는데 이것을 편집해 보겠습니다.

84 탐색 버튼에 우클릭해 '편집 단추'를 선택합니다.

이동할 위치 – 대한민국 인구소멸 위험지수

단추 스타일 – 텍스트 단추(만약 이미지를 활용해서 단추를 설정한다면 '이미지 단추'로 설정)

제목 – 메인 화면으로 이동

서식 및 백그라운드 – 임의로 설정 가능

도구 설명 – 메인 화면으로 이동하겠습니까?

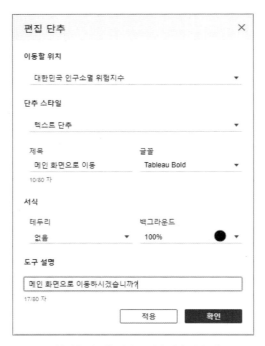

그림 7-92 이동할 위치로 여러 설정 지정 가능

85 '메인 화면으로 이동'이라는 버튼을 클릭하면 '대한민국 인구소멸 위험지수'로 바로 이동되지 않습니다. 그 대신 'Alt키'를 누른 상태에서 해당 버튼을 누르면 이동합니다. (단, 프레젠테이션 모드일 때는 Alt키 대신 마우스로 클릭하면 바로 이동됩니다.)

86 '지역별 남녀 비율' 대시보드 이름에 우클릭해 '모든 시트 숨기기'를 설정합니다.

87 양쪽 대시보드 이름에 데이터 출처를 추가로 표시합니다.

<시트 이름>(데이터 출처 - 행정안전부 주민등록인구통계, 2020년 12월 기준)

88 이제 대시보드를 이동하면서 살펴봅니다.

03 | Sales 대시보드

(1) Sales Ranking Podium

여기서 생각해 볼 점은

첫째, 매번 만드는 화면이 비슷하다면 새로운 접근 방법이 없을까요?

둘째, 평소에 관심 있는 분야(또는 어디선가 본 기억 나는 장면)를 활용할 방법이 있을까요?

셋째, 사람들이 일반적으로 인식하는 색상(금·은·동메달)을 활용해 봅니다.

Superstore 데이터에서 Category별 Sales의 합계를 순위로 표현한다고 생각하고 가장 먼저 그려진 이미지는 올림픽에서 메달을 딴 선수들의 모습이었습니다. 이를 응용해 금·은·동메달을 수상하는 것처럼 화면을 구성해 보겠습니다.

1 Tableau Desktop에 저장된 데이터 원본인 'Sample – Superstore'를 활용하겠습니다. 툴바에서 새 데이터 원본 〉 저장된 데이터 원본 〉 Sample – Superstore를 선택합니다.

2 측정값에 있는 [Sales] 필드를 행 선반에, 차원에 있는 [Category] 필드를 열 선반에 올립니다.

3 열 선반에 있는 [Category] 필드를 우클릭 〉 정렬 〉 수동을 선택해 3개의 Category 중 Sales 1위인 Technology를 가운데에 배치합니다.

그림 7-93 수동 정렬은 한동안 변화가 없는 데이터에서 활용

4 차원에 있는 [Category] 필드를 드래그해서 색상 마크에 넣습니다.

5 색상 마크를 선택한 후 '색상 편집'을 선택하고 다음과 같이 색상을 지정합니다. 2위인 Furniture는 은메달로 가정하고 색상을 #c0c0c0으로 변경합니다. 1위인 Technology는 금메달이라 색상을 #ffd700으로 변경합니다. 3위인 Office Supplies는 동메달이라 색상을 #cc9966으로 지정합니다.

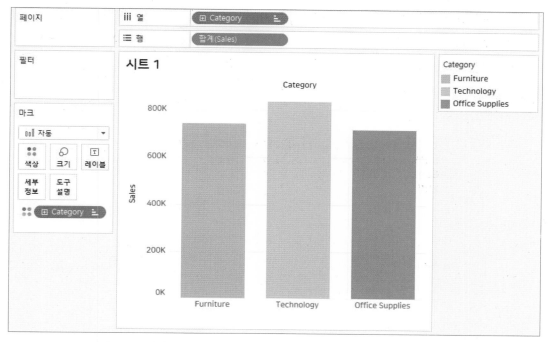

그림 7-94 올림픽 포디움을 형상화하기 위해 2, 1, 3위 순으로 은·금·동메달 색상을 입힘

6️⃣ Ctrl + Shift + B키를 눌러 전반적으로 셀의 크기를 크게 키웁니다. (Mac은 Command + Shift + B)

7️⃣ 막대 차트에 매출의 순위를 표시해 보겠습니다. 측정값에 있는 [Sales]를 드래그해서 레이블 마크에 올립니다. 이 매출을 순위로 표현하기 위해 레이블 역할을 하는 합계(Sales)에 우클릭 〉 퀵 테이블 계산 〉 순위를 선택합니다.

8️⃣ 이제 이 순위 숫자 뒤에 텍스트를 추가해 보겠습니다. 두 가지 언어로 표현하는 방법이 있을 것입니다.

우선 한국어로 숫자 뒤에 '위'라고 붙여 보겠습니다. [합계(Sales) △]에 우클릭 〉 서식 〉 패널 탭 〉 숫자 〉 사용자 지정: #위라고 입력합니다.

우리말로 숫자 뒤에 ' ~ 위' 형식으로 추가할 경우에는 이와 같이 입력합니다. 그 대신 여기에서는 이 방식을 쓰진 않아서 맨 위에 있는 '자동'을 선택하고 서식 메뉴를 닫겠습니다.

두 번째 방법은 영어로 표현하겠습니다. 앞에서는 서식을 기준으로 변경했다면 영어로는 1위에는 'st', 2위에는 'nd', 3위에는 'rd'와 같이 여러 케이스가 있어 계산식으로 진행해 보겠습니다. 필드명은 Rank suffix로 계산식은 다음과 같이 입력합니다.

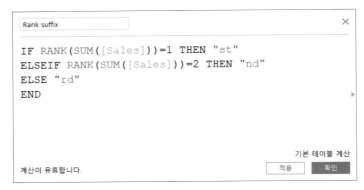

그림 7-95 1 ~ 3위에 해당하는 표현을 추가하기 위해 만든 계산식

여기에서는 두 번째 영어 기준으로 순위를 만든 [Rank suffix] 필드를 활용해 보겠습니다.

9 측정값에 추가된 [Rank suffix] 필드를 드래그해서 레이블 마크에 올립니다.

10 차원에 있는 [Category] 필드도 레이블 마크에 넣습니다.

11 레이블을 편집하겠습니다. 레이블 마크 > 텍스트 점 3개 옵션을 선택한 후 다음과 같이 편집합니다.

그림 7-96 강조하고 싶은 레이블은 별도의 크기, 색상 등을 지정

12 막대 위에 Category가 표시되므로 막대 하단의 [Category] 머리글을 제거하겠습니다. 열 선반에 있는 [Category] 필드에 우클릭 〉'머리글 표시'를 클릭해 해제합니다.

13 행 선반에 있는 [Sales] 필드를 Ctrl키(Mac은 Command키)를 누른 상태에서 마우스 왼쪽을 잡고 드래그해서 [Sales] 필드 오른쪽으로 복제합니다.

14 마크의 합계(Sales) (2) 마크에 들어가 있는 필드들을 모두 제거합니다.

15 측정값에 있는 [Sales]를 합계(Sales) (2) 마크의 레이블 위에 올리고 서식을 다음과 같이 변경합니다.

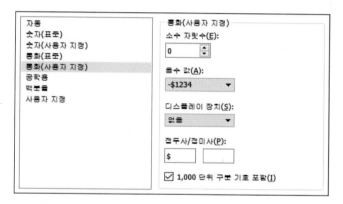

그림 7-97 현재 로캘이 우리나라로 설정된 경우 접두사 ₩ 표시를 $로 변경

16 이 두 막대 차트를 합치기 위해 이중 축 기능을 활용하겠습니다. 행 선반의 두 번째에 있는 합계(Sales)에 우클릭 〉'이중 축'을 선택합니다.

17 전체 마크를 선택하고 마크를 원 자동이 아니라 막대로 변경합니다.

18 행 선반의 두 번째에 있는 합계(Sales)를 첫 번째 합계(Sales)보다 작게 만들어 보겠습니다. 행 선반의 두 번째에 있는 합계(Sales)를 더블 클릭해 *0.9를 입력합니다.

그림 7-98 기존 Sales보다 높이를 줄이기 위해 0.9만큼 곱함

그러면 첫 번째 합계(Sales) 대비 0.9만큼의 막대가 이중 축으로 표현됩니다.

19 임의의 축에서 우클릭해 축 동기화를 선택합니다.

20 마크에서 [집계(SUM([Sales])*0.9)] 크기 마크를 선택하고 슬라이더를 좌측으로 이동시켜 막대를 작게 표현합니다.

21 [집계(SUM([Sales])*0.9)]의 색상 마크를 흰색으로 변경합니다.

22 [집계(SUM([Sales])*0.9)]의 레이블 글꼴을 12pt로 변경합니다.

23 왼쪽 축인 'Sales' 축에 우클릭 〉 머리글 표시를 해제합니다.

24 뷰에서 우클릭 〉 서식 〉 테두리 서식 〉 시트 탭에 있는 행 구분선의 패널과 열 구분선의 패널을 없음으로 변경합니다.

25 뷰에서 우클릭 〉 서식 〉 라인 서식 〉 행 탭 〉 격자선: 없음, 영(0) 기준선: 없음으로 설정합니다.

26 시트 이름을 Rank by Category로 입력합니다.

27 시트 제목을 더블 클릭해 가운데 정렬 및 볼드 처리하고 글꼴은 12pt로 변경합니다.

28 새 대시보드를 선택합니다.

29 대시보드 크기를 가로 800px, 세로 600px로 변경합니다.

30 대시보드 패널 좌측 하단에 있는 '부동'으로 변경합니다.

31 대시보드 왼쪽에 있는 'Rank by Category' 시트를 드래그해서 대시보드 안에 넣습니다.

32 색상 범례는 제거합니다. 그 이유는 막대 차트에 색상 및 Category별 머리글이 표시되기 때문입니다.

33 'Rank by Category' 시트의 위치 및 크기를 다음과 같이 변경하고자 합니다. 대시보드 좌측 패널을 레이아웃 패널로 변경하고 위치에서 x는 40, y는 20으로 입력합니다.

34 크기에서 너비는 720, 높이는 540으로 변경합니다.

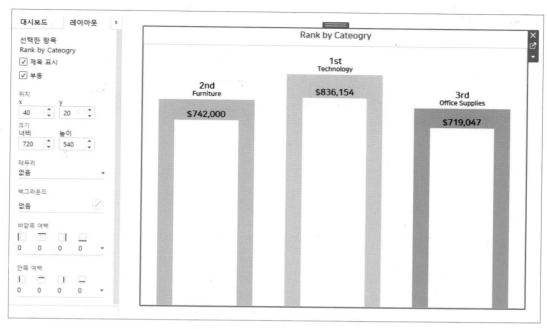

그림 7-99 부동 개체의 위치 및 크기 업데이트

35 다시 대시보드 패널로 이동하고 이번에는 막대 차트 아래에 단상(podium) 형태를 만들어 보겠습니다.

'텍스트' 개체를 부동인 상태에서 드래그해서 대시보드 안에 넣으면 텍스트 편집 대화 상자가 나타나는데 여기에서는 텍스트를 따로 입력할 것은 아니라서 바로 '확인' 버튼을 누릅니다.

36 다시 레이아웃 패널로 이동하고 위치 및 크기를 다음과 같이 편집합니다. 위치에서 x는 10, y는 450, 크기에서 너비는 780, 높이는 150으로 변경합니다.

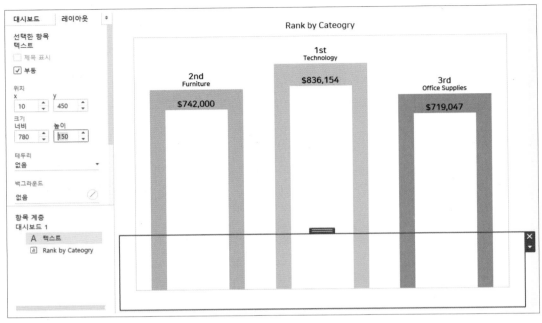

그림 7-100 텍스트 개체는 텍스트 표시 외에도 다양한 방식으로 활용

37 이 텍스트 개체에 백그라운드 색상을 추가하겠습니다. 레이아웃 패널에 있는 백그라운드가 현재 '없음' 대신 클릭해 #b9ddf1 색상으로 변경하겠습니다.

38 이 텍스트 개체를 막대 차트보다 뒤에 위치시키겠습니다. 텍스트 개체에 있는 드롭다운 메뉴(아래 세모 옵션)[▼]를 클릭해 '부동 순서' 〉 '맨 뒤로 보내기'를 선택합니다.

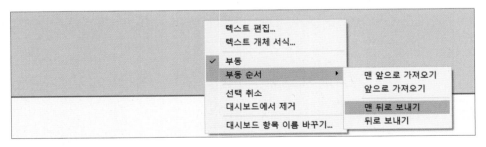

그림 7-101 부동 노출 순서 편집

39 그림 7-102와 같이 나타나는 것을 볼 수 있습니다.

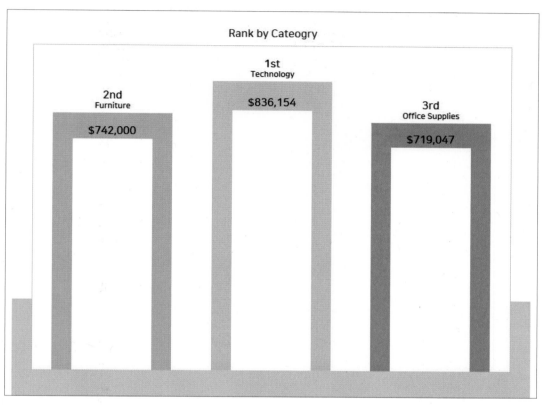

그림 7-102 단상에 올라간 1, 2, 3위 모습 형상화

40 마지막으로 이 대시보드에 마우스 오버해서 클릭이 발생하지 않도록 추가 작업을 해 보겠습니다. 대시보드 패널 하단 개체 영역에 있는 '빈 페이지'(또는 버전에 따라서 '공백') 개체를 드래그해서 대시보드 내에 올립니다. 그리고 대시보드 전체 영역을 빈 페이지 개체로 감쌉니다.

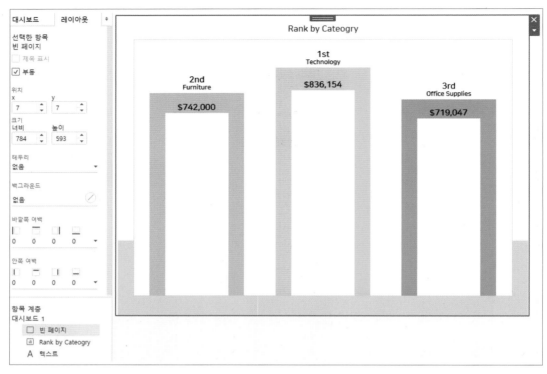

그림 7-103 빈 페이지 개체를 활용해 불필요한 부가 정보 노출 방지

(2) Superstore Profit Dashboard

데이터 원본 - Superstore Seoul 2020.hyper

여기서 생각해 볼 점은

첫째, 스위트 스폿 영역은 어디일까요?

둘째, 수익 비교에 따라 시트에 색상을 넣는 방법이 있을까요?

셋째, 대시보드 레이아웃을 잘 잡기 위해서 고려해야 하는 사항은 무엇이 있을까요?

여기에서는 MTD를 기준으로 PMTD를 구하고 이를 비교하는 대시보드를 만들겠습니다.

1 Superstore Seoul 2020.hyper 파일을 연결하고, 첫 번째 시트 이름을 'Total Profit'으로 변경합니다.

2 여기에서는 수익의 기본 숫자 서식을 백만(M)으로 설정하겠습니다. 측정값에 있는 [Profit] 우클릭 〉 기본 속성 〉 숫자 형식 〉 숫자(사용자 지정): 소수 2자리, 백만(M)으로 설정합니다.

3 [Profit]을 텍스트 마크에 넣고 View의 맞춤을 표준 → '전체 보기'로 변경합니다.

4 '텍스트' 마크에서 맞춤을 가로를 '가운데' 정렬합니다.

5 레이블 편집에서 〈합계(Profit)〉는 16pt 그리고 이 숫자가 의미하는 Total Profit은 12pt에 회색 계열 색상을 적용합니다. 추후에 워크시트의 제목은 숨기기 처리할 예정입니다.

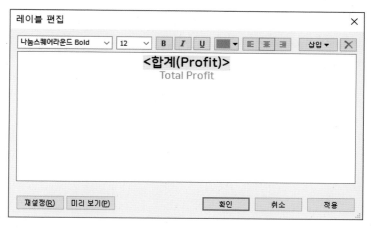

그림 7-104 주요 영역에 노출되는 지표

6 뷰에서 우클릭 〉 서식 〉 테두리 서식 〉 시트 탭 〉 기본 〉 패널: 실선으로 지정합니다.

7 'Total Profit' 시트를 우클릭해 복제하고 해당 시트의 이름을 'MTD Change'로 변경합니다. 이 시트에서는 MTD와 PMTD를 계산식으로 만들고 이 기준들의 Profit을 구해 비교(비율 차이)를 구해 보겠습니다.

8 먼저 MTD를 구하기 전에 임의의 날짜를 기준으로 MTD를 구하기 위해 날짜 타입의 매개 변수를 만들겠습니다.

이 데이터 원본이 2021년 1월 1일부터 데이터가 있어 최솟값은 2020-01-01로 지정하고 확인 버튼을 누릅니다.

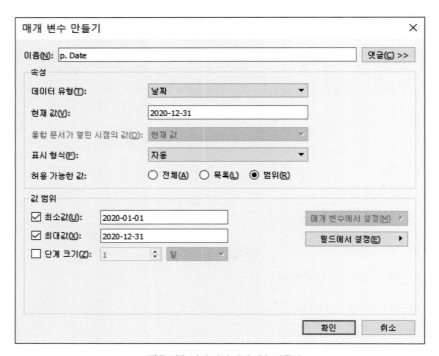

그림 7-105 날짜 타입 매개 변수 만들기

9 좌측 사이드바에 매개 변수 섹션이 만들어졌는데 앞에서 만든 [p.Date] 매개 변수를 우클릭해 '매개 변수 표시'를 선택합니다. 이 매개 변수를 기준으로 MTD를 만들어 보겠습니다.

10 계산된 필드를 만들겠습니다. 좌측 사이드바 우측 맨 끝 아래 세모 옵션[▼]을 클릭해 '계산된 필드 만들기'를 선택합니다.

필드명: f. MTD

```
f. MTD                                                    ✕

DATEDIFF('month',[Order Date],[p. Date])=0
AND
DATEPART('day',[Order Date]) <= DATEPART('day',[p. Date])

                                                    ▶

계산이 유효합니다.                          적용        확인
```

그림 7-106 MTD는 같은 달이면서 매개 변수의 '일'보다는 이하

이 계산식이 제대로 만들어졌는지 검증해 보겠습니다. 새로운 워크시트를 오픈합니다.

11 [Order Date] 필드를 마우스 오른쪽(Mac은 Option키 + 마우스 왼쪽)을 잡고 드래그해서 행 선반에 올립니다. 그리고 필드 놓기 대화 상자에서 두 번째 있는 파란색의 'Order Date(불연속형)'를 선택합니다. 그러면 행 방향을 2020-01-01부터 일별로 데이터가 하나씩 분할되어 나타납니다.

12 측정값에 있는 [Profit] 필드를 텍스트 마크에 넣습니다. 그러면 일별 [Profit]이 표시됩니다.

13 앞에서 만든 [f. MTD] 필드를 필터에 넣고 '참'을 선택합니다.

14 현재 매개 변수의 날짜가 '2020-01-01'이 현재 값으로 선택된다면 이 날짜를 '2020-10-08'로 변경해 보겠습니다. 그러면 MTD에 대한 필터라서 2020-01-01부터 2020-01-08까지 행 기준으로 표시됩니다.

이 기간의 Profit 총합이 MTD가 됩니다. MTD는 Month to Date로 해당 월에서 지정한 날짜까지를 의미하기 때문입니다.

여기에서 총계를 표현해 보겠습니다. 상단 '분석' 메뉴 〉 총계 〉 열 총합계 표시를 선택합니다. 총합계가 34.82M인 것을 확인할 수 있습니다.

그림 7-107 계산식을 만든 다음엔 반드시 검증 거칠 것

15 이 시트 이름에 우클릭해 '복제'를 선택합니다. 이 시트에서는 행 선반에 있는 [Order Date]를 제거합니다.

그러면 [f. MTD]를 필터에 반영한 34.82M이 똑같은 값인 것으로 봐서 우리가 이 필드를 제대로 만들었음이 검증되었습니다.

16 이번에는 앞에서 만든 [f. MTD] 필드를 활용해 바로 전달인 [f. PMTD]를 만들어 보겠습니다.

처음부터 만들어도 되고 앞에서 만든 [f. MTD] 필드를 복제하고 DATEDIFF만 1로 변경해도 됩니다.

그림 7-108 PMTD는 전월 MTD

17 앞에서 [f. MTD]를 검증했던 시트 3의 필터 선반에 있는 [f. MTD] 대신 [f. PMTD]로 대체하고 검증해 봅니다.

그러면 현재 매개 변수인 [p. Date]가 2020-10-08 기준으로 바로 이전 달인 2020-09-01 ~ 2020-09-08까지 값들만 나오는 것을 확인할 수 있습니다.

18 [f. MTD]를 활용해 [c. MTD Profit] 계산식을 그림 7-109와 같이 만듭니다.

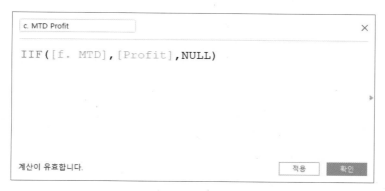

그림 7-109 f. MTD가 참인 경우에만 Profit을 불러옴

19 [c. MTD Profit] 필드를 복제해서 그림 7-110과 같이 편집하면 [c. PMTD Profit]을 구할 수 있습니다.

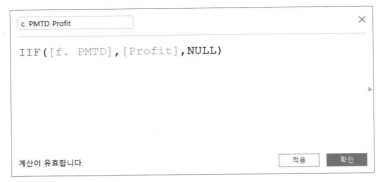

그림 7-110 f. PMTD가 참인 경우에만 Profit을 불러옴

20 앞에서 만든 [c. MTD Profit]과 [c. PMTD Profit]을 활용해 [c. % of Profit change]를 만들어 보겠습니다.

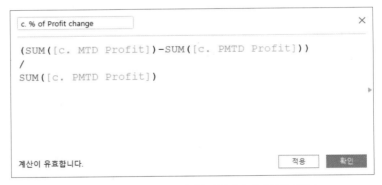

그림 7-111 앞에서 만든 계산식을 활용해 추가 계산식 만들기

21 [c. % of Profit change] 필드의 기본 속성 숫자 형식을 다음과 같이 변경합니다. 즉 백분율 소수점 둘째 자리까지 표시하면서 0을 기준으로 상승과 하락 표시를 표시하겠다는 뜻입니다.

▲0.00%;▽0.00%

22 레이블을 그림 7-112와 같이 편집합니다.

그림 7-112 주목도를 높이기 위해 숫자 영역의 글꼴 크기를 크게 표시

그림 7-112와 같은 형태로 해도 괜찮지만 조금 더 발전시켜 보겠습니다. [% of Profit change]가 0을 기준으로 상승했으면 파란색 계열로, 하락했으면 빨간색 계열로 색상 폰트를 지정해 보겠습니다.

이 경우에는 레이블 편집에 있는 색상 변경을 할 수 없어서 별도로 색상을 지정할 수 있는 계산식을 두 가지 더 만들어 보겠습니다.

23 [c. Positive(+) % of Profit Chg.] 필드를 만들어 봅니다.

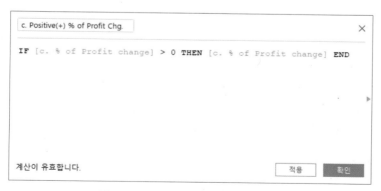

그림 7-113 양수인 경우에 별도로 계산식 만들기

24 [c. Negative(−) % of Profit Chg.] 필드를 만들어 봅니다.

그림 7-114 음수인 경우에 별도로 계산식 만들기

25 [c. Positive(+) % of Profit Chg.] 필드와 [c. Negative(−) % of Profit Chg.] 필드 모두 기본 속성의 숫자 형식을 다음과 같이 변경합니다.

즉 백분율 소수점 둘째 자리까지 표시하면서 0을 기준으로 상승과 하락을 표시하겠다는 뜻입니다.

▲0.00%;▽0.00%

26 이 두 필드를 텍스트에 넣고 다음과 같이 편집합니다.

[c. Positive(+) % of Profit Chg.] 색상 - #3b86ff

[c. Negative(-) % of Profit Chg.] 색상 - #f22b91

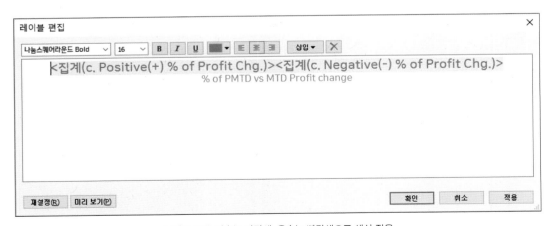

그림 7-115 양수는 파란색, 음수는 빨간색으로 색상 적용

27 그 대신 Positive와 Negative 두 가지 케이스로 색상을 변경했지만 하나의 숫자에 두 가지 케이스가 나오는 경우는 없으니 도구 설명 편집에서 좌측 하단에 있는 체크 박스는 모두 해제합니다.

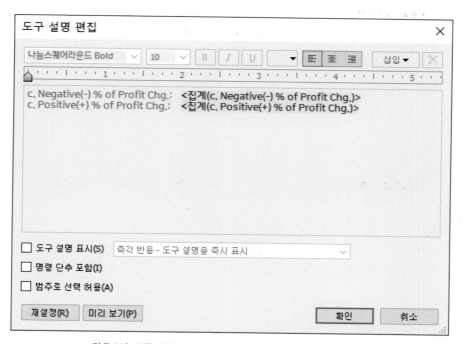

그림 7-116 도구 설명에서 부가적인 정보를 제공하지 않는다면 비활성화

28 'MTD Change' 시트에 우클릭해 복제를 선택하고 다음 시트의 이름을 'Profit Ratio'로 변경합니다.

이번에는 시트 이름에서도 알 수 있듯이 Profit Ratio 즉 수익률을 표현해 보겠습니다. 계산된 필드를 만들어 보겠습니다.

필드명: Profit Ratio

SUM([Profit]) / SUM([Sales])

그리고 [Profit Ratio]의 필드 기본 속성 중 숫자 형식을 백분율로, 소수 자릿수는 2로 설정합니다.

29 [Profit Ratio] 필드를 텍스트 마크에 넣고 레이블을 그림 7-117과 같이 편집합니다.

그림 7-117 Profit Ratio 값의 주목도를 높임

30 새 워크시트를 만들고 시트 이름을 'Profit Monthly Trend'로 지정합니다. 그리고 다음과 같이 필드를 배치합니다.

열 선반 – 초록색 연속형 '월(Order Date)'

행 선반 – [Profit]

31 행 선반에 있는 [Profit]을 Ctrl키(Mac은 Command키)를 누른 상태에서 마우스 왼쪽을 잡고 드래그해서 [Profit] 뒤에 하나 더 추가하겠습니다.

추가된 [Profit] (2)는 우클릭 〉 퀵 테이블 계산 〉 누계(Running Total)를 선택합니다. 그러면 월별 Profit과 누적 Profit을 동시에 표현할 수 있습니다.

32 행 선반에 있는 두 필드를 이중 축으로 설정합니다. 그리고 [Profit] 마크는 라인으로, [Profit] (2)는 영역 그래프로 변경합니다.

또 라인과 영역 그래프의 색상은 모두 동일하게 #3b86ff를 적용하되, 영역 그래프는 불투명도를 3% 정도로 낮춥니다.

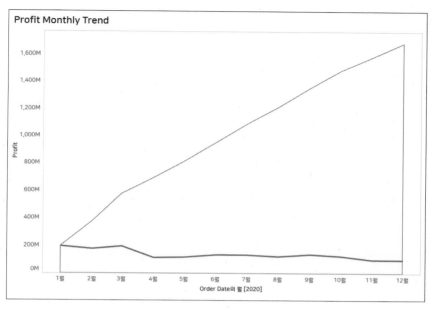

그림 7-118 월별 추이와 누적 추이를 함께 살펴볼 수 있음

33 두 마크에 모두 [Profit]을 레이블 마크에 올립니다.

34 새 워크시트를 만듭니다. 이 시트의 이름은 도심권 MTD Profit입니다. 이번에는 서울 25개 구를 5개의 권역으로 나누겠습니다. 차원에 있는 [County] 필드를 우클릭 > 만들기 > 그룹으로 표 7-1과 같이 그룹을 설정하겠습니다. 그룹명은 [County Group]입니다.

도심권	동북권	서북권	서남권	동남권
용산구	강북구	마포구	강서구	강남구
종로구	광진구	서대문구	관악구	강동구
중구	노원구	은평구	구로구	서초구
	도봉구		금천구	송파구
	동대문구		동작구	
	성동구		양천구	
	성북구		영등포구	
	중랑구			

표 7-1 서울시 생활권 구분 기준

[County Group] 필드를 'State / Province, County' 계층에 'County' 위에 위치시킵니다.

35 [c. MTD Profit] 필드를 텍스트 마크에 넣습니다. 그리고 앞에서 만든 [County Group] 필드를 필터 선반에 넣고 '도심권'을 선택합니다.

36 'Total Profit' 시트를 참고해서 뷰의 맞춤과 레이블 위치 및 폰트 크기를 적절하게 편집해 봅니다.

추가로 뷰의 패널 기준으로 테두리를 똑같이 반영하고자 할 때는 'Total Profit' 시트 이름에 우클릭해 '서식 복사'를 선택합니다. 그다음 현재 시트 이름에 우클릭해 '서식 붙여넣기'를 선택합니다.

37 이번에도 % of Profit change를 기준으로 양수와 음수에 따라 색상을 추가해 보겠습니다. [c. Positive(+) % of Profit Chg.], [c. Negative(−) % of Profit Chg.] 필드를 텍스트 마크에 넣고 색상을 다음과 같이 편집합니다.

[c. Positive(+) % of Profit Chg.] 색상 - #3b86ff

[c. Negative(-) % of Profit Chg.] 색상 - #f22b91

38 '도심권 Profit' 시트를 복제해서 나머지 4개(동남권, 동북권, 서남권, 서북권)의 County Group 시트를 만들어 봅니다.

39 새 워크시트를 만들어 시트 이름을 '도심권'이라고 합니다.

40 [County Group] 필드를 필터 선반에 넣고 '도심권'을 선택합니다.

41 여기에서는 각 Country Group의 이름만 표시하는데 그 대신 해당 Country Group이 조건에 따라 색상이 바뀌도록 설정해 보겠습니다.

마크를 사각형으로 변경합니다. 그리고 [c. % of Profit change] 필드를 드래그해서 색상 마크와 레이블 마크에 올립니다.

42 우선 색상부터 변경하겠습니다. 뷰 우측에 있는 색상 범례를 더블 클릭해 최솟값은 #f22b91, 최댓값은 #3b86ff 색상으로 지정합니다.

고급 버튼을 눌러 가운데 값을 0으로 세팅합니다. 그리고 단계별 색상을 2단계로 설정해서

0을 기준으로 양수와 음수에 대한 색상 2가지만 나오도록 설정합니다.

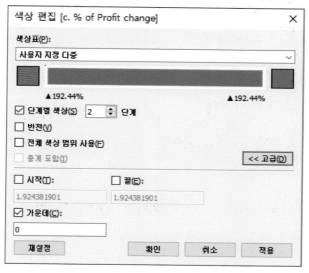

그림 7-119 0을 기준으로 두 가지 케이스 색상 적용

43 '도심권' 시트를 복제해서 나머지 4개(동남권, 동북권, 서남권, 서북권) 시트를 만들어 봅니다.

44 새 워크시트를 만들어 시트 이름을 '도심권 County'라고 합니다.

45 [County Group] 필드를 필터 선반에 넣고 '도심권'을 선택합니다.

46 [County] 필드를 행 선반에, [c. MTD Profit] 필드를 열 선반에 올리고 [c. MTD Profit] 기준으로 내림차순으로 정렬합니다.

47 행 선반에 있는 [County] 필드에 우클릭해 '머리글 표시'를 해제합니다.

48 텍스트 마크에 아래 필드들을 하나씩 집어넣습니다. [County], [c. MTD Profit], [c. Positive(+) % of Profit Chg.], [c. Negative(-) % of Profit Chg.] 그리고 텍스트 마크를 눌러 텍스트를 편집하고 위치 및 색상을 직접 편집해 봅니다.

49 c. % of Profit change 필드를 색상 마크에 넣고 그림 7-120과 같이 색상을 편집해 봅니다.

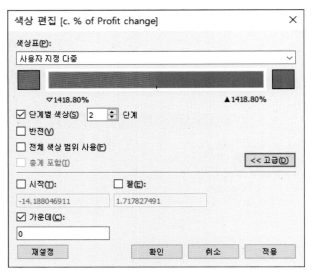

그림 7-120 0을 기준으로 음수에 대한 색상 적용

50 [c. PMTD Profit] 필드를 도구 설명 마크에 넣습니다. 그리고 도구 설명 마크를 그림 7-121과 같이 편집합니다.

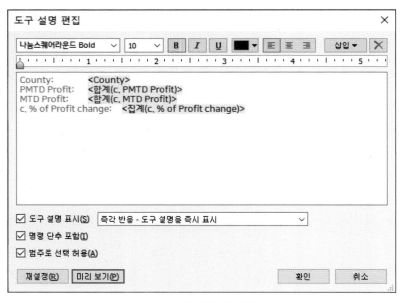

그림 7-121 도구 설명 편집

51 '도심권 County' 시트를 복제해서 나머지 4개(동남권, 동북권, 서남권, 서북권) 시트를 만들어 봅니다. 지금까지 만든 19개 시트를 활용해 하나의 대시보드로 만들어 보겠습니다.

52 새 대시보드 만들기를 선택합니다. 대시보드 크기는 고정된 크기에서 Powerpoint(1600×900)를 선택합니다.

53 세로 개체를 대시보드의 '여기에 시트 놓기' 위에 올립니다. 그리고 그 세로 개체에 'Total Profit', 'MTD Change', 'Profit Ratio' 시트를 차례로 넣고 세 개 워크시트의 제목을 우클릭해 '제목 숨기기'를 선택합니다.

54 '세로 개체' 오른쪽에 'Profit Monthly trend' 시트를 넣습니다.

55 가로 개체를 드래그해서 대시보드 맨 아래에 넣습니다. 이 가로 개체 안에 '도심권', '서남권', '서북권', '동남권', '동북권' 시트를 차례로 넣습니다.

56 그리고 5개 시트 중 임의의 시트를 선택하면 상단에 손잡이 모양 표시가 있는데 이걸 클릭하면 이 시트가 포함된 개체의 전체 영역이 선택됩니다. 즉 5개 시트가 모두 포함된 가로 개체를 선택할 수 있습니다.

그림 7-122 워크시트 상단 손잡이 모양을 더블 클릭해 개체 선택

이 가로 개체에서 우측에 있는 아래 드롭다운 메뉴(세모 옵션 [▼])를 선택하고 '콘텐츠 균등 분할'을 선택하면 이 가로 개체 내 5개 시트가 모두 동일하게 1/ N(1/5)로 균등하게 크기가 조정됩니다.

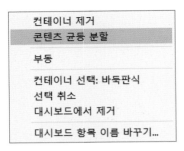

그림 7-123 콘텐츠 균등 분할을 적용해 1/n씩 크기 조정

57 이 가로 개체에 포함된 5개 워크시트 모두 툴바에 있는 맞춤을 '표준'에서 '전체 보기'로 변경합니다.

58 그리고 이 5개 워크시트의 각각의 제목을 우클해 제목 숨기기를 처리합니다.

59 다시 가로 개체를 드래그해서 대시보드 맨 하단에 넣습니다. 이 가로 개체에는 '도심권 MTD Profit', '서남권 MTD Profit', '서북권 MTD Profit', '동남권 MTD Profit', '동북권 MTD Profit'을 차례로 집어넣습니다. 단 앞선 가로 개체에서 넣은 County Group을 기준으로 동일하게 넣습니다.

60 이번에도 이 가로 개체에서 우측에 있는 아래 드롭다운 메뉴(세모 옵션 [▼])를 선택한 후 '콘텐츠 균등 분할'을 선택하면 이 가로 개체 내 5개 시트가 모두 동일하게 1/N(1/5)로 균등하게 크기가 조정됩니다.

61 이 가로 개체에 포함된 5개 워크시트 모두 툴바에 있는 맞춤을 '표준'에서 '전체 보기'로 변경합니다.

62 그리고 이 5개 워크시트의 각각의 제목을 우클릭해 제목 숨기기 처리를 합니다.

63 다시 가로 개체를 드래그해서 대시보드 맨 하단에 넣습니다. 이 가로 개체에 '도심권 County', '서남권 County', '서북권 County', '동남권 County', '동북권 County' 시트를 차례로 넣습니다. 단, 앞선 가로 개체에서 넣은 County Group을 기준으로 동일하게 넣습니다.

64 이 가로 개체에 포함된 5개 워크시트 모두 툴바에 있는 맞춤을 '표준'에서 '전체 보기'로 변경합니다.

65 그리고 이 5개 워크시트의 각각의 제목을 우클릭해 제목 숨기기 처리를 합니다.

66 대시보드를 만드는 과정에서도 워크시트를 기준으로 추가 및 수정하고 싶은 경우들이 발생합니다. 대시보드를 작성하는 지금 여러분은 이 대시보드를 향후에 볼 상사나 동료들이 궁금해하는 새로운 항목들을 추가하고 싶다는 생각이 들 수도 있습니다. 여기에서는 고객들의 Segment를 기준으로 관련 내용을 더 추가해 보겠습니다. 지금까지 작성한 대시보드를 일단 두고 새 워크시트를 임의로 만들어 보겠습니다.

67 새로운 매개 변수를 만듭니다.

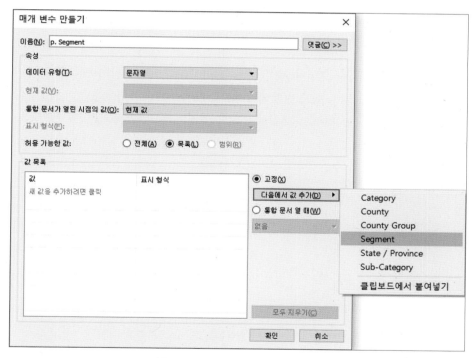

그림 7-124 필드의 값을 모두 매개 변수에 적용

68 앞에서 만든 매개 변수의 값에는 [Segment]라는 필드를 기준으로 추가했습니다. 이 3개 항목을 나누기 전인 전체 값인 All이란 값을 추가하고 드래그해서 맨 위로 배치해 보겠습니다.

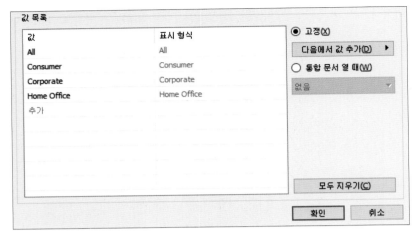

그림 7-125 All을 선택하면 모든 값이 나오도록 설정 가능

69 이 매개 변수를 활용할 수 있도록 계산된 필드를 그림 7-126과 같이 만듭니다. 이 매개 변수의 뜻은 [p. Segment]라는 매개 변수에서 'All'을 포함하거나 차원 필드인 [Segment]와 매개 변수인 [p. Segment]와 같은 경우에는 True, 아니면 False라는 뜻입니다.

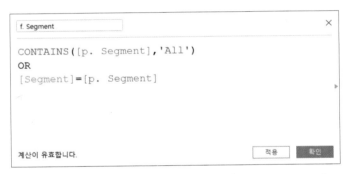

그림 7-126 매개 변수에서 All을 선택해 모든 값이 나오도록 계산식 만들기

위의 계산식은 그 대신 그림 7-127과 같이 만들 수도 있습니다. 단 이 경우에는 필드가 문자열로 이뤄져서 필터로 활용할 때 'True', 'False' 중 'True'만 체크합니다.

3 매개 변수 섹션에 만들어진 [p. Date] 매개 변수를 우클릭해 '매개 변수(컨트롤) 표시'를 선택합니다.

4 이전 실습에서 만든 측정값인 [c. MTD Profit]을 행 선반에 넣습니다.

5 차원에 있는 [Order Date]를 마우스 오른쪽(Mac은 Option키 + 마우스 왼쪽)을 잡고 드래그해서 열 선반에 올립니다. 그리고 나타나는 필드 놓기 대화 상자에서 파란색 불연속형 일 (Order Date)을 선택합니다.

6 만약에 뷰 우측 하단의 회색 버튼으로 null 값이 나온다는 것은 [p. Date] 기준으로 날짜가 2020-10-13입니다. 이때 DATEPART 기준으로 'day'는 13이므로 14 ~ 31까지는 null로 표시됩니다. 여기에서는 화면 구성을 MTD와 PMTD에 대한 '월'만 살펴볼 것이므로 [MTD]와 [PMTD] 필터를 동시에 적용하는 간단한 필드를 만들어 보겠습니다.

7 계산식은 다음과 같습니다.

필드명 – f. MTD or PMTD

계산식 [MTD] OR [PMTD]

8 [f. MTD or PMTD] 필드를 필터 선반에 올리고 '참(또는 True)'을 선택합니다. 그러면 조금 전까지 뷰에서 null로 나오는 날짜들은 제거되고 오직 매개 변수에 설정되는 달(MTD)과 이전 달(PMTD)만 고려됩니다.

9 이전 실습에서 만든 측정값인 [c. PMTD Profit]을 행 선반에 놓고 이중 축을 만듭니다. 그리고 양쪽 축 아무 곳에나 우클릭해 '축 동기화'를 설정합니다.

10 툴바에 있는 맞춤을 '전체 보기'로 변경하고 측정값 이름이라는 색상 범례를 각각 아래 색상으로 변경합니다.

c. MTD – #febc00

c. PMTD – #d3d3d3

11 라인 마크에서 가장 최근 MTD 마크에만 Profit을 표시하려고 합니다. 마크를 '합계(c. MTD)'로 오픈하고 측정값에 있는 [c. MTD] 필드를 레이블 마크 위에 올립니다.

그리고 레이블 마크를 선택한 후 '가장 최근'을 선택합니다. 만약 Profit의 레이블 길이를 조정하고 싶다면 서식 변경을 통해 백만(m)으로 변경합니다.

12 이전 실습에서 만든 [County Group] 필드를 기준으로 매개 변수를 추가로 만들겠습니다. 차원에 있는 [County Group]에 우클릭 〉 만들기 〉 매개 변수를 선택하면 이 매개 변수는 기본적으로 [County Group]에 값들이 포함되어 목록 형태로 나타납니다. 여기에 맨 밑에 있는 '추가'를 눌러서 All을 입력합니다. 그리고 드래그해서 맨 위의 목록으로 이동시킵니다.

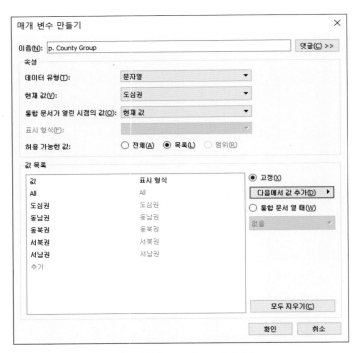

그림 7-132 County Group 매개 변수

그림 7-133 기본 설정이 한국어라 필터에서 (전체)로 표시

우리는 이것을 만드는 사람이라 큰 차이를 못 느끼지만 이 대시보드를 보는 다른 사람 입장에서는 똑같은 기능 같아서 또는 똑같은 표시가 있어야 할 것 같은데 다르게 나와 의문을 가질 수도 있고 심하면 컴플레인을 할 수도 있을 것입니다.

따라서 우리는 매개 변수인지 필터인지 알지만 사용하는 입장에서는 관심을 두지 않아 가급적 오해 없이 구성하는 것이 시각적 분석 결과물을 활용하는 사람에게 도움이 될 것입니다.

13 [p. County Group] 매개 변수를 우클릭해 '매개 변수 표시'를 선택합니다.

14 이 매개 변수를 필터와 연동하기 위해 계산식을 추가로 만듭니다.

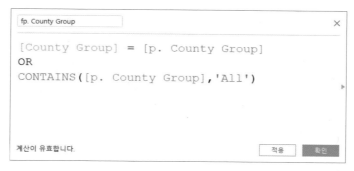

그림 7-134 매개 변수를 반영한 계산식 만들기

15 이 [fp. County Group] 필드를 필터 선반에 올리고 '참(또는 'True')'을 선택하면 [p. County Group]이 바뀔 때마다 해당 매개 변수와 연동된 [County Group]의 값만 나오도록 설정됩니다.

16 이와 같은 방식으로 [Segment] 필드를 활용한 매개 변수와 계산된 필드를 만듭니다. (이전 실습에서 만든 매개 변수와 필드를 그대로 활용해도 됩니다.)

그림 7-135 Segment 필드와 연동한 매개 변수

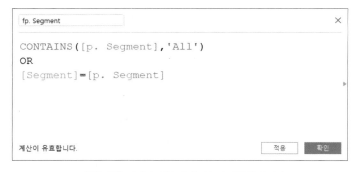

그림 7-136 앞에서 만든 매개 변수와 연동한 계산식

17 앞에서 만든 [fp. Category], [fp. Segment] 필드를 필터 선반에 올리고 '참(또는 True)'을 선택하면 [p. County Group]이 바뀔 때마다 해당 매개 변수와 연동된 [County Group]의 값만 나오도록 설정됩니다.

18 이 시트의 이름을 'MTD vs PMTD daily'로 변경합니다.

19 'MTD vs PMTD daily' 시트를 복제하고 복제된 시트의 이름을 'MTD vs PMTD running total'로 변경합니다.

20 행 선반에 있는 기존 필드를 모두 제거합니다.

21 여기에서는 시트 이름에서도 알 수 있듯이 화면을 누계 형식으로 구성하기 위해 그림 7-137과 같이 계산된 필드를 만듭니다.

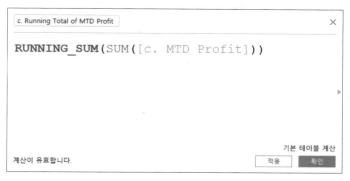

그림 7-137 누적 수익을 표시하기 위한 계산식

22 앞에서 만든 [c. Running Total of MTD Profit] 시트를 복제하고 그림 7-138과 같이 계산식을 편집합니다.

그림 7-138 PMTD 기준 누적 수익 계산식 만들기

23 앞에서 만든 [c. Running Total of MTD Profit]과 [c. Running Total of PMTD Profit] 필드를 각각 행 선반에 올리고 이중 축을 적용합니다. 그리고 매개 변수들을 변경하면서 값을 검증

해 봅니다.

24 이번에는 라인에 마우스 오버했을 때 나오는 도구 설명(tooltip)을 다듬어 보겠습니다. 이 도구 설명 안에 해당 날짜를 표시할 수 있도록 계산식을 하나 만들겠습니다.

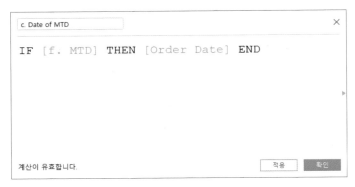

그림 7-139 f. MTD가 참인 경우에 Order Date를 불러옴

25 이 필드를 복제해서 그림 7-140과 같이 PMTD의 날짜 필드도 만들어 보겠습니다.

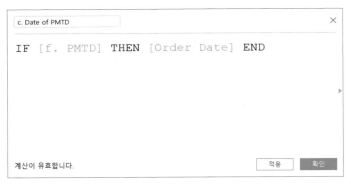

그림 7-140 f. PMTD가 참인 경우에만 Order Date를 불러옴

26 먼저 'c. Running Total of MTD Profit' 마크의 도구 설명에 [c. Date of MTD] 필드를 마우스 오른쪽(Mac은 Option키 + 마우스 왼쪽)을 잡고 드래그해서 넣습니다. 필드 놓기 대화 상자에서 두 번째 있는 'c. Date of MTD(불연속형)'를 선택합니다.

27 그리고 도구 설명을 그림 7-141과 같이 편집합니다.

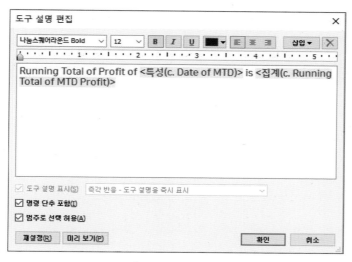

그림 7-141 도구 설명 편집

28 이번에는 'c. Running Total of PMTD Profit' 마크의 도구 설명에 [c. Date of PMTD] 필드를 마우스 오른쪽(Mac은 Option키 + 마우스 왼쪽)을 잡고 드래그해서 넣습니다. 필드 놓기 대화 상자에서 두 번째 있는 'c. Date of PMTD(불연속형)'를 선택합니다.

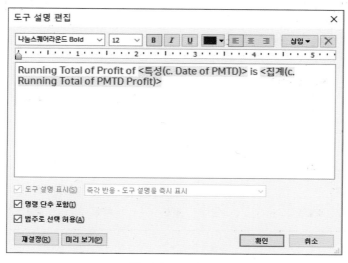

그림 7-142 도구 설명 편집

그리고 마크에 마우스 오버하면 해당 마크까지 누적 수익을 확인할 수 있습니다.

'MTD vs PMTD running total' 시트를 복제합니다. 그리고 복제한 시트의 이름을 'MTD vs PMTD'로 변경합니다.

여기에서는 대시보드 상단에 노출할 요약 정보를 한눈에 살필 수 있도록 구성하겠습니다. 우선 열과 행 선반 그리고 마크에 있는 필드를 모두 제거합니다.

30 마크는 사각형으로 변경합니다.

31 이전 실습에서 만든 [c. % of Profit change] 필드를 색상 마크에 넣습니다. 그리고 이 색상 범례를 더블 클릭해 색상을 그림 7-143과 같이 편집합니다.

색상표를 사용자 지정 다중에 최솟값은 (#ff007f), 최댓값은 (#3b86ff), 단계별 색상은 2단계 그리고 고급 버튼을 눌러 가운데를 0으로 설정합니다.

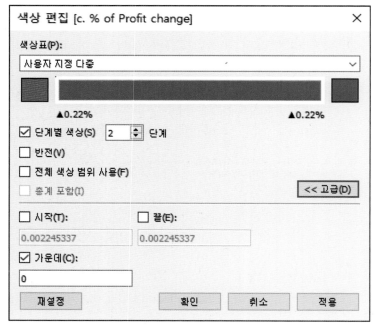

그림 7-143 색상 범례 편집

그러면 0을 기준으로 MTD가 PMTD와 비교해서 상승했으면 파란색으로, 하락했으면 빨간 색으로 딱 2가지 색상으로만 구성했습니다.

32 측정값에 있는 [c. MTD Profit], [c. PMTD Profit], [c. % of Profit change] 필드를 레이블 마크에 올립니다.

33 그리고 그림 7-144와 같이 레이블을 편집합니다. 마크에 이미 진한 색상들을 추가해 여기에서는 레이블의 폰트 컬러를 흰색으로 지정합니다. 그리고 가운데 정렬합니다.

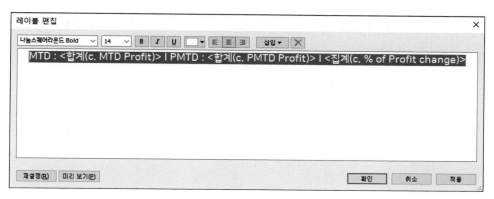

그림 7-144 레이블 편집

그러면 뷰가 그림 7-145와 같이 나옵니다. 즉 PMTD가 MTD보다 하락했으면 붉은색 컬러가, 상승했으면 파란색 컬러가 나옵니다.

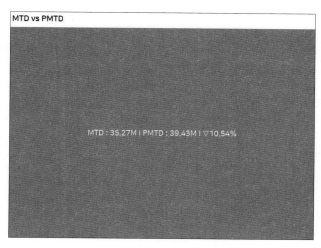

그림 7-145 결과에 따라 하락했으면 붉은색이 나타남

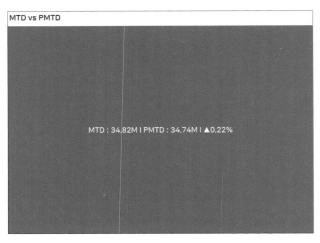

MTD vs PMTD

MTD : 34.82M | PMTD : 34.74M | ▲0.22%

그림 7-146 결과가 플러스면 파란색이 나타남

34 새 대시보드를 만듭니다. 대시보드를 고정된 크기인 '웹 페이지 내장됨(800×800)'으로 구성하겠습니다.

35 대시보드 패널에서 화면을 '바둑판식' → '부동'으로 변경합니다.

36 먼저 'MTD vs PMTD daily' 시트를 부동인 형태로 대시보드 안에 넣습니다.

37 매개 변수 및 색상 범례 등도 역시 부동으로 표시되는데 일단은 상단 빈 곳으로 이동시킵니다.

38 부동인 'MTD vs PMTD daily' 시트의 위치 및 크기를 변경해 보겠습니다. 좌측의 대시보드 패널에서 레이아웃 패널로 변경하고 그림 7-147과 같이 입력합니다.

그림 7-147 대시보드 레이아웃 편집

그러면 부동의 대시보드 위치 및 크기가 변경되는 것을 볼 수 있습니다.

39 개체에서 가로(또는 '세로' 개체도 상관없음) 개체를 부동으로 대시보드에 넣고 레이아웃을 앞에서 설정한 'MTD vs PMTD daily' 시트와 동일한 값으로 넣습니다.

위치 - x: 100, y: 180

크기 - 너비: 600, 높이: 540

40 이 상태에서 'MTD vs PMTD running total' 시트를 앞에서 만든 가로 개체 안에 넣을 예정입니다. 먼저 왼쪽에 있는 패널을 대시보드 패널로 변경하고 시트 중에서 'MTD vs PMTD running total' 시트를 Shift키를 누른 상태에서 드래그해서 이 파란색 가로 개체 안에 넣습니다. 그리고 제목 부분을 우클릭해 '제목 숨기기' 처리를 합니다.

41 그런데 자세히 보면 이 가로 개체 우측에 테두리가 겹쳐서 같이 나타납니다.

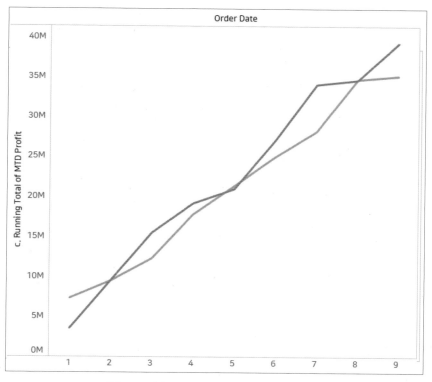

그림 7-148 겹쳐서 나오는 경우에는 레이아웃의 여백 조정

42 테두리가 겹쳐 보이는 것을 없애기 위해 시트를 선택하고 레이아웃 패널에 보면 바깥쪽 여백이 자동으로 상하좌우 4px로 다 설정되는 것을 볼 수 있습니다. 이 값을 모두 0으로 변경하면 겹쳐지는 현상은 사라집니다.

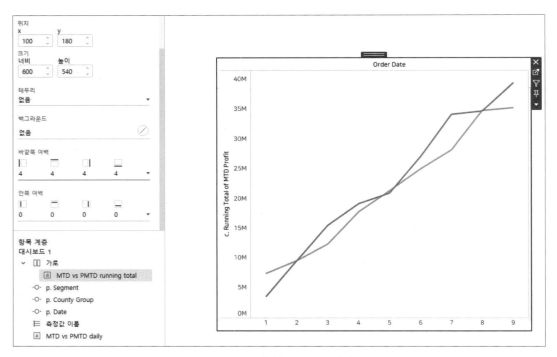

그림 7-149 여백을 모두 0으로 변경

이제 화면 전환을 위해 가로 개체에서 '표시 / 숨기기' 전환 단추를 꺼내 보겠습니다. 방법은 두 가지 중 하나를 선택합니다.

43 대시보드 내 시트를 선택하면 상단에 손잡이 부분이 나타나는데 이 손잡이 부분을 더블 클릭하면 이 시트가 포함된 개체 레이아웃 영역이 잡힙니다. 이때 '표시 / 숨기기 단추 추가'를 선택합니다.

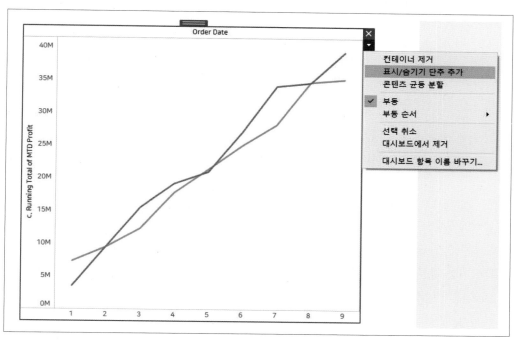

그림 7-150 개체에서 아래 세모 옵션을 선택해야 '표시 / 숨기기 단추 추가' 메뉴가 나타남

44 텍스트로 된 책 안에서 앞의 방식을 하는 것이 이해되지 않는다면 4px이 다음 방법으로 해 봅니다. 대시보드 왼쪽에 있는 패널 중 '레이아웃' 패널의 하단에 보면 '항목 계층'이 있습니다.

여기에서 가로 개체를 선택하면 대시보드 내 가로 개체 영역을 잡기 쉬울 수도 있습니다. 그림 7-151과 같이 영역을 잡은 다음에 '표시 / 숨기기' 단추 추가를 누릅니다.

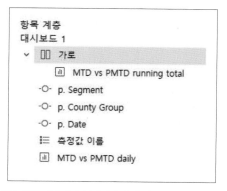

그림 7-151 항목 계층에서 선택하면 해당 개체 영역을 쉽게 선택 가능

45 대시보드 제목을 표시합니다. 그리고 대시보드의 이름을 'MTD vs PMTD Profit Comparison'으로 지정합니다.

46 대시보드 제목 우측에 매개 변수 4개를 모두 배치해 보겠습니다. 우선 가로 개체를 드래그해서 대시보드 상단에 넣습니다.

47 이 가로 개체 안에 대시보드 제목과 매개 변수 4가지를 다음과 같이 차례로 넣습니다. 이때 매개 변수들은 부동인 상태이므로 Shift키를 누른 상태에서 드래그해서 파란색 개체 안에 하나씩 넣습니다.

48 상단에 있는 가로 개체 영역을 편집합니다. 그리고 매개 변수들의 제목에 있는 p.로 시작하는 부분들을 모두 제거합니다. 그 이유는 매개 변수를 만들기 위해 각 매개 변수로 'p.'를 추가했지만 다른 사람들이 이용할 때는 'p.'라는 표시가 어떤 의미인지 모를 수도 있고 이 텍스트로 매개 변수 제목이 일부 잘려 나타날 수 있어 각 매개 변수에 우클릭해 '제목 편집'을 통해서 'p.'를 제거해야 하기 때문입니다.

MTD vs PMTD Profit Comparison
Date
2020-10-09
County Group
All
Segment
All

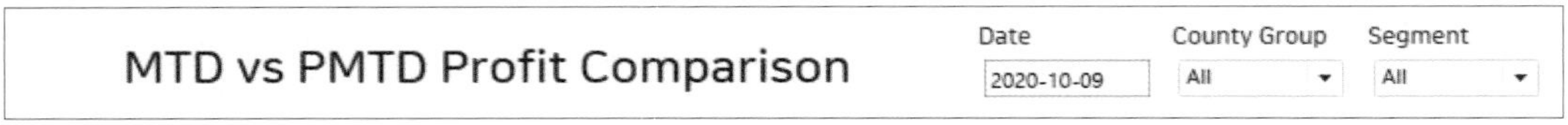

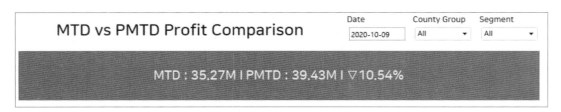

그림 7-152 매개 변수의 원래 이름 대신 제목 편집 가능

49 이제 이 상단 가로 개체와 라인 그래프 사이에 요약 시트인 'MTD vs PMTD'를 드래그해서 넣습니다.

MTD vs PMTD Profit Comparison
Date
2020-10-09
County Group
All
Segment
All
MTD : 35.27M I PMTD : 39.43M I ▽10.54%

그림 7-153 제목도 매개 변수와 같은 가로 개체 안에 배치

50 이제 이 데이터의 원본과 날짜의 범위에 대한 정보를 추가해 보겠습니다. 워크시트를 새로 하나 만듭니다. 이 시트의 이름은 info image로 변경합니다.

51 마크를 '모양' 마크로 변경합니다.

52 계산된 필드를 하나 만듭니다.

필드명: info image

계산식: "info image"

53 앞에서 만든 [info image] 필드를 드래그해서 모양 마크에 넣습니다.

54 여기에 커스텀 이미지(모양 아이콘)를 넣고자 한다면 구글 검색 등을 통해서 무료 아이콘 이미지를 다운로드하거나 파워포인트에서 간단하게 제작하고 PC에 있는 내 문서 〉 내 Tableau 리포지토리 〉 모양에 '인포메이션' 폴더를 만들어 해당 이미지를 넣습니다.

55 모양 마크를 선택하고 모양 다시 로드 버튼을 클릭해 해당 리포지토리의 폴더를 새로고침합니다. 그리고 모양표 선택에서 '인포메이션' 폴더를 선택해서 info image 필드를 넣습니다.

56 필요하다면 그림 7-154처럼 마우스 오버했을 때 데이터의 출처나 조회 기간 등의 부가 설명을 넣으면 좋습니다.

HINT 데이터 출처 및 조회 기간을 계산식으로 간단하게 만들어 별도의 워크시트에 추가합니다. 그리고 그 시트를 info image 시트의 도구 설명 〉 삽입 〉 시트 삽입으로 연결합니다.

그림 7-154 도구 설명을 활용해 데이터 출처 및 조회 기간 추가

완성한 최종 대시보드 이미지입니다.

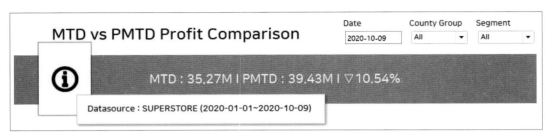

그림 7-155 완성된 화면

(4) 기타 세일즈 대시보드

1 E-commerce Sales Dashboard

이 대시보드의 제작 목적은 채널 그룹별 당월, 전월, 전년 동월 매출을 한 번에 살펴보려는 것입니다.

또한 좌측 하단에 있는 PDF 버튼과 PPT 버튼은 각각 해당 플랫 파일 포맷으로 다운로드가 가능하도록 설정되어 있습니다.

이번에는 우측 상단에 있는 '가이드 표시하기' 버튼을 누르면 숨어 있던 대시보드 활용법(가이드)의 설명 문구가 나타나도록 처리했습니다.

e-commerce Sales Dashboard

가이드 숨기기

기준 연월
2020년 12월

↓ 채널 그룹에 마우스 오버시 [+]/[-] 버튼을 클릭하시면
상세 채널<->채널 그룹별 매출을 확인하실 수 있습니다.

채널별 매출

채널 그룹	당월 매출	전월 매출	전월 대비	전년 동월 매출	전년 동월 대비
플랫폼커머스	5.02억원	4.99억원	▲0.58%	2.53억원	▲98.72%
소셜커머스	4.13억원	4.02억원	▲2.87%	2.73억원	▲51.55%
오픈마켓	4.13억원	3.97억원	▲4.14%	1.93억원	▲113.81%
종합몰	2.38억원	2.18억원	▲9.12%	1.06억원	▲125.49%
대형마트몰	0.26억원	0.30억원	▽13.83%	0.16억원	▲60.33%
전문몰	0.17억원	0.18억원	▽3.02%	0.14억원	▲25.50%

당월 매출

19.08억원

전월 매출

18.49억원
(▲3.21%)

전년동월 매출

9.97억원
(▲91.41%)

PDF   PPT

작성자 : 이커머스 세일즈팀 강승일

그림 7-156 상위 레벨의 매출을 본 후 채널 그룹에 [+]를 누르면 상세 채널로 드릴다운

'가이드 표시하기'를 누르면 채널별 매출 시트에서 '채널 그룹' 머리글에 있는 [+] 또는
[-] 버튼을 눌러 drill-down, drill-up할 수 있다는 텍스트를 추가해 사용성을 높일 수 있
습니다.

그리고 나서 우측 상단에 있는 '가이드 숨기기' 버튼을 누르면 해당 도움말이 사라지
도록 처리할 수 있습니다. 이 기능은 탐색(Navigation) 개체를 활용해서 구현할 수 있
습니다.

e-commerce Sales Dashboard

기준 연월

2020년 12월 ▼

채널별 매출

	당월 매출		채널 그룹	상세 채널	당월 매출	전월 매출	전월 대비	전년 동월 매출	전년 동월 대비
	19.08억원		플랫폼커머스	네이버 스토아팜	5.01억원	4.99억원	▲0.59%	2.52억원	▲98.76%
				카카오선물하기	0.01억원	0.01억원	▽7.18%	0.00억원	▲63.75%
			소셜커머스	쿠팡	2.02억원	2.05억원	▽1.54%	1.11억원	▲82.37%
				위메프	1.61억원	1.48억원	▲9.30%	1.35억원	▲19.92%
				티몬	0.50억원	0.49억원	▲1.92%	0.27억원	▲82.30%
	전월 매출		오픈마켓	G마켓	2.33억원	2.14억원	▲8.45%	1.11억원	▲108.92%
				11번가	0.99억원	0.93억원	▲6.25%	0.45억원	▲116.83%
				옥션	0.76억원	0.83억원	▽9.10%	0.31억원	▲140.85%
	18.49억원			인터파크	0.06억원	0.06억원	▲0.59%	0.05억원	▲26.89%
	(▲3.21%)		종합몰	현대몰	0.78억원	0.65억원	▲20.31%	0.28억원	▲176.68%
				GS 샵	0.66억원	0.70억원	▽6.35%	0.30억원	▲116.97%
				신세계몰	0.30억원	0.27억원	▲9.40%	0.18억원	▲63.05%
				롯데몰	0.29억원	0.25억원	▲16.38%	0.13억원	▲125.93%
	전년동월 매출			CJ오쇼핑	0.16억원	0.14억원	▲17.99%	0.09억원	▲76.59%
				롯데닷컴	0.13억원	0.11억원	▲15.15%	0.06억원	▲107.55%
				GS홈쇼핑	0.05억원	0.04억원	▲5.53%	0.00억원	▲6314.19%
				AK몰	0.01억원	0.01억원	▽1.54%	0.00억원	▲793.58%
	9.97억원			SK스토아	0.00억원	0.00억원	▲149.53%	0.00억원	▲147.14%
	(▲91.41%)		대형마트몰	이마트몰	0.26억원	0.30억원	▽13.83%	0.16억원	▲60.33%
			전문몰	올&쇼핑	0.14억원	0.15억원	▽3.94%	0.11억원	▲34.33%
				YES24	0.02억원	0.02억원	▲2.19%	0.00억원	▲327.57%
				이지웰	0.01억원	0.01억원	▲3.43%	0.00억원	▲402.62%
				마켓컬리	0.00억원	0.01억원	▽4.24%	0.03억원	▽81.41%

작성자 : 이커머스 세일즈팀 강승일

PDF PPT

그림 7-157 우상단 가이드 숨기기 ↔ 가이드 표시하기에 따라 안내 문구 표시 / 숨기기

2 시도별 제품 중분류별 매출 대시보드

이 대시보드는 모든 시도의 매출 추이를 한눈에 보기 위해 화면을 5개씩 잘라서 표현했습니다. 또한 앞에서 실습한 것처럼 카드 표시 / 숨기기 기능을 통해 화면을 스와프하면서 살펴볼 수 있게 했습니다.

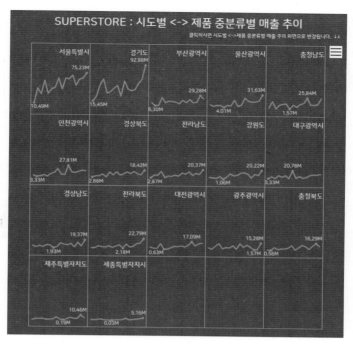

그림 7-158 시도 기준 매출 추이

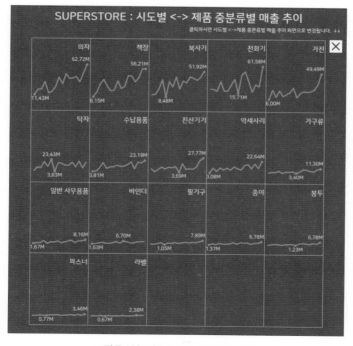

그림 7-159 제품 중분류 기준 매출 추이

3 Sales KPI by State

그림 7-160은 콤팩트(600×600) 사이즈 대시보드 예시입니다. 이 시도별 KPI 대시보드는
우측 상단에 있는 정렬 기준에 따라 순위를 내림차순으로 정렬할 수 있습니다.

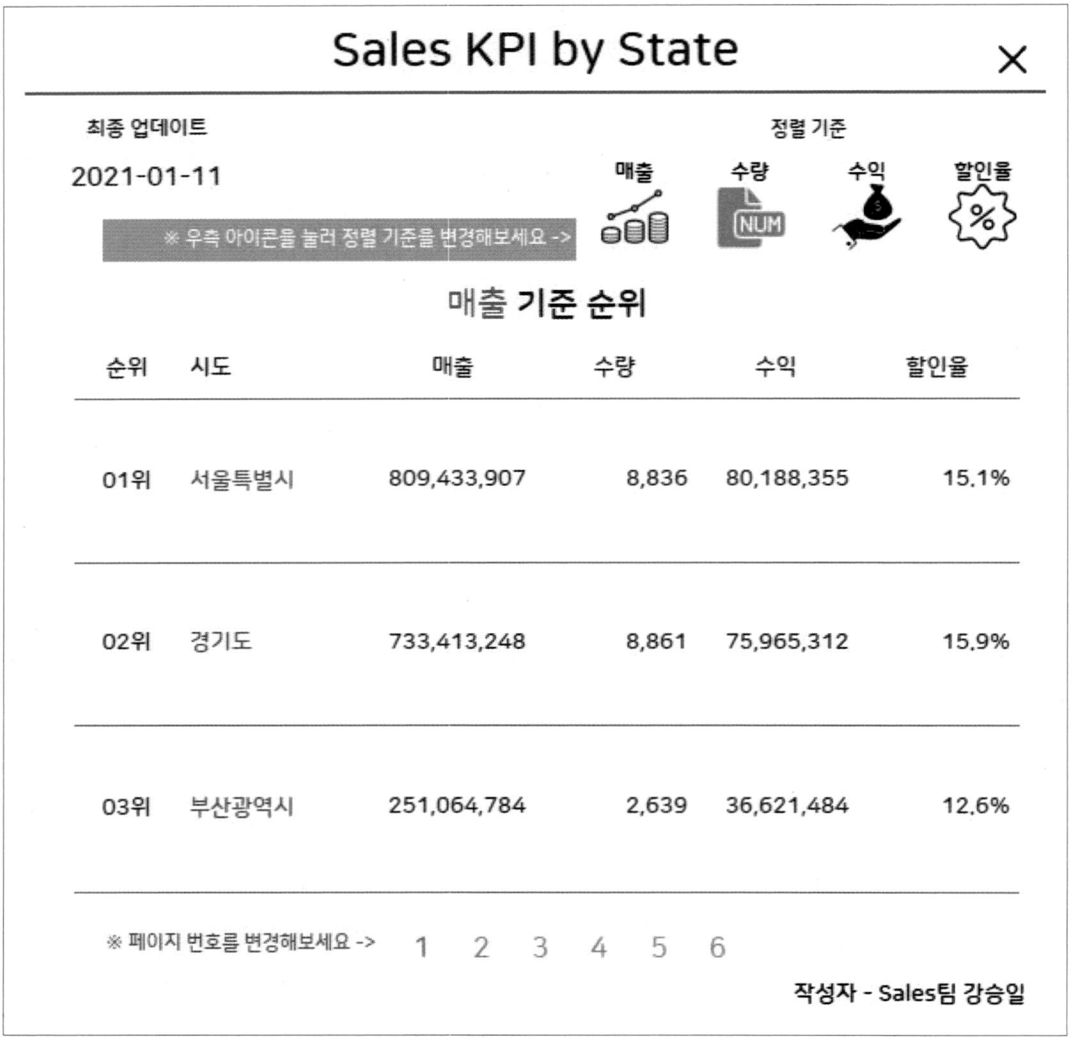

Sales KPI by State ✕

최종 업데이트

2021-01-11

정렬 기준

매출   수량   수익   할인율

※ 우측 아이콘을 눌러 정렬 기준을 변경해보세요 ->

매출 기준 순위

순위	시도	매출	수량	수익	할인율
01위	서울특별시	809,433,907	8,836	80,188,355	15.1%
02위	경기도	733,413,248	8,861	75,965,312	15.9%
03위	부산광역시	251,064,784	2,639	36,621,484	12.6%

※ 페이지 번호를 변경해보세요 ->   1   2   3   4   5   6

작성자 - Sales팀 강승일

그림 7-160 매출 기준 1페이지(1 ~ 3위) 화면

또한 하단에 있는 페이지 번호를 클릭해 페이징 처리할 수 있습니다. 이때 매개 변수 변경 작업을 활용하면 테이블 형태를 스크롤 없이 한 화면에서 처리할 수 있습니다.

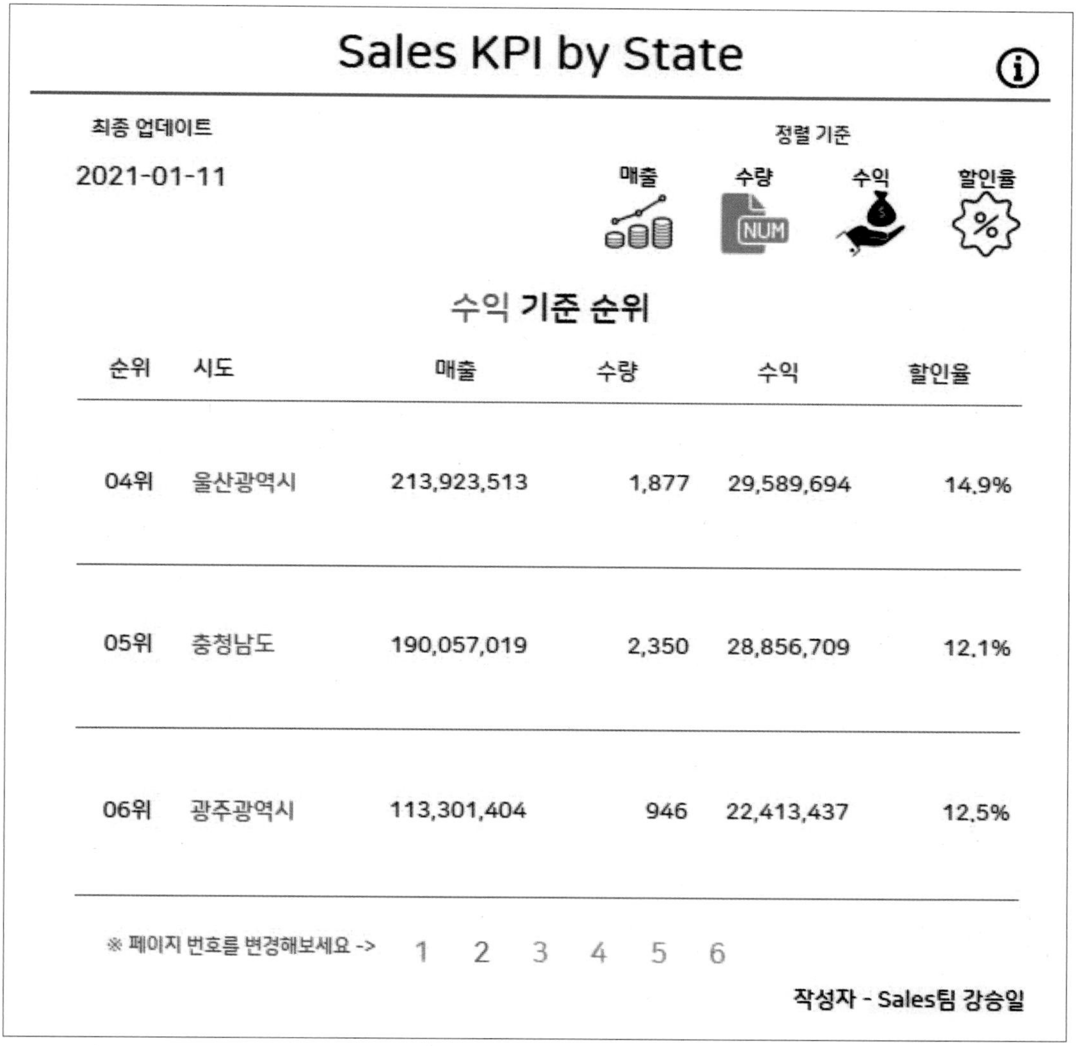

Sales KPI by State ⓘ

최종 업데이트
2021-01-11

정렬 기준

매출   수량   수익   할인율

수익 기준 순위

순위	시도	매출	수량	수익	할인율
04위	울산광역시	213,923,513	1,877	29,589,694	14.9%
05위	충청남도	190,057,019	2,350	28,856,709	12.1%
06위	광주광역시	113,301,404	946	22,413,437	12.5%

※ 페이지 번호를 변경해보세요 ->   1   2   3   4   5   6

작성자 - Sales팀 강승일

그림 7-161 수익 기준 2페이지(4 ~ 6위) 화면

4 Monthly Sales Dashboard

이번 대시보드는 앞에서 실습한 대시보드와 유사한 형태입니다. 다만 여기에서는 상단에 날짜를 조정할 수 있는 매개 변수가 3개 있고, 이 기준에 따라 화면을 동적으로 처리할 수 있게 설정했습니다.

연도와 월을 설정하고 그 기준으로 최근 N개월 동안의 추세를 막대로 살펴보는 대시보드입니다.

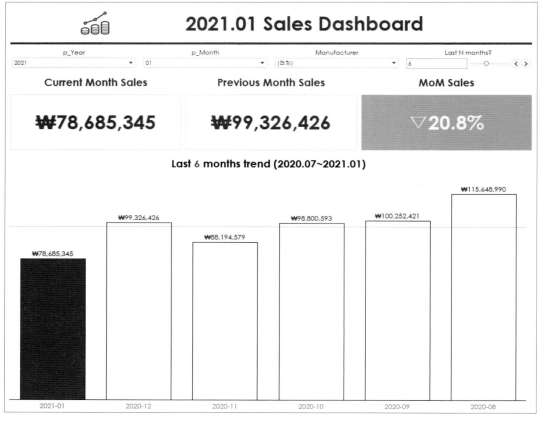

그림 7-162 최근 N개월 동안 추이 대시보드

04 | 농업 분야 대시보드

(1) 지역별 논경지 면적 변화

KOSIS에 있는 지역별 논경지 면적 변화 데이터로 아래 대시보드를 구성해 보겠습니다.

데이터 원본 – 논경지 면적_시도_시_군.xlsx(출처 – 국가통계데이터포털)입니다.

여기서 생각해 볼 점은

첫째, 엑셀처럼 Tableau에서 피벗 적용이 가능한가요?
둘째, 매개 변수에 따라 색상을 일괄적으로 변경하는 방법이 있을까요?
셋째, 레이블을 원하는 위치에 표현하는 방법이 있을까요?

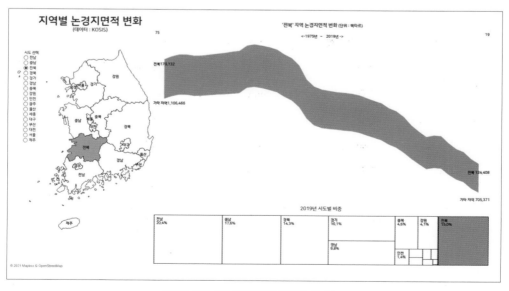

그림 7-163 3개 워크시트로 구성된 대시보드

1 데이터에 연결 > 파일에 연결 > Microsoft Excel > 논경지 면적_시도_시_군.xlsx 파일을 연결합니다.

2 데이터 시트를 드래그해서 캔버스에 올립니다.

3 하단에 있는 데이터 그리드는 총 18개 행으로 이루어져 있습니다. 17개 시도와 이 17개 시도의 총합인 '전국'이라는 필드값까지 총 18개로 되어 있는데 중요한 연도별 논경지 면적이 열(Column)로 구성되어 있습니다. 이것들을 피벗(Pivot)을 적용해 보겠습니다.

4 데이터 그리드에 있는 1975 필드를 클릭해 하단에 있는 스크롤을 우측 끝까지 밀어서 최근 연도의 데이터인 2019 필드까지 이동하고 Shift키를 누른 상태에서 2019 필드를 클릭합니다. 그러면 1975 필드부터 2019 필드까지 중간에 있는 모든 연도의 필드가 선택됩니다. 그리고 2019 필드명 우상단에 있는 드롭다운 메뉴(아래 세모 옵션([▼]))를 클릭해 피벗을 선택합니다.

그러면 연도별로 열 방향으로 길게 늘어선 필드들이 '피벗 필드명'과 '피벗 필드값'으로 정리됩니다.

Abc	Abc	#
데이터	피벗	피벗
행정구역별	**연도**	**헥타르**
전국	1975	1,276,599
전국	1976	1,290,001
전국	1977	1,303,161
전국	1978	1,311,959
전국	1979	1,310,970

그림 7-164 피벗 적용 결과

5 피벗 적용된 필드의 이름을 '피벗 필드명'은 '연도'로, 피벗 필드값은 '헥타르'로 변경하겠습니다.

6 [헥타르] 필드는 숫자로 되어 있는데 왜 문자열로 인식될까요? 데이터 원본을 처음 불러왔을 때 1975 ~ 2019 필드 중 일부는 문자열로 또 일부는 숫자(정수)로 인식되었는데 이들이 피벗 적용되면서 문자열로 통일되었습니다. 추후에 이 필드를 숫자 형태로 비교해 보기 위해 [헥타르] 필드명 상단에 있는 'Abc'를 클릭해 '숫자(정수)'를 선택합니다.

7 시트로 이동합니다. 그러면 좌측 사이드바에 있는 데이터 원본이 측정값은 없이 차원들로만 구성되는데, 헥타르는 앞에서도 언급한 것처럼 숫자 형태로 추후에 연간 헥타르와 시도별 헥타르에 대한 구성 비율도 구할 것입니다. 따라서 차원에 있는 불연속형 필드를 측정값으로 이동시켜야 합니다. 차원에 있는 [헥타르] 필드에 우클릭 〉 측정값으로 변환을 선택합니다.

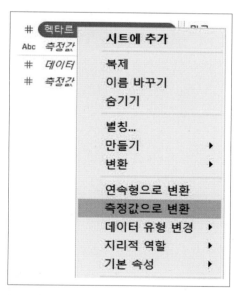

그림 7-165 차원에 있는 필드를 측정값으로 변환

이제는 가운데 그레이색 라인을 기준으로 그 위에 차원에서 그 아래인 측정값 영역으로 이동한 것을 확인할 수 있습니다.

테이블

Abc **시도**

Abc **연도**

Abc *측정값 이름*

\# **헥타르**

\# *데이터 (카운트)*

\# *측정값*

그림 7-166 이제 헥타르 필드는 측정값이 됨

8 이번에는 데이터들을 살펴보겠습니다. [시도] 필드를 행 선반에 넣고 [헥타르] 필드를 더블
클릭해서 테이블 형태로 표시하고 내림차순으로 정렬합니다.

그러면 [시도] 필드에는 총 18개 필드가 있는데 17개 시도 외에 '전국'이라는 필드값이 있는
것을 확인할 수 있습니다. 이 '전국'이라는 값은 나머지 17개 시도의 헥타르를 전체 드래그
한 값과 동일한 것을 확인할 수 있습니다.

시도	
전국	52,326,705
전남	9,470,100
충남	8,179,681
경북	7,753,150
전북	7,384,506
경기	6,504,787
경남	6,047,156
충북	3,043,264
강원	2,372,631
인천	441,054
광주	319,690
부산	241,512
대구	193,387
울산	170,758
대전	99,723
서울	51,444
세종	33,027
제주	20,836

✓ 이 항목만 유지 ✕ 제외 ⊘ ⬆ ⬇ ⊘ ▾ ▦

17개 항목 선택됨 · 합계(헥타르): 52,326,706

그림 7-167 수시로 검증하기

즉 '전국'은 나머지 17개 시도의 총합이라고 볼 수 있습니다. 그런데 현재 상태로 데이터를
시각적 분석을 하면 나머지 17개 시도와 달리 전국은 값이 크게 표시되어 데이터 분석을 할
때 나머지 17개 시도와 레벨이 다릅니다. 또한 추후에 맵으로 시도별 헥타르를 표현하기 위
해 마크를 표시하면 전국의 위치를 맵에 표시할 수 없습니다. 따라서 [시도] = '전국'은 데이
터 원본에서 제외 처리하겠습니다.

9️⃣ 데이터 원본 페이지로 이동합니다. 뷰 우측 상단에 있는 데이터 원본 필터 〉 추가 〉 데이터
원본 필터 편집: 추가 〉 시도 〉 '전국'을 체크한 후 '제외' 버튼을 선택하고 확인 버튼을 누릅
니다. 그리고 나서 다시 시트로 이동하면 '전국'은 제외된 것을 확인할 수 있습니다.

시도	
전남	9,470,100
충남	8,179,681
경북	7,753,150
전북	7,384,506
경기	6,504,787
경남	6,047,156
충북	3,043,264
강원	2,372,631
인천	441,054
광주	319,690
부산	241,512
대구	193,387
울산	170,758
대전	99,723
서울	51,444
세종	33,027
제주	20,836

그림 7-168 '전국' 값이 제외된 것을 볼 수 있음

시도별 헥타르에 대한 검증은 끝났습니다. 툴바에 있는 '시트 지우기'를 눌러서 시트 전체를
초기화합니다. 이제부터는 시도별 맵 형태 화면을 구성해 보겠습니다.

10 [행정 구역별] 필드는 조금 더 익숙하고 쉽게 알 수 있도록 필드명을 [시도]로 변경합니다.

11 그리고 [시도] 필드 왼쪽에 있는 'Abc'를 선택하고 지리적 역할에서 '시 / 도'를 선택합니다.

12 [시도] 필드를 더블 클릭하면 뷰에는 맵 형태로 17개 시도가 기본 마크로 표시됩니다.

13 마크는 원 자동에서 맵 마크로 변경합니다.

14 우리나라 영역만 보여 주기 위해 상단 맵 메뉴 > 맵 계층 > 백그라운드 − 투명도 = 0%로 변경합니다. 그리고 맵 계층을 닫습니다.

15 마크의 색상을 흰색으로 변경합니다.

16 시도 레이블을 표시하기 위해서 마크 섹션의 세부 정보에 있는 [시도]를 드래그해서 레이블 마크로 옮깁니다. 그러면 17개 시도명이 레이블로 표시됩니다.

17 그다음엔 매개 변수를 만들어서 매개 변수에서 선택한 시도에 별도의 색상을 추가해 보겠습니다. 차원에 있는 [시도] 필드 우클릭 > 만들기 > 매개 변수를 선택하고 매개 변수의 이름만 'p. 시도'로 변경 후 확인 버튼을 누릅니다. 그러면 매개 변수 섹션에 [p. 시도]가 생성된 것을 볼 수 있습니다.

18 [p. 시도] 매개 변수에 우클릭 > '매개 변수 표시'를 선택합니다.

19 이번에는 계산식을 만들겠습니다.

필드명 - h. 시도

계산식 - [시도] = [p. 시도]

이 계산식의 의미는 차원에 있는 [시도]와 매개 변수인 [p. 시도]가 동일한 경우와 아닌 경우를 구분하기 위한 새로운 필드입니다. 필드명 [h. 시도]는 별도의 색상으로 하이라이팅(highlighting) 역할로 활용하기 위해서 [h.시도]라고 필드명을 설정했습니다.

20 [h. 시도]를 드래그해서 색상 마크에 올립니다. 그러면 매개 변수에 있는 기본값 시도와 다른 시도들이 색상으로 구분됩니다. 그리고 [p. 시도] 매개 변숫값을 변경해서 색상이 바뀌는지 확인해 봅니다.

21 검증이 끝났다면 대시보드 주제(농업)에 맞게 색상을 녹색으로 편집해 보겠습니다. 색상 마크를 선택하고 색상 편집을 선택한 후 [p. 시도]와 동일한 시도는 참입니다. 따라서 참은 #8fb202 컬러로 변경하고, 거짓은 흰색(#ffffff)으로 설정합니다.

22 시트의 이름을 '시도별 맵'으로 변경합니다.

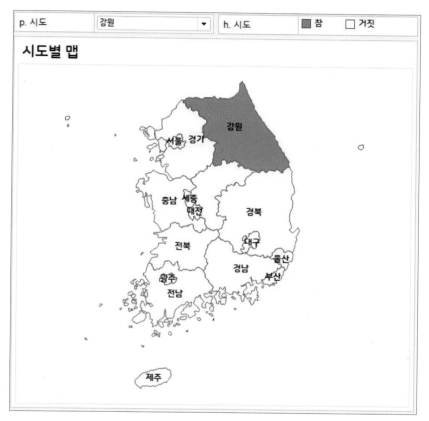

그림 7-169 매개 변수에 따라 색상이 변경되는 것을 볼 수 있음

23 새로운 워크시트를 선택합니다. 그리고 시트의 이름을 '선택 시도 논경지 면적'이라고 변경하고 화면을 구성하겠습니다.

24 [연도] 필드는 열 선반에, [헥타르] 필드는 행 선반에, 마크는 '영역'으로 변경합니다. 그리고 툴바에 있는 맞춤은 '표준'에서 '전체 보기'로 변경합니다.

25 [h. 시도] 필드는 색상 마크에 넣습니다. 그러면 이전 시트에서 [h. 시도]가 참(True)인 경우에는 녹색 계열 색상으로 표시됩니다.

26 [h. 시도]라는 색상 필드에서 '참'을 드래그해서 거짓 위로 올립니다. 그러면 뷰의 영역 차트 상단에 참(녹색)이 표시됩니다.

27 [h. 시도]의 '참'에 해당하는 녹색 계열을 좀 더 눈에 띄게 표시하기 위해 색상 마크를 선택하고 불투명도를 '100%'로 변경합니다.

28 열에 있는 [연도] 필드의 머리글이 하단에 있는데 이것을 상단으로 위치를 조정하겠습니다. 상단 '분석' 메뉴 〉 테이블 레이아웃 〉 고급 〉 '세로 축이 있을 때 보기 하단의 가장 안쪽 수준 표시'를 체크 해제합니다. 그러면 하단에 있던 열의 머리글이 상단으로 올라옵니다.

29 그런데 [연도]의 머리글이 4자리로 나와서 다소 복잡해 보입니다. 간단한 계산식을 만들어서 4자리 연도를 2자리로 변경하겠습니다. 이런 경우에는 먼저 해당 필드의 데이터 유형을 살펴봐야 합니다. 줄이려는 [연도] 필드는 문자열입니다. 그래서 간단하게 다음과 같이 계산식을 만들 수 있습니다.

필드명 - YY

계산식 - RIGHT([연도], 2)

열 선반에 있는 [연도] 필드 대신 [YY] 필드를 열 선반에 올립니다. 그러면 문제가 발생합니다. 여기 데이터 원본은 1975 ~ 2019년까지 [연도] 필드가 있는데 끝에 두 자리만 잘라서 활용하면 순서가 75년부터 19년까지가 아니라 00 ~ 19, 75 ~ 99 순서로 나옵니다.

이 경우에는 물론 [YY] 필드의 정렬 순서를 수동으로 변환해서 처리할 수는 있지만 그러면 수동 변경을 많이 해야 하므로 추천하지 않습니다.

여기에서는 단순히 4자리 머리글이 복잡해 보여서 2자리로 줄이는 게 목표라면 데이터 유형을 우선 [날짜] 타입으로 변경합니다. 그러면 앞에서 만든 [YY] 필드는 문자열 기준으로 만들어 에러가 표시됩니다. [YY] 필드는 우클릭해 '삭제'를 선택합니다.

30 날짜 타입으로 변경된 [연도] 필드에 우클릭 〉 기본 속성 〉 사용자 지정 〉 서식을 YY로 입력합니다.

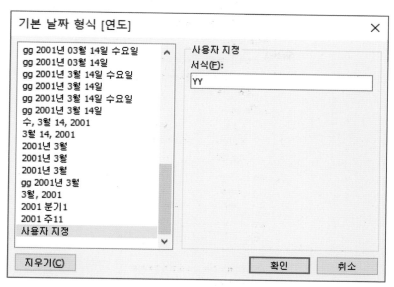

그림 7-170 원하는 날짜 형식으로 변경

그러면 데이터 원본에 시작 연도인 75(1975)부터 마지막 19(2019)까지 순차적으로 나오는 것을 확인할 수 있습니다.

31 '연도' 머리글 위에 있는 '연도'라는 열에 대한 필드 레이블은 숨기기 처리합니다.

32 측정값에 있는 [헥타르] 필드를 드래그해서 레이블 마크에 올립니다.

33 레이블 마크를 선택하고 '최소 / 최대'를 선택하고 그 범위를 패널로, 필드는 '연도'를 선택합니다. 그러면 연도를 기준으로 최소(1975년), 최대(2019)의 레이블 합계(헥타르)가 [h. 시도]의 참인 시도와 거짓 영역이 함께 표시됩니다.

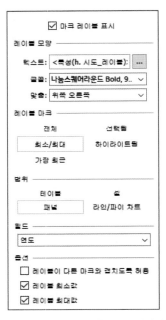

그림 7-171 레이블을 표시할 범위 설정

34 [h. 시도]에 대한 참과 거짓 값을 표시하기 위해 그림 7-172와 같이 계산식을 만듭니다.

h. 시도_레이블

IIF([h. 시도],[시도],"기타 지역")

계산이 유효합니다.   적용   확인

그림 7-172 h. 시도 값이 참인 경우만 시도 필드를 가져옴

35 [h. 시도_레이블] 필드는 드래그해서 도구 설명 마크에 추가합니다.

36 뷰 왼쪽에 있는 '헥타르' 축은 우클릭 〉 축 편집 〉 범위: 0 포함은 체크 해제합니다. 그러면 축이 0이 아니라 최솟값 언저리부터 시작하면서 범위가 좁아져 축에 대한 편차가 커지는 효

과를 볼 수 있습니다.

37 뷰 왼쪽에 있는 '헥타르' 축에 우클릭해 '머리글 표시'를 해제합니다.

38 새 워크시트를 만듭니다. 이 워크시트에서는 17개 시도에 대한 논경지 면적에 대한 비중을 트리맵으로 구성해 보겠습니다. 이 시트의 이름은 '시도별 논경지 면적 비중'으로 변경합니다.

39 차원에 있는 [시도] 필드를 선택하고 Ctrl키(Mac은 Command키)를 누른 상태에서 측정값에 있는 [헥타르] 필드를 선택합니다. 그리고 뷰 우측 상단에 있는 '표현 방식'에서 '트리맵'을 선택합니다. 그러면 시도별 논경지 면적 헥타르에 따라 크기가 다르게 표현됩니다.

TIPS

트리맵을 선택한 이유는 여기서 다루는 주제가 논경지 면적에 대한 부분으로 논밭과 같은 땅 면적 크기를 비슷하게 보여 주는 시각적 표현이 트리맵 형태이기 때문입니다.

40 색상 마크에 들어간 합계(헥타르) 필드는 밖으로 던져서 제거하고 그 대신 [h. 시도] 필드를 색상 마크에 넣습니다.

41 색상 마크에서 효과 테두리를 검은색으로 설정합니다.

42 측정값에 있는 [헥타르] 필드를 드래그해서 레이블 마크에 올리고 퀵 테이블 계산 〉 '구성 비율'을 선택합니다. 그리고 숫자에 대한 서식을 백분율 소수점 첫째 자리로 변경합니다.

43 새 대시보드를 선택합니다. 대시보드 크기는 고정된 크기에서 PowerPoint(1600×900)를 선택합니다.

44 가로 개체를 드래그해서 대시보드 안에 넣습니다.

45 시트에서 '시도별 맵'을 드래그해서 가로 개체 안에 넣습니다.

46 빈 페이지 개체를 가로 개체 안의 '시도별 맵' 시트 오른쪽에 넣습니다.

47 대시보드 내 표현 방식을 '바둑판식'에서 '부동'으로 모드를 변경합니다. 그리고 세로 개체를 드래그해서 부동 형태로 대시보드 내 임의의 영역에 둡니다.

48 Shift키를 누른 상태에서 '선택 시도 논경지 면적' 시트를 드래그해서 세로 개체 안에 넣습니다.

49 그리고 Shift키를 누른 상태에서 '시도별 논경지 면적 비중' 시트를 드래그해서 세로 개체 안의 '선택 시도 논경지 면적' 시트 안에 넣습니다.

50 대시보드 내 색상 범례인 'h. 시도'는 제거합니다.

51 매개 변수인 [p. 시도]는 형태를 '압축 목록' → '단일값 목록'으로 변경합니다.

52 매개 변수인 [p. 시도]는 부동으로 변경하고 위치를 시도별 맵 근처로 변경합니다.

53 매개 변수인 [p. 시도]의 제목을 '시도 선택'으로 변경합니다.

54 대시보드의 이름은 '지역별 논경지 면적 변화'로 변경합니다. 기타 필요한 내용은 서식 변경 및 개체 등을 적용해 완성도를 높여 봅니다.

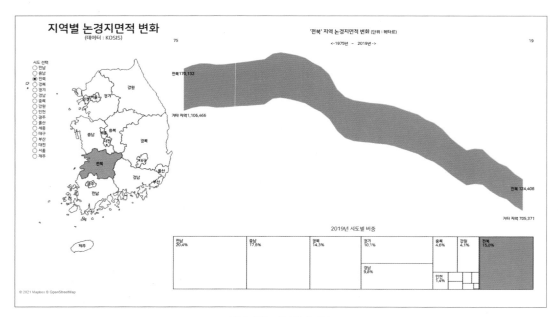

그림 7-173 완성된 대시보드

하단의 트리맵을 특정한 연도를 기준으로 필터를 적용해 구성하고 싶다면 다음과 같이 한 번 구성해 봅니다. 상단 '대시보드' 메뉴 > 동작 (작업) > 동작 추가 > 필터를 선택하고 다음과 같이 구성해 봅니다. 단, 이때 유의해야 하는 것은 대상 필터에서 모든 필드로 필터를 적용하는 것이 아니라 '연도'만 설정해야만 각 연도 비중 값을 '시도별 논경지 면적 비중(트리맵)' 시트에서 확인할 수 있습니다.

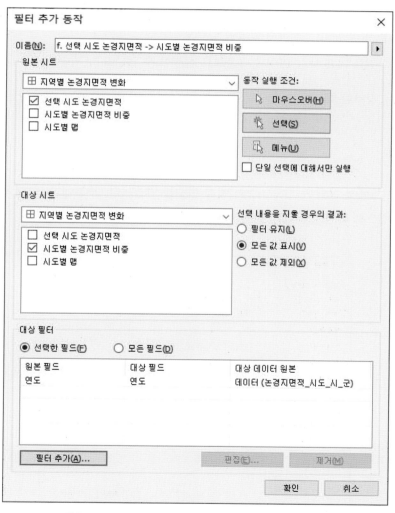

그림 7-174 세부적인 필터 적용을 원한다면 대상 필터를 사용자 지정

(2) 지역별 논경지 헥타르

17개 시도를 개별 맵으로 분할하고 해당 맵에 마우스 오버했을 때 전국 맵에서 해당 시도 위치에 하이라이팅 처리해 보겠습니다.

데이터 원본 – 논경지 면적_시도_시_군.xlsx

여기서 생각해 볼 점은

첫째, 한 화면을 여러 개로 분할하는 방법이 있나요?

둘째, 완성한 화면을 PDF 또는 PPT로 다운로드 설정할 수 있나요?

앞선 실습에서 정리한 데이터를 그대로 활용하겠습니다. 해당 데이터 원본을 연결한 상태에서 진행합니다.

1 새 워크시트에서 그림 7-175와 같이 매개 변수를 만듭니다. 추후에 이 매개 변수를 활용해서 열 방향으로 화면을 3 ~ 6분할까지 적용할 예정입니다.

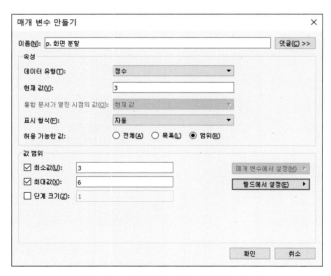

그림 7-175 화면 분할을 위한 매개 변수 만들기

2 그림 7-176, 그림 7-177과 같이 두 개의 계산된 필드를 만듭니다.

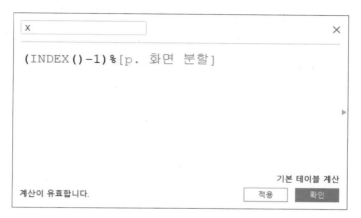

그림 7-176 X는 %를 활용해 나머지를 구함

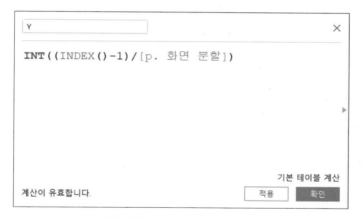

그림 7-177 Y는 나눈 다음에 정수로 변환

3 측정값에 생성된 [X], [Y] 필드를 모두 불연속형으로 변환합니다.

4 마크를 '맵'으로 변경합니다.

5 [X] 필드를 열 선반에, [Y] 필드를 행 선반에 올립니다.

6 [시도]를 레이블 마크에 올립니다.

7 열 선반에 있는 [X]와 행 선반에 있는 [Y]를 각각 우클릭 〉 테이블 계산 편집 〉 다음을 사용하여 계산 〉 특정 차원 – 시도 체크 후 확인을 선택합니다.

그림 7-178 X가 바라보는 차원 지정

그림 7-179 Y가 바라보는 차원 지정

8 툴바에 있는 맞춤을 표준 → 전체 보기로 변경합니다. 그러면 열 방향으로 3분할된 화면을 볼 수 있습니다. 그 이유는 매개 변수인 [p. 화면 분할]에서 최솟값이 현재 값으로 설정되어 있는데 매개 변수의 범위를 3 ~ 6단계로 설정했기 때문입니다.

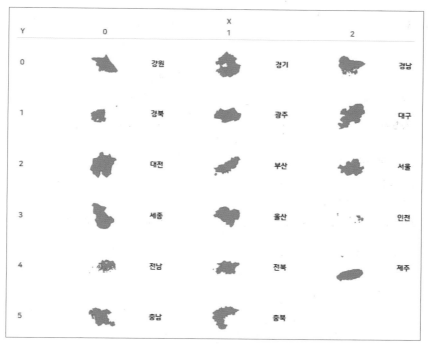

그림 7-180 17개 시도가 3분할됨

9　차원에 있는 [시도] 필드에 우클릭 〉 만들기 〉 '집합'을 선택합니다. 집합의 이름은 '시도 Set'로 입력하고 17개 시도 중 임의로 '충남'을 선택한 후 확인 버튼을 누릅니다.

10　[시도 Set]를 드래그해서 색상 마크에 넣습니다. 그런데 이 경우에는 X와 Y의 틀이 깨집니다. 그 이유는 X와 Y라는 테이블은 기존에 있던 시도를 기준으로 구분되었는데 [시도 Set]라는 조건이 하나 더 추가되면서 첫 번째 영역에 [시도 Set] 기준으로 In과 Out 두 케이스가 함께 첫 번째 영역에 들어가기 때문입니다.

11　이 부분을 수정하기 위해서 열 선반에 있는 [X]에 우클릭해 테이블 계산 편집에서 특정 차원에 있는 '시도 Set의 In / Out'을 체크합니다. 그리고 행 선반에 있는 [Y]도 똑같이 우클릭 〉 테이블 계산 편집 〉 특정 차원: '시도 Set의 In / Out'을 체크합니다. 그러면 원래 17개 시도가 X, Y 형태를 그대로 유지하고 색상을 집합의 In과 Out으로 구분합니다.

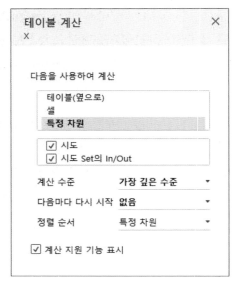
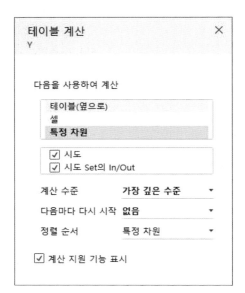

그림 7-181 새로 차원이 추가되었다면 해당 차원도 체크

12 색상 범례에서 In은 #8fb202 색상을, Out은 흰색인 #ffffff 값으로 변경합니다

13 열 선반에 있는 [X], 행 선반에 있는 [Y]를 각각 우클릭해 '머리글 표시'를 해제합니다.

14 시도 레이블을 가로 기준으로는 가운데, 세로 기준으로는 상단에 배치하겠습니다. 레이블 마크에서 맞춤을 가로: '가운데', 세로: '위쪽'으로 변경합니다.

15 이 시트의 이름을 '시도별 맵 분할'로 입력합니다.

16 워크시트를 만듭니다. 그리고 시트 이름을 '최근 연도 기준 면적'으로 입력합니다. 이 시트에서는 최근 연도의 논경지 헥타르를 레이블로 표시하고 이전 시트인 '시도별 맵 분할'에서 선택한 시도에 색상이 하이라이팅되도록 설정하겠습니다.

17 [시도] 필드를 더블 클릭해서 맵으로 표현하고 마크는 '맵' 마크로 변경합니다.

18 상단 '맵' 메뉴 〉 맵 계층 〉 투명도: 100%로 만듭니다.

19 [시도 Set]를 색상 마크에 넣으면 현재 해당 집합의 값인 '충남'과 기타 지역이 색상으로 구분됩니다.

20 이제 맵에서 각 시도 최근 연도의 논경지 헥타르를 표시해 보겠습니다. 그림 7-182와 같이 계산식을 만들겠습니다.

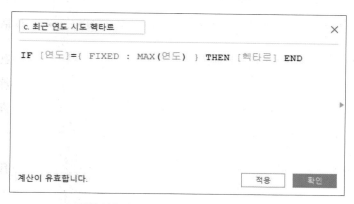

그림 7-182 연도 중 가장 최근 연도의 헥타르만 표현

21 [c. 최근 연도 시도 헥타르]를 드래그해서 레이블 마크에 올립니다. 앞에서 만든 워크시트들로 대시보드를 만들어 보겠습니다. '새 대시보드'를 선택합니다.

22 대시보드의 크기를 일반 데스크톱(1366×768)으로 설정합니다.

23 '시도별 맵 분할'을 먼저 대시보드에 넣고 그 오른쪽에 '최근 연도 기준 면적' 시트를 넣습니다.

24 대시보드에서 왼쪽에 있는 '시도별 맵 분할' 시트를 마우스 오버할 때 '집합'의 값에 따라 우측에 있는 '최근 연도 기준 면적' 시트가 변경되도록 설정하겠습니다.

상단 '대시보드' 메뉴 〉 동작(작업) 〉 동작 추가 〉 '집합 값 변경'을 선택하고 그림 7-183과 같이 설정합니다.

이제 왼쪽에 있는 '시도별 맵 분할' 시트의 임의의 시도에 '마우스 오버'하면 오른쪽 맵에 해당 부분이 똑같은 시도, 똑같은 색상으로 변경되는지 확인해 봅니다.

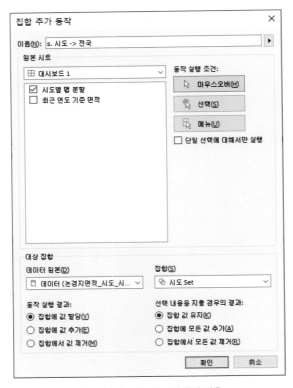

그림 7-183 집합 값 변경 동작 적용

25 대시보드 패널 하단에 있는 '대시보드 제목 표시'를 선택합니다. 그리고 대시보드 이름을 '지역별 논경지 헥타르'로 변경합니다.

26 대시보드 패널에서 '가로' 개체를 드래그해서 대시보드 제목 위에 배치합니다. 그리고 이 가로 개체에 대시보드 제목을 먼저 넣고 그 왼쪽에 [p. 화면 분할] 매개 변수를 넣습니다.

27 이번에는 대시보드 패널에서 개체에 있는 '다운로드' 개체를 드래그해서 대시보드 상단에 있는 가로 개체 안의 제목 오른쪽에 넣습니다. 그러면 단추(Button)에서 기본 다운로드인 'PDF 다운로드' 버튼이 만들어집니다.

이것을 변경하려면 PDF 다운로드 버튼에 우클릭해 드롭다운 메뉴(아래 세모 옵션)를 선택하면 편집 단추 대화 팝업이 나타나는데, 여기에서 내보낼 위치를 PDF 외에도 크로스 탭, 이미지, PowerPoint로 내보낼 수 있습니다.

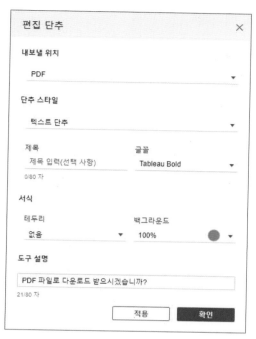

그림 7-184 플랫 파일 다운로드는 버튼을 활용해 적용

또한 단추 스타일을 텍스트 단추 외에도 커스텀 이미지로 적용이 가능하며 테두리와 백그
라운드 설정도 가능합니다. 도구 설명 부분은 해당 단추에 마우스 오버하면 나타나는 툴팁
(tooltip)인데 도구 설명을 추가하면 해당 단추를 클릭했을 때 다음 동작에 대해 사용자들이
가이드를 받을 수 있어 해당 부분도 추가하면 좋습니다. 완성된 화면은 그림 7-184와 같습
니다.

(3) 시도별 논경지 면적 변화 애니메이션

이번에는 Tableau의 페이지 기능을 활용해 연도별 논경지 면적 변화를 애니메이션으로 적용해 보겠습니다.

데이터 원본 – 논경지 면적_시도_시_군.xlsx

여기서 생각해 볼 점은

첫째, 화면을 애니메이션처럼 흘러가게 표현할 방법이 있을까요?

둘째, 현재 보이는 항목의 값을 크게 표현할 방법은 없을까요?

앞선 실습에서 정리한 데이터를 그대로 활용하겠습니다. 해당 데이터 원본을 연결한 상태에서 진행합니다.

이번에는 시도별 논경지 면적 변화를 Tableau의 페이지 기능을 활용해 애니메이션을 적용해 보겠습니다.

1. 새 워크시트를 열고 시트 이름을 '시도별'이라고 변경합니다.

2. 이전 두 번의 실습에서 다룬 것처럼 [시도]를 더블 클릭해 맵 형태로 표현하고 마크도 맵 마크로 변경합니다. 또한 맵 메뉴에서 맵 계층의 투명도를 100%로 만듭니다.

   이 과정을 반복적으로 하는 것이 싫은 분들은 앞에서 다룬 시트를 복제해서 활용해도 좋습니다.

3. 측정값에 있는 [헥타르] 필드를 드래그해서 색상 마크에 넣습니다.

4. 그 대신 색상 마크를 선택하고 효과의 테두리를 보라색으로 변경합니다.

5. 이번에는 연도별 논경지 면적(헥타르)에 따른 변화를 애니메이션으로 적용해 보겠습니다.

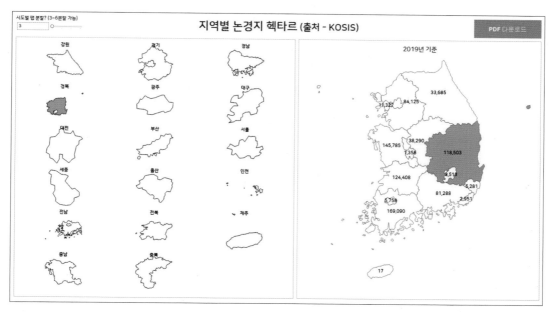

그림 7-185 시도별 맵 분할 시트가 3분할로 표시

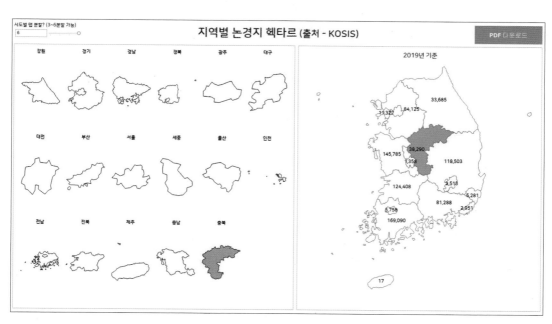

그림 7-186 시도별 맵 분할 시트가 6분할된 화면

차원에 있는 [연도]를 드래그해서 넣으면 '년(연도)' 기준으로 화면이 변합니다.

6 워크시트 제목을 더블 클릭해 페이지 값에 따라 연도가 변경되어 나타나도록 업데이트합니다. 참고로 〈페이지 이름〉은 삽입 버튼을 눌러 적용할 수 있습니다.

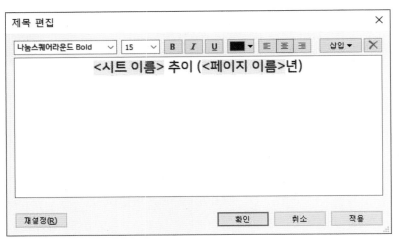

그림 7-187 제목 편집 시 삽입 버튼을 눌러 추가할 요소 찾기

이제 뷰 우측에 있는 페이지 컨트롤러를 작동해 봅니다. 연도별로 맵의 색상과 제목에 연도가 함께 변경되는 것을 확인할 수 있나요?

7 새 워크시트를 오픈하고 이름을 '연도별'이라고 씁니다. [연도] 필드는 열 선반에, [헥타르] 필드는 행 선반에 올립니다.

8 [헥타르] 필드는 추가로 색상 마크와 레이블 마크에 올립니다.

9 이번에도 [연도] 필드를 페이지 선반에 넣고 페이지 컨트롤러를 작동해 봅니다. 이상이 없다면 새 워크시트를 오픈합니다.

10 세 번째 시트에서는 [연도] 애니메이션에 따라 해당 연도를 크게 대시보드에 보여 주고자 간단하게 화면을 하나 더 만듭니다. 시트 이름을 '연도'라고 합니다.

그리고 [연도] 필드를 드래그해서 레이블 마크에 넣은 후 가운데 정렬하고 글꼴 크기를 48pt로 크게 합니다.

11 [연도] 필드를 페이지 선반에 넣고 페이지 컨트롤러에서 변화를 살펴봅니다. 이상이 없다면 새 대시보드를 만듭니다.

12 대시보드 크기는 PowerPoint(1600×900)로 변경합니다.

13 먼저 '시도별' 시트를 넣고 그 오른쪽에 '연도별' 시트를 넣습니다.

14 그리고 '연도' 시트는 개체를 부동으로 변경하고 막대 차트로 구성된 '연도별' 시트 우측 상단에 배치합니다.

15 페이지 컨트롤러 및 색상 범례는 '시도별' 시트 근처로 위치시키고 페이지 컨트롤러를 작동합니다. 세 개의 시트가 해당 연도 기준으로 변경되는지 확인합니다.

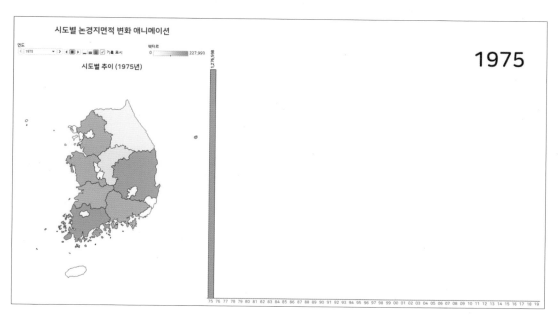

그림 7-188 1975년 기준 논경지 면적

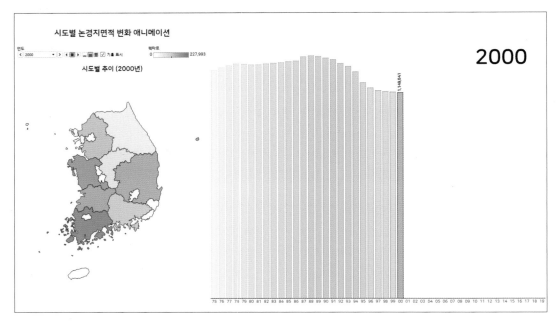

그림 7-189 2000년 기준 논경지 면적

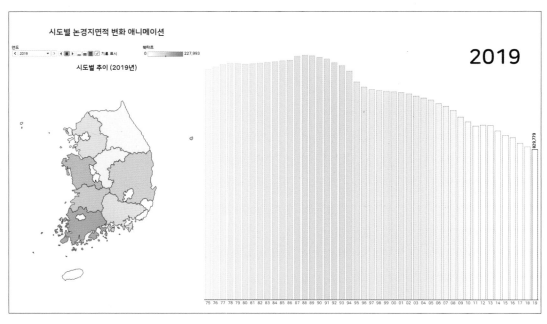

그림 7-190 2019년 기준 논경지 면적

05 | Google Sheets로 웹 데이터 수집

(1) Google Finance 주식 데이터 불러오기

네이버와 카카오의 주식 데이터를 구글 시트로 불러오고 Tableau에서 두 종목을 비교하는 차트를 구현하고자 합니다.

데이터 원본 - 구글 스프레드시트에서 연동합니다.

여기서 생각해 볼 점은

첫째, 웹 페이지에 있는 데이터를 자동으로 가져올 수 있는 방법이 있을까요?

둘째, 경쟁 회사를 비교하는 대시보드를 만들기 위해서 고려해야 하는 것이 있을까요?

1 '구글 시트' 페이지로 이동합니다.

Google이나 여타 포털 사이트에서 '구글 시트'로 검색하거나 아래 링크 페이지로 이동합니다.

참고링크 https://www.google.com/intl/ko_kr/sheets/about/

2 Google 계정이 없다면 회원 가입을 합니다. 계정이 있는 경우에는 로그인합니다.

3 새 스프레드 시작하기(Start a new spreadsheet)에서 내용 없음(또는 Blank)을 선택해 새 스프레드시트를 오픈합니다.

4 시트의 제목을 'NAVER & KAKAO'로 입력합니다.

5 네이버 / 다음 등 포털에서 '네이버'와 '카카오'를 검색하고 종목 코드를 각각 복사합니다.

네이버: 035420

카카오: 035720

6　첫 번째 구글 시트의 이름을 'NAVER'로 입력합니다.

7　NAVER 시트의 A1 셀에 다음과 같이 입력합니다.

= GOOGLEFINANCE("035420","close",DATE(2010,1,1),TODAY())

이 수식은 다음과 같은 뜻입니다.

① Google Finance 서비스에서 주식 데이터를 가져오려고 합니다.

② 종목 코드는 '035420'(네이버) 코드를 종가('close') 기준으로 가져옵니다.

③ 날짜는 2010년 1월 1일부터 오늘(TODAY) 날짜까지 가져옵니다.

여기서 잠깐　**<여기서 잠깐!> 만약에 '종가'가 아니라 '시가', '저가', '고가'를 가져오고 싶다면 어떻게 하면 될까요?**

시가(아래 수식을 C1셀에 입력)
= GOOGLEFINANCE("035420","open",DATE(2010,1,1),TODAY())

저가(아래 수식을 E1셀에 입력)
= GOOGLEFINANCE("035420","low",DATE(2010,1,1),TODAY())

고가(아래 수식을 G1셀에 입력)
= GOOGLEFINANCE("035420","high",DATE(2010,1,1),TODAY())

그러면 'NAVER'라는 시트에서 NAVER 주식을 종가, 시가, 저가, 고가를 가져옵니다.

TIPS

현재가를 가져오고 싶다면 = GOOGLEFINANCE("035420","price")를 입력합니다.

다만 최대 20분까지 지연될 수 있습니다.

참고링크　https://support.google.com/docs/answer/3093281?hl = ko

8 'NAVER' 시트명을 우클릭해 복제(Duplicate)를 선택합니다.

9 시트명 'NAVER의 복사본' 또는 'Copy of NAVER'라는 시트가 하나 더 만들어지는데 이 시트명을 더블 클릭해 'KAKAO'로 변경합니다.

10 A1 셀에 기존 NAVER의 종목 코드인 "035420" 대신에 KAKAO의 종목 코드인 "035720"으로 변경합니다.

11 나머지 C1, E1, G1 셀에도 모두 KAKAO 종목 코드인 "035720"으로 변경합니다.

TIPS

우리나라 증시는 평일 오후 3시 30분에 장이 마감됩니다. Google Finance 데이터는 우리나라 시간 기준으로 바로 업데이트하지 않고 다음날 오전에 전날 데이터가 업데이트되는 점을 참고하도록 합니다.

12 구글 시트에서는 모두 업데이트했고 이제 Tableau Desktop에서 해당 데이터를 불러와서 두 종목 간 비교하는 차트를 구성해 보겠습니다. Tableau Desktop을 오픈합니다.

13 새 데이터 원본을 불러오겠습니다. 연결하려는 데이터는 Google 스프레드시트입니다. 따라서 Tableau Desktop 〉새 데이터 원본(Ctrl + D or Command + D 키 입력) 〉서버에 연결 〉Google 스프레드시트(Google Sheets)를 선택합니다.

14 Google 계정으로 로그인하는 화면에서 자신의 계정이 여러 개이면 위에서 구글 스프레드시트와 연동한 계정과 동일한 계정을 선택합니다.

그림 7-191 Google 계정을 선택해 로그인

15 해당 계정으로 Google Sheets가 포함된 Google 드라이브로 액세스를 허용할 것인지 물어보는데 하단에 있는 '허용' 버튼을 클릭합니다.

그림 7-192 자신 계정을 로그인한 후 Tableau Desktop에서 연결 허용

16 로그인한 계정의 구글 스프레드시트 중에서 Tableau에서 연결하려는 데이터 원본(NAVER & KAKAO) 시트를 선택한 후 연결합니다.

데이터 원본 페이지에서 2020.2 이후에 나온 버전과 이전에 나온 버전에서 각각 데이터를 어떻게 연결하는지 따로 가이드하려고 합니다.

** 2020.2 이상 버전 **

1 왼쪽 시트에서 'NAVER' 시트를 끌어서 캔버스 위에 올립니다. 그러면 Google 스프레드시트의 NAVER 시트에서 자동으로 불러온 데이터를 데이터 그리드 영역에서 미리보기로 체크합니다.

Google 스프레드시트에서 종가, 시가, 저가, 고가를 불러오기 위해서 Date가 총 4개의 칼럼이 있으나 같은 row에 동일한 Date가 여러 개 있으니 1개만 활용합니다.

Ctrl키(Mac은 Command키)를 누른 상태에서 [Date 1], [Date 2], [Date 3] 칼럼을 모두 선택한 후 칼럼 우측 상단에 있는 아래 세모 옵션[▼]을 클릭해 '숨기기'를 선택합니다. 그러면 해당 칼럼은 숨김 처리되고 [Date] 하나에 [Close], [Open], [Low], [High]만 남습니다.

2 왼쪽 연결 시트에서 'KAKAO'를 드래그해서 캔버스에 넣으면 'NAVER'와 'KAKAO' 시트를 연결하는 오렌지색의 누들이 나타나고 이때 놓아주면 다음 이미지와 같이 'NAVER' 시트와 'KAKAO' 시트가 제대로 연결되지 않았다고, 즉 관계가 맺어지지 않았다고 표시됩니다.

[그림 – 자동으로 연결되지 않는 이유는 동일한 필드명이 없기 때문입니다. 왜냐하면 같은 필드명이라도 테이블(시트)이 달라서 다른 필드로 인식하기 때문입니다. 이와 같이 2020.2 버전에서는 뷰에서 좌측 사이드바의 데이터 필드들이 정렬되는 기준은 단순히 차원과 측정값이 아니라 테이블 기준으로 우선 배치됩니다.]

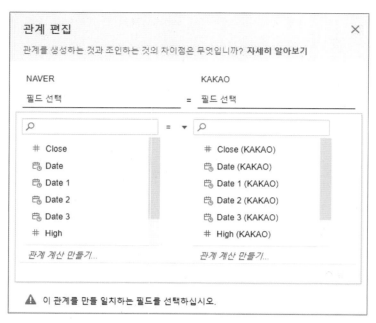

그림 7-193 두 시트를 관계 설정

두 시트를 연결하기 위해서는 공통된 필드명이 있으면 자동으로 관계가 설정되나 여기에서
는 공통된 필드명이 없는 것으로 인식됩니다. 왜냐하면 동일한 필드명이 있으나 두 번째 가
져오는 데이터 필드에는 해당 시트(테이블) 이름이 뒤에 붙어 다른 필드명으로 인식되기 때
문입니다. 이런 경우에는 수동으로 하나씩 지정해 줍니다. 여기에서는 NAVER 시트에서는
[Date]를, KAKAO 시트에서는 [Date(KAKAO)] 필드를 지정합니다.

그러면 그림 7-194와 같이 관계가 제대로 설정되면서 데이터 그리드 영역에 KAKAO 기준
으로 미리보기 할 수 있습니다.

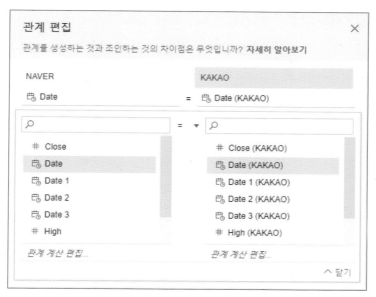

그림 7-194 관계를 편집할 때 자동으로 연결되지 않으면 수동으로 관계 설정

3 앞서 NAVER 시트에서 했던 것처럼 KAKAO 시트에서도 중복되는 [Date 1(KAKAO)], [Date 2(KAKAO)], [Date 3(KAKAO)] 필드는 숨김 처리하겠습니다.

Ctrl키(Mac은 Command키)를 누른 상태에서 [Date 1], [Date 2], [Date 3] 칼럼을 모두 선택하고 칼럼 우측 상단에 있는 아래 세모 옵션[▼]을 클릭해 '숨기기'를 선택합니다. 그러면 해당 칼럼은 숨김 처리되고 [Date(KAKAO)] 하나에 [Close], [Open], [Low], [High]만 남습니다.

** 2020.1 이하 버전 **

2020.2 버전에서는 서로 다른 두 시트를 관계 맺어서 연결했다면 2020.1 이하 버전에서는 관계라는 것이 없어 다른 방식으로 연결이 필요합니다.

1 데이터 원본 페이지에서 연결 시트에 있는 'KAKAO' 시트를 클릭해 Ctrl키(Mac은 Command 키)를 누른 상태에서 'NAVER' 시트를 선택한 후 드래그해서 캔버스에 올립니다. 그러면 캔

버스의 KAKAO 시트 밑으로 NAVER 시트가 붙는 Union(유니온) 방식으로 서로 다른 시트가 연결됩니다.

그러면 총 8개의 칼럼과 Union하면서 자동으로 생성되는 'Sheet'와 'Table Name' 칼럼까지 총 10개의 필드가 생겼습니다. 여기에서 사용하지 않는 필드는 숨기고 넘어가겠습니다.

2 Ctrl키(Mac은 Command키)를 누른 상태에서 [Date 1], [Date 2], [Date 3], [Table Name] 칼럼을 모두 선택하고 칼럼 우측 상단에 있는 아래 세모 옵션[▼]을 클릭해 '숨기기'를 선택합니다. 그러면 해당 칼럼은 숨김 처리되고 [Date(KAKAO)] 하나에 [Close], [Open], [Low], [High]만 남습니다.

3 'Sheet'라는 칼럼명을 더블 클릭해 이름을 'Company'로 변경합니다.

TIPS

2020.1 이하 버전에서는 'NAVER'와 'KAKAO' 시트를 연결할 때 왜 유니온(Union) 방식을 썼을까요? 날짜별로 추세를 보기 위한 시각적 분석을 위해서 공통된 필드인 [Date]를 기준으로 조인(Join) 연결 방식으로 해도 되지 않을까요?

이 상황에서는 조인(Join) 방식으로도 연결이 가능하고 워크시트로 이동하면 시각적 분석도 가능합니다. 그런데 Join으로 한다면 두 개의 데이터 원본에 있는 칼럼을 모두 가져와 공통된 필드로 연결하므로 데이터가 대각선 방향으로 사이즈가 커집니다. 반면에 유니온(Union) 방식에서는 아래 방향으로 데이터가 붙어 대각선 방향으로 커지지 않습니다. 따라서 지금과 같이 시트(테이블)가 같은 포맷으로 구성된 경우 가급적 조인(Join)보다는 유니온(Union) 방식을 채택하도록 합니다.

그럼 2020.2 버전에서도 유니온(Union)이 가능하니 2020.2 버전에서도 유니온으로 해도 되지 않을까요? 물론 가능합니다. 다만 여러분이 이 책을 볼 즈음에는 2020.2 버전 이상 버전으로 사용할 가능성이 더 높을 테니 새로운 데이터 연결 방식에 익숙해지도록 관계 설정으로 연결해 봤습니다.

이제 워크시트로 이동해서 두 회사의 주식 추이를 비교하는 시각적 분석을 하겠습니다. 실습은 2020.2 이상 버전 기준으로 진행하겠습니다.

지금부터 그림 7-195와 같은 화면을 구현하겠습니다. 상단에는 양사의 CI 이미지를 두고, 그 아래는 세 종류의 매개 변수를 배치합니다. 그리고 그 하단에는 상단에서 선택한 회사 CI에 따라 최고가, 최저가, 최근가를 표현하고, 마지막에는 두 회사의 주식 추이를 살펴볼 수 있게 라인 그래프로 구성해 보겠습니다.

그림 7-195 표현 방식이 다양한 비교 대시보드

17 좌측 사이드바에서 NAVER Table의 [Date] 필드 왼쪽에 있는 데이터 필드 유형을 '날짜 및 시간'에서 '날짜' 유형으로 변경합니다. 그 이유는 앞에서도 언급한 것처럼 우리나라 주식 장은 오후 3시 30분에 마감하기 때문입니다. [Date] 필드값의 날짜는 다르지만 시간은 모두 오후 3시 30분이므로 분석하는 데 시간은 활용하지 않아 데이터 필드 유형을 '날짜'로 변경 합니다. KAKAO Table에 있는 [Date] 필드도 동일하게 '날짜' 유형으로 변경합니다.

18 먼저 하단에 있는 '주식 차트 비교'라는 라인 그래프를 만들어 보겠습니다. 좌측 사이드바 'NAVER' Table에 있는 [Date] 필드를 마우스 오른쪽(Mac은 Option키 + 마우스 왼쪽)을 잡 고 드래그해서 열 선반에 올리면 필드 놓기 대화 상자가 나타나는데 여기에서 초록색 연속 형 '일(Date)'을 선택합니다. 그러면 2010년 10월 11일부터 최근 데이터까지 약 10년 치 데 이터를 확인할 수 있습니다.

19 좌측 사이드바 'NAVER' Table의 측정값에 있는 [Close] 필드를 드래그해서 행 선반에 올립

니다. 그러면 일별 NAVER 주식이 종가 기준으로 표현됩니다.

20 이번에는 좌측 사이드바 'KAKAO' Table의 측정값에 있는 [Close(KAKAO)] 필드를 드래그해서 뷰에 있는 왼쪽 축 가까이 가져가 막대 두 개(II)로 표시될 때 놓으면 결합한 축 형태로 나타납니다. 즉 하나의 축을 NAVER의 Close와 KAKAO의 Close를 함께 쓰는 구조입니다.

21 뷰 우측에 있는 색상 범례의 제목이 '측정값 이름'으로 되어 있습니다. 색상 범례에 마우스 오버한 후 우측 상단 아래 세모 옵션[▼]을 클릭해 '제목 편집'을 선택합니다. 그리고 범례 제목을 'Company'로 변경합니다.

22 이번에는 색상에 대한 각각의 별칭을 편집해 보겠습니다. Company 색상 범례에 있는 'Close'를 우클릭해 '별칭 편집'을 선택하고 'NAVER'라고 입력합니다. 똑같은 방식으로 'Close(KAKAO)'는 'KAKAO'로 변경합니다.

23 이제 라인 그래프의 색상을 변경해 보겠습니다. NAVER와 KAKAO의 CI를 기준으로 색상을 변경해 보겠습니다.

Company 색상 범례에서 'NAVER'를 더블 클릭해 색상 편집 대화 상자에서 다시 'NAVER'를 더블 클릭합니다. 색 선택 대화 상자에서 Window PC를 기준으로 우측 하단의 HTML에 각 각 다음과 같이 입력합니다.

NAVER - #03c75a

KAKAO - #febc00

TIPS

두 회사의 CI에서 색상을 추출해서 색상을 입힐 수도 있습니다.

① 네이버나 다음 등에서 '색상 코드 추출 프로그램'으로 검색하면 여러 프로그램이 검색 결과에 나옵니다.

② 그중 선택해서 다운로드하고 프로그램을 실행합니다.

③ 네이버와 카카오 회사 홈페이지 첫 화면 좌측 상단에 있는 각 회사 CI(로고)에 색을 추출할 수 있는 스포이드를 가져갑니다. 이때 확인되는 HTML 색상 코드나 RGB 색을 색상 편집 대화 상자에 입력합니다. 만약에 해당 색을 이후에도 계속 사용하고자 한다면 '사용자 정의 색상에 추가'합니다.

다만 KAKAO의 CI 색은 검은색 계열이라 여기에서는 네이버의 녹색과 함께 보여 주기에는 색이 예쁘지 않아서 Daum. net에 있는 좌측 상단 Daum BI 'u'의 노란색(#febc00)을 활용하겠습니다.

이제부터는 특정한 날짜를 기준으로 최근 N일 동안의 추세를 살펴보겠습니다. 매개 변수 두 개를 먼저 만들겠습니다.

24 먼저 기준이 되는 날짜 매개 변수를 만들겠습니다.

① 좌측 사이드바 우측 맨 끝에 있는 아래 세모 옵션[▼]을 클릭해 '매개 변수 만들기'를 선택합니다.

② 매개 변수의 이름을 'p. From'이라고 합니다.

③ 데이터 유형은 '날짜'로 설정합니다.

④ 허용 가능한 값은 '범위'로 선택합니다.

⑤ 값 범위는 우측에 있는 '필드에서 설정' 버튼을 클릭해 [Date]를 선택합니다.

그러면 데이터 원본에 있는 값 중 최솟값인 '2010-10-11'이, 최댓값은 최근 데이터가 선택됩니다. 최솟값은 그대로 두고 최댓값은 추후에 새로운 데이터로 갱신되면 해당 값을 반영하기 위해서 최댓값에 있는 체크는 해제합니다.

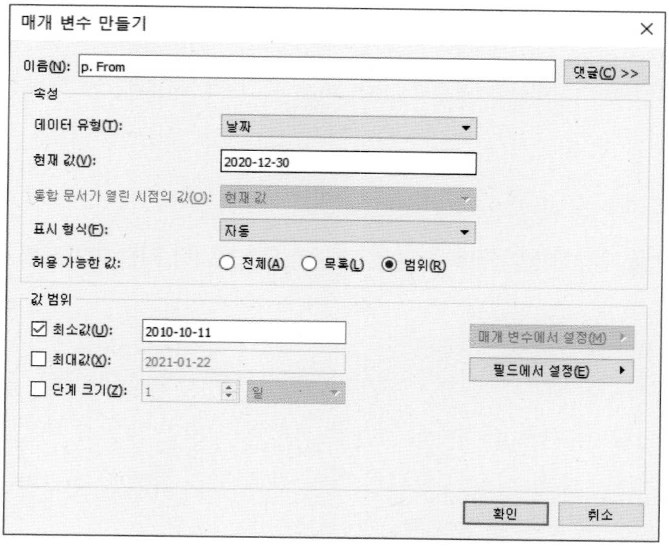

그림 7-196 기준이 되는 날짜 매개 변수 만들기

25 이번에는 앞에서 설정한 날짜를 기준으로 이전 N일 동안으로 제한을 두기 위한 정수 기반 일자 매개 변수를 만들겠습니다.

① 좌측 사이드바 우측 맨 끝에 있는 아래 세모 옵션[▼]을 클릭해 '매개 변수 만들기'를 선택합니다.

② 매개 변수의 이름을 'p. Last N Days'라고 합니다.

③ 데이터 유형은 '정수'로 설정합니다.

④ 현재 값은 28로 설정하겠습니다. [p.From] 날짜를 기준으로 지난 28일간의 데이터로 우선 보겠다는 의미입니다.

⑤ 허용 가능한 값은 '전체'로 둔 상태에서 확인 버튼을 누릅니다.

26 좌측 사이드바 매개 변수 섹션에 있는 [p. From]과 [p. Last N Days]를 Ctrl키(Mac은 Command키)를 누른 상태에서 모두 선택한 후 우클릭해 '매개 변수 표시'를 선택합니다. (2020.1 이하 버전에서는 '매개 변수 컨트롤 표시'라고 되어 있습니다.)

27 앞에서 만든 두 개의 매개 변수를 활용해 날짜의 범위를 설정하는 계산된 필드를 만들겠습니다.

① 좌측 사이드바 우측 맨 끝에 있는 아래 세모 옵션[▼]을 클릭해 '계산된 필드 만들기'를 선택합니다.

② 계산된 필드의 이름을 'f. Date Range'로 입력합니다.

③ 계산식은 다음과 같이 입력합니다.

DATETRUNC('day', [Date]) > = DATEADD('day', -[p. Last N Days], [p. From]) + 1

AND

DATETRUNC('day', [Date]) < = [p. From]

④ 계산된 필드 만들기 대화 상자 좌측 하단에 '계산이 유효합니다.'라는 메시지를 확인하고 확인 버튼을 누릅니다.

28 [f. Date Range] 필드를 끌어서 필터 선반에 올리고 필터 대화 상자에서 '참'만 체크한 후 확인 버튼을 누릅니다. 그러면 [p. From] 날짜를 포함해서 최근 28일간 데이터를 볼 수 있습니다. (주말과 공휴일은 주식 시장이 열리지 않아 뷰에 있는 날짜가 [p. Last N Days], 여기에서는 28일 기준이 아닐 수도 있습니다.)

매개 변수인 [p. Last N Days] 값을 90으로 변경하면 [p. From] 날짜를 포함해서 이전 90일 데이터를 확인할 수 있습니다.

29 이번에는 [p. From] 날짜를 포함해서 [p. Last N Days] 동안 화면과 전체 기간 화면을 Toggle 형태로 바꿔 가면서 화면을 구성해 보겠습니다.

① 좌측 사이드바 우측 맨 끝에 있는 아래 세모 옵션[▼]을 클릭해 '매개 변수 만들기'를 선택합니다.

② 매개 변수의 이름을 'p. Toggle'이라고 합니다.

③ 데이터 유형은 '부울'로 설정합니다.

④ 별칭에서 참은 '범위 내'로 입력하고, 거짓은 '포함 전체 범위'로 입력합니다.

⑤ 확인 버튼을 누릅니다.

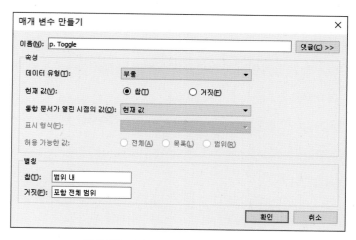

그림 7-197 화면 전환할 수 있는 매개 변수 만들기

30 좌측 사이드바 매개 변수 섹션에 추가된 [p. Toggle]을 우클릭해 매개 변수 표시를 선택하면 뷰 우측의 참인 값 '범위 내'가 우선 노출됩니다.

31 앞에서 만들었던 [p. From]과 [p. Last N Days] 두 개의 매개 변수와 바로 앞에서 만든 [p. Toggle] 매개 변수까지 활용해 특정한 날짜를 기준으로 최근 N일간의 날짜로 화면을 볼 것인지 아니면 전체 기간으로 볼 것인지 바꿔 가면서(Toggle하면서) 화면을 동적으로 처리하기 위해 계산된 필드를 만들겠습니다.

32 먼저 [p. Toggle]에서 거짓(False)인 경우 전체 범위로 뷰를 보기 위해 [From To]라는 계산된 필드를 만들겠습니다.

① 좌측 사이드바 우측 맨 끝에 있는 아래 세모 옵션[▼]을 클릭해 '계산된 필드 만들기'를 선택합니다.

② 계산된 필드의 이름을 'f. From To'로 입력합니다.

③ 계산식은 다음과 같이 입력합니다.

DATETRUNC('day', [Date]) > = { FIXED: MIN ([Date]) }

AND

DATETRUNC('day', [Date]) < = { FIXED: MAX([Date]) }

④ 확인 버튼을 누릅니다.

33 이제 [p. Toggle]로 [p. From] 기준으로 [p. Last N Days]를 설정한 값만 볼 것인지 아니면 전체 범위로 볼 것인지 변경하는 계산된 필드를 만들겠습니다.

① 좌측 사이드바 우측 맨 끝에 있는 아래 세모 옵션[▼]을 클릭해 '계산된 필드 만들기'를 선택합니다.

② 계산된 필드의 이름을 'f. Toggle'로 입력합니다.

③ 계산식은 다음과 같이 입력합니다.

IIF([p. Toggle] = True, [f. Date Range], [f. From To])

④ 확인 버튼을 누릅니다.

34 필터 선반에 있는 [f. Date Range]는 선반 밖으로 꺼내서 제거하고, 그 대신에 앞에서 만든 [f. Toggle]을 필터 선반에 넣고 '참'을 선택합니다.

그리고 뷰 우측에 있는 [p. Toggle] 매개 변수에서 '범위 내(= True, 참)'를 선택하면 [p. From]을 기준으로 [p. Last N Days]라는 최근 N일 기준으로 화면 뷰가 필터 적용되고, 반대로 [p. Toggle]에서 '포함 전체 범위(= False, 거짓)'를 선택하면 [p. From]과 [p. Last N Days] 매개 변수를 무시하고 전체 범위로 화면이 변경됩니다.

35 지금부터는 [f. Toggle]에서 거짓인 '포함 전체 범위'에서 [p. From]에서 [p. Last N Days] 기간까지 별도로 백그라운드 색상을 추가해 보겠습니다.

먼저 [p. From]에서 과거인 [p. Last N Days]로 이동하는 [To]라는 계산식을 만들어 보겠습니다.

① 좌측 사이드바 우측 맨 끝에 있는 아래 세모 옵션[▼]을 클릭해 '계산된 필드 만들기'를 선택합니다.

② 계산된 필드의 이름을 'To'로 입력합니다.

③ 계산식은 다음과 같이 입력합니다.

DATEADD('day',-[p. Last N Days], [p. From]) + 1

// DATEADD 뒤에 + 1을 추가한 이유는 [p. From] 날짜를 포함해서 최근 N일([p. Last N Days])로 살펴보기 위해서입니다.

④ 확인 버튼을 누릅니다.

36 좌측 사이드바에 생성된 [To]는 데이터 필드 유형이 '날짜 및 시간'으로 되어 있는데, 여기에서는 시간 개념은 필요 없어 🕒을 클릭해 📅날짜로 변경합니다.

37 [To]는 파란색 불연속형으로 되어 있는데 이 필드를 우클릭해 '연속형으로 변환'을 선택합니다.

38 이제 이 [To] 필드를 마우스 오른쪽(Mac은 Option + 마우스 왼쪽)을 잡고 끌어서 세부 정보 마크 위에 올리면 필드 놓기 대화 상자의 맨 위에 있는 초록색 'To(연속형)'를 선택합니다.

39 이제 [p. From]과 [To]를 이용해서 해당 범위만 별도의 백그라운드 색상을 추가해 보겠습니다.

먼저 좌측 사이드바를 '분석' 탭을 선택한 후 사용자 지정 섹션에 있는 '참조 구간'을 끌어서 뷰로 이동해 참조 구간 추가에서 '패널', '일(Date)'을 선택합니다.

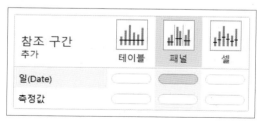

그림 7-198 참조선 또는 참조 구간을 추가할 때 전체 추가 외에 각 항목으로도 가능

그러면 '참조선, 구간 또는 플롯 편집' 대화 상자가 나타나는데 다음과 같이 편집합니다.

① 시작 구간에서 값은 'p. From'을 선택합니다.

② 시작 구간에서 레이블과 도구 설명은 각각 '없음'으로 설정합니다.

③ 끝 구간에서 값은 'To'를 선택합니다.

④ 끝 구간에서 레이블과 도구 설명은 각각 '없음'으로 설정합니다.

⑤ 서식 지정에서 채우기의 기본 색상을 '밝은 회색' 그대로 활용하겠습니다. 만약에 [p. From]부터 [To] 영역을 다른 색으로 백그라운드 색상을 지정하고 싶다면 해당 영역의 색상을 변경합니다.

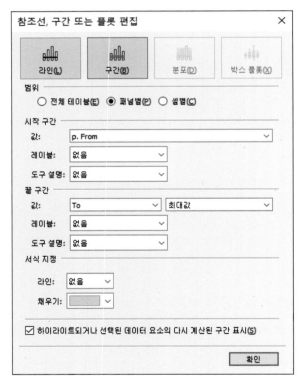

그림 7-199 From ~ To까지 영역을 참조 구간으로 설정

그러면 [p. Toggle]이 거짓(포함 전체 범위)인 경우에 전체 기간에서 [p. From]에서 [p. Last N Days] 영역만 백그라운드 색상이 설정되어 나머지 기간과 비교해서 볼 수 있습니다. 또한 [p. Toggle]이 참(범위 내)인 경우에는 해당 영역만 백그라운드 색상(회색)이 적용되는 것을

볼 수 있습니다.

40 워크시트의 이름을 '주식 차트 비교'라고 입력합니다.

41 그리고 워크시트 제목 부분을 더블 클릭해 나타나는 제목 편집 대화 상자에서 시트 이름 뒷 부분에 '( )'를 입력한 후 차례로 다음과 같이 입력합니다.

<시트 이름>(<To> ~ <매개 변수.p. From> & <매개 변수.p. Toggle>)

〈To〉와 〈매개 변수.p. From〉과 〈매개 변수.p. Toggle〉은 직접 입력하는 대신 제목 편집 대화 상자에서 삽입 버튼을 눌러 각각 선택해서 입력합니다.

42 뷰 우측에 있는 세 개의 매개 변수의 값을 각각 변경하면서 제목이 변경되는 것을 확인해 봅 니다.

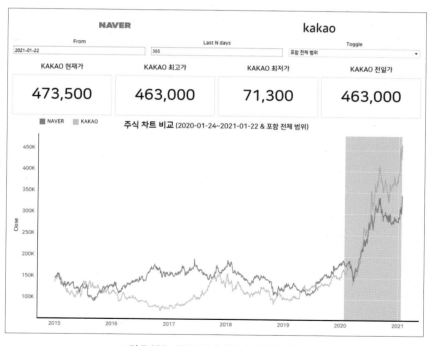

그림 7-200 최근가(현재가)를 추가한 대시보드

[추가 개인 학습]

최고가, 최저가, 최근가 시트를 각각 만들고 대시보드를 구성해 봅니다.

(2) COVID-19 데이터 불러오기

2020년 한 해는 코로나바이러스로 인해 우리나라뿐만 아니라 전 세계의 일상이 변경되었습니다. 코로나바이러스 데이터 수집을 진행해 보겠습니다.

데이터 출처 – https://www.worldometers.info/coronavirus/#countries

worldometer 사이트에서 coronavirus 데이터를 불러오겠습니다.

여기서 생각해 볼 점은

첫째, 테이블 형태로 된 웹 데이터를 불러오는 방법을 알 수 있을까요?
둘째, 위도와 경도와 같은 위치 데이터를 자동으로 가져올 수 있는 방법이 있나요?
셋째, 맵에서 경로를 표시하는 기능이 있을까요?

1 구글 시트에서 새 스프레드시트를 엽니다.

2 시트의 제목을 Corona19 Cases라고 입력합니다.

3 A1 셀에 다음과 같이 입력합니다.

= IMPORTHTML("https://www.worldometers.info/coronavirus/#countries", "table", 1)

그러면 worldometers 사이트에서 coronavirus의 국가별 현황을 스크래핑할 수 있습니다. 그러면 앞에 있는 IMPORTHTML은 어떤 함수일까요?

① IMPORT = 가져온다
② HTML = HTML 페이지에서 테이블과 리스트 형태를

그래서 IMPORTHTML을 쓰면 URL 다음에 테이블 형태인 경우에는 "table"을, 리스트 형태인 경우에는 "list"를 입력합니다.

데이터를 스크래핑하려는 사이트의 데이터 유형이 테이블 형태로 되어 있어 여기에서는

"table"로 지정했습니다.

그리고 맨 끝의 숫자는 index입니다. 예를 들어, HTML 페이지에서 table 또는 list가 여러 개인 경우에 특정한 순서의 table(index)을 가져오려면 해당 순번을 추가합니다. 여기에서는 해당 사이트에서 첫 번째 테이블을 가져오므로 index를 1로 입력했습니다.

정리하자면 https://www.worldometers.info/coronavirus/#countries 웹 페이지의 table 구조에서 1번째 table을 가져오겠다는 것입니다.

A	B	C	D	E	F	G	H
#	Country, Other	Total Cases	New Cases	Total Deaths	New Deaths	Total Recovered	New Recovered
	North America	29,382,542	+11,563	620,703	+547	18,279,992	+14,331
	Asia	22,605,540	+34,169	365,071	+575	21,042,032	+34,376
	South America	15,287,808	+1,048	402,138	+58	13,434,567	+544
	Europe	29,057,053	+35,237	666,175	+905	16,145,674	+58,998
	Africa	3,456,410	+1,811	85,314	+26	2,906,467	+1,827
	Oceania	49,880	+16	1,073		33,947	+34
		721		15		706	
	World	99,839,954	+83,844	2,140,489	+2,111	71,843,385	+110,110
1	USA	25,702,125		429,490		15,409,639	
2	India	10,668,674		153,508		10,330,084	+840
3	Brazil	8,844,600		217,081		7,653,770	
4	Russia	3,738,690	+19,290	69,918	+456	3,150,763	+19,003
5	UK	3,647,463		97,939		1,631,400	

그림 7-201 IMPORTHTML 함수는 테이블 형태의 웹 페이지를 불러올 수 있음

4 Tableau에서 해당 시트를 불러오겠습니다. Tableau 워크북을 새로 엽니다. 그리고 새 데이터 원본 〉 서버에 연결 〉 Google 스프레드시트를 선택합니다. 그런 다음 자신 Google 계정으로 인증한 후 'Corona19 Cases' 이름의 시트를 연결합니다.

5 해당 시트에서 Country, Other 필드에 국가 외에도 대륙별 현황이 있습니다. 국가를 제외한 대륙 및 World 값을 제외하기 위해 데이터 원본 필터에서 해당 부분들을 제외 처리하겠습니다. 데이터 원본 페이지에서 우측 상단에 있는 데이터 원본 필터의 '추가' 링크를 선택합니다.

데이터 원본 필터 편집 대화 상자에서 '추가' 버튼을 선택하고 '#' 필드를 선택합니다. 현재 [#] 필드는 숫자 형식으로 이루어져 숫자 필터 형태가 나타나는데 여기에서 숫자가 없는

Null값들을 제외한 숫자들로 이루어진 값들만 불러오겠습니다.

따라서 필터 [#] 대화 상자에서 우측 끝에 있는 '특수' 버튼을 선택한 후 'Null이 아닌 값'을 선택합니다. 확인 버튼을 눌러 대화 상자를 모두 닫으면 데이터 그리드 부분의 대륙과 전 세계 총합 기준들은 사라지고, 확진자 수를 기준으로 순위 값이 있는 국가들만 나타납니다.

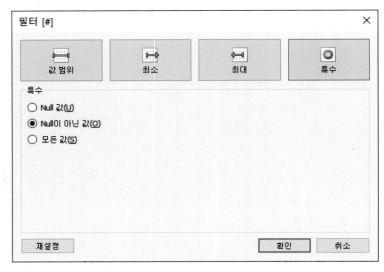

그림 7-202 Null이 아닌 값만 필터링

이번에는 각 국가의 위치 정보를 불러오도록 구글 시트를 활용해 보겠습니다.

6 새로운 구글 스프레드시트를 하나 오픈합니다. 그리고 시트의 이름을 'Corona19 Country Lat & Long'으로 입력합니다.

7 국가는 이전에 만든 구글 스프레드시트인 'Corona19 Cases'에서 #1부터 마지막 순위의 국가 명을 불러오겠습니다. 방법은 두 가지가 있습니다.

첫 번째는, 'Corona19 Cases' 시트에서 해당 영역을 복사해서 붙여넣기(Copy & Paste) 하는 방법이 있습니다.

두 번째는, 'Corona19 Cases' 시트의 해당 영역을 IMPORTRANGE라는 함수를 써서 그대로 불러오는 방식입니다.

첫 번째 방법은 해당 영역의 값이 더 늘어나지 않는다면 유용하나 가변적으로 값이 계속 바뀐다고 가정하고 두 번째 방법을 활용해 보겠습니다.

8 'Corona19 Country Lat & Long' 시트에서 A2 셀에 다음과 같이 입력합니다. = IMPORTRANGE라고 우선 입력합니다.

① IMPORT = 가져온다

② RANGE = 영역(범위)을

특정한 영역을 불러올 때 쓰는 함수입니다. 그다음에는 'Corona19 Cases' 시트의 URL을 입력합니다. 이 URL은 각각 모두 달라 그림 7-203을 참고해서 각각 URL을 찾아 입력합니다.

= IMPORTRANGE("불러오려는 구글 시트의 URL을 입력하는 곳")

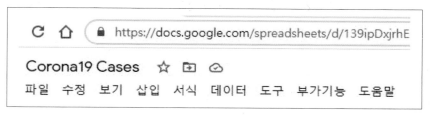

그림 7-203 IMPORTRANGE는 IMPORT(가져온다), RANGE(범위를 설정해서)

그리고 나서 콤마(,) 이후에 'Corona19 Cases' 구글 시트에서 불러오려는 하단 시트의 이름을 넣은 후 느낌표(!)를 추가해 불러오려는 시트 내 범위를 지정합니다.

= IMPORT("불러오려는 구글 시트의 URL을 입력하는 곳", "하단 시트의 이름! 범위 지정")

즉 'Corona19 Cases'라는 이름의 구글 시트의 'Sheet 1'이라는 이름의 시트에서 A10 셀부터 B224 셀까지 영역을 'Corona19 Country Lat & Long'이라는 구글 시트의 A1 셀로 불러오겠다는 뜻입니다.

그림 7-204 기존 데이터를 가져오기 위해 URL과 범위 지정

9 그런데 A2 셀이 참조 에러가 나오는데 여기에 마우스 오버해 그림 7-205와 같이 해당 시트에 연결하기 위해서는 접근 허용(Allow access)의 버튼을 선택해야 합니다. 버튼을 선택하면 'Corona19 Cases' 구글 시트의 'Sheet 1' 시트에서 A10 셀부터 B224 셀까지 영역을 불러옵니다.

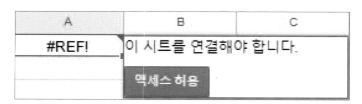

그림 7-205 IMPORTRANGE해서 참조 에러가 날 경우 액세스 허용 버튼 클릭

10 A1 셀은 'RANK'를, B1셀은 'Country'를 각각 입력합니다.

11 해당 Country의 위도와 경도값을 불러오겠습니다. 구글 스프레드시트에서는 위경도를 불러올 수 있는 부가 기능(Add − ons)이 있습니다.

상단 메뉴에서 부가 기능(Add − ons) 〉 부가 기능 설치하기(Get add − ons)를 선택합니다. 그리고 Google Workspace Marketplace에서 'Geocode by Awesome Table'로 검색합니다.

그림 7-206 Google Workspace에서 위도와 경도를 불러오기 위한 부가 기능 설치

그리고 해당 부가 기능을 다운로드해서 설치합니다. 이제 이 부가 기능을 이용해서 Corona19 Country에 대한 위도와 경도값을 불러오겠습니다.

12 상단 메뉴에서 부가 기능(Add – ons) 〉 'Geocode by Awesome Table' 〉 'Start Geocoding'을 선택합니다. 그러면 화면 오른쪽에 Geocode가 나타나는데, 현재 시트에서 위치를 불러올 칼럼을 'Country'로 지정하고 하단에 있는 'Geocode' 버튼을 클릭합니다. 그러면 C열과 D열 각각 Latitude와 Longitude 값이 각 국가로 위도와 경도가 추가됩니다.

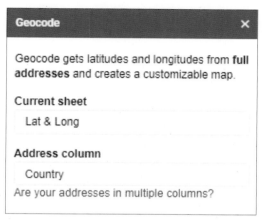

그림 7-207 위도와 경도를 인식하기 위해 활용할 칼럼 선택

13 215개 국가에 대한 위도와 경도값을 불러왔는데 'MS Zaandam'이라는 Country값은 불러오지 못했습니다. 해당 값은 실제 국가가 아니라 'MS Zaandam'이라는 크루즈에서 집단으로 코로나 확진자가 발생해 별도로 관리하는 부분이라 해당 값은 Tableau에서 처리하겠습니다.

14 기존에 작성하던 Tableau 워크북으로 이동합니다. 데이터 원본 페이지에서 연결 오른쪽에 있는 추가 링크를 선택하고 서버에 연결에서 'Google 스프레드시트' 커넥터를 선택합니다. 그리고 'Corona19 Country Lat & Long' 이름의 시트를 선택합니다.

15 서로 다른 Google 스프레드시트를 Tableau 데스크톱에서 조인 연결하겠습니다. 데이터 원본 페이지 캔버스에 현재 연결된 'Sheet1'은 'Corona19 Cases' 시트의 'Sheet1'입니다. 이 'Sheet1'에 마우스를 오버하면 나타나는 아래 세모 옵션[▼]을 선택한 후 열기를 선택하면 캔버스가 물리적 계층으로 변경됩니다. 이 상태에서 좌측을 연결에서 'Corona19 Country Lat & Long'의 'Sheet1'을 끌어서 기존의 'Corona19 Cases' 시트의 'Sheet1' 오른쪽에 두면 각기 다른 데이터 원본이 연결되지 않고 에러 표시가 납니다. 그 이유는 각각의 시트 내 동일한 필드명이 없어서 발생했기 때문이며, 이럴 때는 필드명은 다르지만 같은 의미의 필드를 수동으로 각

각 지정해 줍니다.

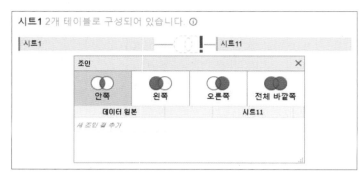

그림 7-208 서로 다른 시트를 물리적으로 결합

16 처음에 불러온 'Corona19 Cases' 시트에서는 [Country, Other]라는 칼럼(필드)을 선택하고, 두 번째 가져온 'Corona19 Country Lat & Long' 시트에서는 [Country]라는 이름의 칼럼(필드)을 선택합니다. Corona19 Country Lat & Long' 시트는 Corona19 Cases'에서 IMPOR-TRANGE로 가져와, 즉 동일한 값들로 연결해 안쪽 조인으로 설정합니다.

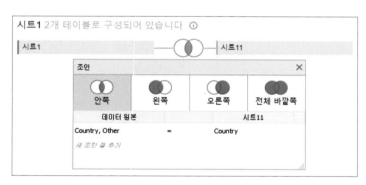

그림 7-209 안쪽 조인 설정

17 'Corona19 Country Lat & Long'에서 위경도를 불러올 수 없었던 'MS Zaandam' 값은 제외하겠습니다. 데이터 원본 페이지 우측 상단에 있는 필터에서 '편집' 링크를 선택한 후 데이터 원본 필터의 편집 대화 상자에서 '추가' 버튼을 선택합니다.

또한 [Country]를 선택하고 'MS Zaandam'을 필터 제외 처리합니다. 그리고 워크시트로 이동합니다.

18 워크시트에서는 해당 바이러스가 시작된 중국의 후베이 지역에서 각 국가로 이동하는 뷰를 설정해 보겠습니다.

먼저 중국의 후베이 지역의 위도와 경도를 계산된 필드로 만들어 보겠습니다. 먼저 위도를 만들겠습니다.

① 좌측 사이드바 우측 맨 끝에 있는 아래 세모 옵션[▼]을 클릭해 '계산된 필드 만들기'를 선택합니다.

② 계산된 필드의 이름을 'Hubei Lat'으로 입력합니다.

③ 계산식은 다음과 같이 입력합니다.

30.97564

④ 확인 버튼을 누릅니다.

이번에는 후베이 지역 경도를 만들겠습니다.

① 좌측 사이드바 우측 맨 끝에 있는 아래 세모 옵션[▼]을 클릭해 '계산된 필드 만들기'를 선택합니다.

② 계산된 필드의 이름을 'Hubei Long'으로 입력합니다.

③ 계산식은 다음과 같이 입력합니다.

112.2707

④ 확인 버튼을 누릅니다.

19 이제 이 위경도를 기반으로 해당 위치(후베이 지역)를 지정하는 계산된 필드를 하나 더 만듭니다.

① 좌측 사이드바 우측 맨 끝에 있는 아래 세모 옵션[▼]을 클릭해 '계산된 필드 만들기'를 선택합니다.

② 계산된 필드의 이름을 'Hubei Lat & Long'으로 입력합니다.

③ 계산식은 다음과 같이 입력합니다.

MAKEPOINT([Hubei Lat], [Hubei Long])

④ 확인 버튼을 누릅니다.

20 이제 각 국가의 위경도를 이용해 MAKEPOINT를 적용해 보겠습니다.

계산된 필드의 이름을 'Lat & Long'으로 하고 계산식을 다음과 같이 입력합니다.

MAKEPOINT([Latitude], [Longitude])

21 후베이 지역의 위경도와 다른 국가들의 위경도를 잇는 계산식을 하나 더 만듭니다. 계산된 필드의 이름을 'Route'로 하고 계산식을 다음과 같이 입력합니다.

MAKELINE([Hubei Lat & Long], [Lat & Long])

22 좌측 사이드바의 새로 만들어진 [Route] 필드를 더블 클릭합니다. 그러면 마크는 자동으로 맵 마크되면서 후베이 지역에서 출발해 각 국가로 이동하는 뷰가 나타납니다.

23 각 국가의 확진자 수가 달라 맵 위에 확진자 수에 따라 원의 크기를 다르게 표시하겠습니다. 행 선반에 있는 [위도(생성됨)]를 Ctrl키(Mac은 Command키)를 누른 상태에서 마우스 왼쪽을 잡고 드래그해서 우측에 하나 더 복제하겠습니다.

24 앞에서 복제한 마크인 위도(생성됨) (2)의 마크에서 세부 정보로 들어가 있는 [Route]는 제거하고 마크를 원 마크로 변경합니다.

25 원 마크로 변경한 위도(생성됨) (2)는 하나의 마크만 찍혀 있습니다. 이것을 각 국가로 나누기 위해 좌측 사이드바에 있는 [Country] 필드를 드래그해서 위도(생성됨) (2) 마크의 세부 정보 마크에 추가합니다.

26 확진자 수에 따라 위도(생성됨) (2)의 원 크기를 다르게 표현하겠습니다. 좌측 사이드바에 있는 [Total Cases]를 끌어서 위도(생성됨) (2)의 크기 마크 위에 올립니다. 그러면 확진자 수에 따라 원의 크기가 다양하게 나타나는 것을 볼 수 있습니다.

27 바이러스는 사람들에게 위험하다고 경각심을 불러일으키는 정보이므로 위도(생성됨) (2)의 색상 마크를 선택하고 색상을 빨간색으로 변경합니다.

28 MAKELINE과 원을 하나로 합치기 위해서 이중 축 기능을 활용하겠습니다. 행 선반에 있는 위도(생성됨) (2) 알약에 우클릭해 '이중 축'을 선택합니다.

29 맵 마크로 된 위도(생성됨)의 마크에서 크기를 가장 얇게 설정합니다.

30 원 마크로 된 위도(생성됨) (2)의 마크에서 크기는 좀 더 크게 표현합니다.

원본 〉서버에 연결 〉Google 스프레드시트를 선택하고 연결하려는 Google 계정을 인정한 후 'Apple Music Top 100' 이름의 시트를 선택합니다.

8 데이터 그리드 [Title] 필드에서 맨 끝에 있는 ' – '를 기준으로 그 앞은 노래 Title이, 그 뒤는 Artist(가수명)가 됩니다. 따라서 [Title]을 기준으로 [Artist] 필드를 만들어 보겠습니다.

→ [Title] 필드에 마우스 오버하면 우측 상단에 노출되는 아래 세모 옵션[▼]을 선택한 후 '사용자 지정 분할'을 선택합니다.

① **구분 기호 사용:** ' - '(스페이스 바를 한 번 누른 뒤 ' - ' 그리고 다시 한 번 스페이스 바를 입력)
② **분할 해제:** 마지막, 1열
③ **확인 버튼 선택**

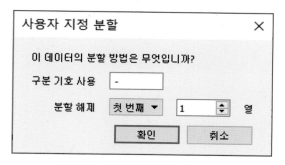

그림 7-213 구분 기호를 활용해 데이터 분할

9 Title – 분할 1 필드명을 'Artist'로 변경합니다.

10 [Title] 필드는 숨기기 처리합니다.

11 그 대신 [Summary] 필드를 [Song]으로 필드명을 변경합니다.

12 [Date Created] 필드를 날짜 형태로 변경하겠습니다. 시 · 분 · 초에 해당하는 값이 모두 0으로 되어 있어 첫 번째 00을 기준으로 앞뒤로 분할 처리하겠습니다.

[Date Created] 필드에 마우스 오버하면 우측 상단에 노출되는 아래 세모 옵션[▼]을 선택한 후 '사용자 지정 분할'을 선택합니다.

① 구분 기호 사용: ' 00'(스페이스 바 한 번 눌러 숫자 00 추가)

② 분할 해제: 첫 번째, 1열

③ 확인 버튼 선택

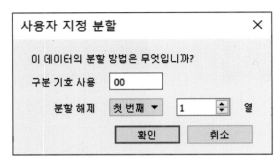

그림 7-214 다른 구분 기호로 데이터 분할 진행

13 [Date Created] 필드는 숨기기 처리합니다.

14 [Date Created − 분할 1]에서 콤마(,)를 기준으로 뒤에 있는 날짜 부분만 따로 분할 처리하겠습니다. 즉 콤마(,) 앞에 있는 요일은 가져오지 않습니다.

[Date Created − 분할 1] 필드에 마우스 오버하면 우측 상단에 노출되는 아래 세모 옵션[▼]을 선택한 후 '사용자 지정 분할'을 선택합니다.

① 구분 기호 사용: ', '(콤마 입력 후 스페이스 바 한 번 입력)

② 분할 해제: 마지막, 1열

③ 확인 버튼 선택

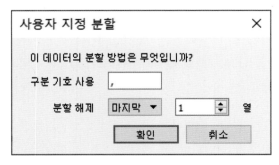

그림 7-215 이번에는 콤마를 기준으로 분할 처리

15 [Date Created – 분할 1] 필드는 숨기기 처리합니다.

16 [Date Created – 분할 1 – 분할 1] 필드를 기준으로 일 / 월 / 연도 형태로 변경해 보겠습니다. 우선 [Date Created – 분할 1 – 분할 1] 필드를 일, 월, 연도로 각각 분할 처리하겠습니다.

[Date Created – 분할 1 – 분할 1] 필드에 마우스 오버하면 우측 상단에 노출되는 아래 세모 옵션[▼]을 선택한 후 '사용자 지정 분할'을 선택합니다.

① 구분 기호 사용: ' '(스페이스 바 한 번 입력)

② 분할 해제: 전체

③ 확인 버튼 선택

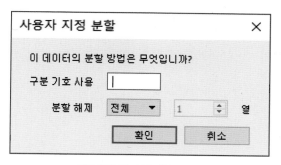

그림 7-216 Blank를 기준으로 분할

17 [Date Created – 분할 1 – 분할 1]을 숨기기 처리합니다.

18 [Date Created – 분할 1 – 분할 1 – 분할 1] 필드명은 [Day]로 변경합니다.

19 [Date Created – 분할 1 – 분할 1 – 분할 2] 필드명은 [M]으로 변경합니다.

20 [Date Created – 분할 1 – 분할 1 – 분할 3] 필드명은 [Y]로 변경합니다.

21 [Day] 필드에서 1 ~ 9일은 한 자리이고, 10 ~ 31일은 두 자리이므로 모두 두 자리로 만들겠습니다. [Day] 필드에 마우스 오버하면 우측 상단에 노출되는 아래 세모 옵션[▼]을 선택한 후 '계산된 필드 만들기'를 선택해 다음과 같이 입력합니다.

필드명 - Day

계산식 - IF INT([Day]) < 10 THEN "0" ELSE "" END + [Day]

22 [Day] 필드는 숨기기 처리합니다.

23 위에서 분할 처리한 [Y], [M], [D]를 활용해 하나의 필드(dd-MMM-yyyy) 형태로 구성해 보겠습니다.

[D] 필드에 마우스 오버하면 우측 상단에 노출되는 아래 세모 옵션[▼]을 선택하고 '계산된 필드 만들기'를 선택합니다.

필드명 - Date

계산식 - [D] + "-" + [M] + "-" + [Y]

그러면 [Date] 필드는 01-Jan-2021과 같은 형태로 나타납니다.

24 [D], [M], [Y] 필드는 숨기기 처리합니다.

25 워크시트로 이동합니다.

26 행 선반에 [Song], [Artist], [Date] 필드를 차례로 올립니다.

27 테이블 내 Abc로 표시되는 곳에 '상세 페이지로 이동'이란 텍스트를 추가하고 눌러 애플 뮤직 내 해당 곡의 세부 페이지로 이동 처리하겠습니다.

먼저 dummy 계산식을 하나 만들겠습니다. 좌측 사이드바 빈 여백에 우클릭해 '계산된 필드 만들기'를 선택합니다.

필드명 - View Details

계산식 - "View Details"

확인 버튼을 누르면 차원에 [View Details] 필드가 생겼습니다.

28 [View Details] 필드를 끌어서 텍스트 마크 위에 올립니다.

29 텍스트 테이블 내 셀 크기에 비해 텍스트 길이가 긴 경우에는 [Ctrl] + [Shift] + [B]키를 눌러 셀 크기를 넓게 합니다. (반대로 [Ctrl] + [B]는 셀 크기를 작게 변경)

30 도구 설명 마크를 선택하고 '도구 설명 편집' 대화 상자에서 '도구 설명 표시', '명령 단추 포함', '범주로 선택 허용'을 모두 체크 해제하고 확인 버튼을 누릅니다. 그 이유는 'View Details'라는 텍스트는 버튼 역할만 하고 도구 설명은 표시하지 않기 위해서입니다.

31 차원에 있는 [URL] 필드를 끌어서 세부 정보 마크에 올립니다.

32 시트 이름을 'Top 100 List'로 입력합니다.

33 새 대시보드 만들기를 선택합니다.

34 좌측 대시보드 패널에서 'Top 100 List' 시트를 끌어서 '여기에 시트 놓기' 위에 올립니다.

35 좌측 대시보드 패널 하단에 있는 개체 중에서 '웹 페이지' 개체를 끌어서 'Top 100 List' 우측에 위치시키면 'URL 편집' 대화 상자가 나타나는데 여기에서는 입력하지 않고 바로 확인 버튼을 누릅니다.

36 'Top 100 List' 시트 내 'View Details'를 누르면 오른쪽에 해당 곡의 상세 정보가 노출되도록 설정하겠습니다. 먼저 상단 '대시보드' 메뉴 〉 동작 〉 '동작 추가' 〉 'URL로 이동'을 선택합니다.

① 이름: View Details

② 원본 시트: 대시보드 1(현재 위치한 대시보드 이름 선택)의 'Top 100 List' 시트

③ 동작 실행 조건: 선택(S)

④ URL: 우측 끝에 있는 [▶] 버튼을 클릭해 [URL] 필드 선택

⑤ URL 대상: 웹 페이지 개체

⑥ 확인 버튼 선택

그림 7-217 URL 동작을 추가할 때 URL 대상을 웹 페이지 개체로 설정

37 'Top 100 List' 시트 내 'View Details'를 클릭하면 우측 웹 페이지 개체에 해당 곡의 애플 뮤직 상세 정보로 변경되는 것을 볼 수 있습니다.

38 만약에 'Top 100 List' 시트 내 'View Details' 외에 [Song], [Artist], [Date]의 머리글을 눌러도 오른쪽 웹 페이지 개체가 변경되는 것을 볼 수 있습니다. 여기에서는 곡의 상세 정보를 보기 위해 'View Details'를 추가해 나머지 머리글은 클릭하지 못하도록 하고 싶다면 어떻게 해야 할까요? 이 경우에는 약간의 트릭을 활용하겠습니다. 먼저 좌측 대시보드 패널에서 개체 하단에 있는 대시보드의 배열을 '부동'으로 변경합니다.

39 부동 개체를 끌어서 'Top 100 List' 내 텍스트 테이블의 셀 역할을 하는 'View Details'를 제외한 나머지 영역 위에 올립니다. 그러면 'View Details'를 제외한 영역은 모두 unclickable 효과를 가집니다.

40 대시보드 1의 이름을 'Apple Music Top 100 List'로 변경합니다.

41 'Apple Music Top 100 List' 대시보드 이름에 우클릭해 '모든 시트 숨기기' 처리합니다.

그림 7-218 View Details를 클릭하면 우측의 해당 곡 정보를 바로 불러올 수 있음

Tableau Desktop에서 대시보드 내 웹 페이지가 정상적으로 나오더라도 Tableau Server 또는 Tableau Public에서는 보안 문제로 정상적으로 노출이 안 될 수 있습니다. 그런 경우에는 그림 7-219와 같이 바로 웹 페이지로 링크 아웃합니다.

Apple Music Top 100 List (Click each 'View Details' text)

Song	Artist	Date	
Dreams Come True	NCT 127	06-Mar-2020	View Details
Dynamite (Holiday Remix)	방탄소년단	11-Dec-2020	View Details
Easy (feat. Mark Ronson)	Troye Sivan & Kacey Musgraves	10-Dec-2020	View Details
Feliz Navidad	José Feliciano	01-Nov-1970	View Details
For You (feat. Crush)	이하이	16-Dec-2020	View Details
Frosty the Snowman (feat. The Puppini Sisters)	Michael Bublé	24-Oct-2011	View Details
Galaxy	태연	15-Dec-2020	View Details
gold rush	Taylor Swift	11-Dec-2020	View Details
Good Days	SZA	25-Dec-2020	View Details
Hall&Oates	백예린	10-Dec-2020	View Details
Happy Xmas (War Is Over) [feat. The Harlem Commu..	John Lennon, Yoko Ono & The Plastic O..	09-Sep-1971	View Details
Hate you	백예린	10-Dec-2020	View Details
Have Yourself A Merry Little Christmas	Judy Garland	04-Jul-1994	View Details
Here Comes Santa Claus (Down Santa Claus Lane)	Doris Day	23-Aug-1994	View Details
Hero (feat. JUSTHIS & Golden)	쿤디판다	12-Dec-2020	View Details
I am not your ocean anymore	백예린	10-Dec-2020	View Details
I Saw Mommy Kissing Santa Claus	Jackson 5	01-Oct-1970	View Details
iii (feat. Basick, Kid Milli & Paloalto)	래원	12-Dec-2020	View Details
Jingle Bells (feat. The Andrews Sisters)	Bing Crosby	01-Dec-1945	View Details
Kissin' In The Cold	JP Saxe & Julia Michaels	08-Dec-2020	View Details
Last Christmas	Ariana Grande	19-Nov-2013	View Details

그림 7-219 View Details를 선택하면, 애플 뮤직의 해당 곡 정보 페이지로 이동

(4) YouTube 데이터 가져오기

젊은 세대부터 노년층까지 다양한 세대를 유혹하는 콘텐츠 바다인 유튜브 데이터를 스크래핑한 후 분석해 보겠습니다.

참고링크 https://developers.google.com/gsuite/solutions/youtube-tracker

1 앞의 참고 링크에서 본문에 있는 Spreadsheet setup 1. Make of copy the spreadsheet here.의 here를 누르면 문서 복사 페이지가 나타나는데 '사본 만들기' 버튼을 선택합니다.

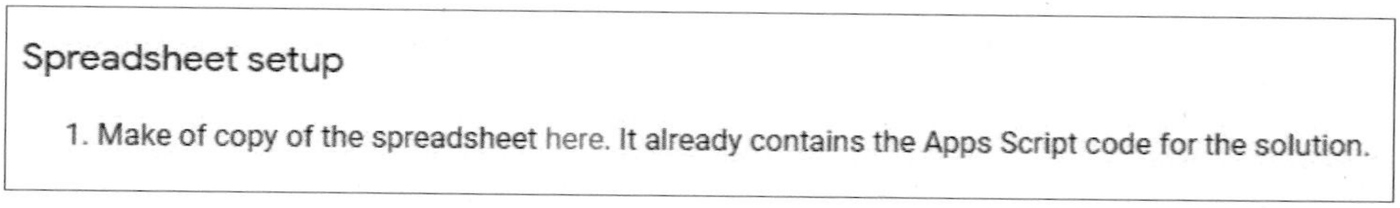

Spreadsheet setup

1. Make of copy of the spreadsheet here. It already contains the Apps Script code for the solution.

그림 7-220 구글에서 제공하는 템플릿 사본을 다운로드 받음

2 사본 만들기(Make a copy)를 선택합니다.

그림 7-221 사본을 만들어 활용

3 수집하려는 유튜브 채널과 영상을 선정해 봅니다. 여기에서는 전 세계 팝아티스트 중 구독자 기준 상위 10위 안에 있는 BTS 소속사의 빅히트레이블의 링크를 참고하겠습니다.

해당 소속사에는 여러 아티스티의 영상이 많아 BTS의 재생 목록에 있는 노래들을 활용하겠습니다.

https://www.youtube.com/playlist?list = PL_Cqw69_m_yz4JcOfmZb2IDWwIuej1xfN

4 구글 시트의 이름을 'Big Hit Labels_BTS'로 변경합니다.

5 링크는 웹 스크래핑 툴을 활용하거나 여의치 않다면 별도로 본 책의 데이터 폴더에 있는 'Big Hit Labels_BTS 영상 링크.xlsx' 파일의 링크를 참고합니다. 해당 파일은 2020년 12월 기준입니다.

6 Big Hit Labels_BTS 영상 링크.xlsx 엑셀 내 A2 첫 행부터 마지막 행까지 데이터를 복사하고 구글 시트의 A2 셀에 붙여 넣습니다.

7 이제 해당 링크를 기준으로 나머지 데이터를 전부 불러오겠습니다. 구글 시트 상단에 있는 '도구' 메뉴 〉 '스크립트 편집기'로 이동합니다.

8 편집기 상단의 'markVideos'인 상태에서 '▷실행' 버튼을 누릅니다.

그림 7-222 markVideos에서 ▷실행 버튼을 누름

그러면 하단에 실행 로그가 나타나는데, 이때 만약에 권한 검토가 필요하다면 자신의 구글 계정으로 인증합니다. 단 안전하지 않을 수 있다는 설정이 나오더라도 'Go to YouTube Comments(unsafe)' 부분을 클릭하면 실행됩니다.

9 실행되고 나서 그림 7-223과 같이 에러가 나타납니다. 이메일 주소가 유효하지 않다고 나오며, 코드 106, 69, 21번째를 클릭해 보면 이메일 주소 입력과 관련된 내용입니다.

실행 로그		✕
오후 3:35:25 알림	실행이 시작됨	
오후 3:35:33 오류	Invalid email: YOUR_EMAIL_ADDRESS	
	sendEmailNotificationTemplate	@ Code.gs:106
	(익명)	@ Code.gs:69
	markVideos	@ Code.gs:21

그림 7-223 실행 로그 오류

10 다시 구글 시트로 이동하겠습니다. 스크립트는 오류가 나지만 Video Title, Views 등의 값은 정상적으로 들어올 수 있습니다. 그런데 오류가 나는 것은 자신의 이메일 주소를 시트(테이

블)의 이름으로 변경하지 않아서 발생합니다. 추후에 해당 데이터 수집이 정상적으로 이뤄지지 않거나 오류가 발생하면 해당 메일 주소를 보고 알림 메일이 전송되는 영역입니다. 따라서 해당 시트의 이름을 각자 자신의 이메일 주소로 업데이트합니다.

그림 7-224 시트 이름인 YOUR_EMAIL_ADDRESS에 자신의 이메일 주소 입력

11 이메일 주소를 입력하고 로그 편집 페이지에서 '▷실행' 버튼을 누르면 실행 로그가 제대로 적용된 것을 볼 수 있습니다.

TIPS

만약에 각 영상으로 정보를 추가하고 싶다면 어떻게 하면 될까요? 예를 들어, 지금 가져온 데이터에서는 Likes(좋아요) 데이터는 있지만 Dislikes(싫어요) 데이터는 없습니다. Dislikes를 구글 시트에 추가하려면 어떻게 하면 될까요?

---

12 로그 편집 페이지에서 Ctrl + F키를 누르고 먼저 like로 검색합니다. 이 네 곳에 dislikes도 추가합니다.

```
      video.
45          var detailsRespon
46          var title = detailsResponse.items[0].snippet.title;
47          var publishDate = detailsResponse.items[0].snippet.publishedAt;
48          var publishDateFormatted = new Date(publishDate);
49          var views = detailsResponse.items[0].statistics.viewCount;
50          var likes = detailsResponse.items[0].statistics.likeCount;
51          var comments = detailsResponse.items[0].statistics.commentCount;
52          var channel = detailsResponse.items[0].snippet.channelTitle;
53
54          // Collects title, publish date, channel, views, comments, likes
        details and pastes into tab.
55          var detailsRow = [title,publishDateFormatted,channel,views,comments,
        likes];
56          dataSheet.getRange(i+1,titleColumnIdx+1,1,6).setValues([detailsRow]);
57
58          // Determines if new count of comments/replies is greater than old
        count of comments/replies.
59          var addlCommentCount = comments - row[titleColumnIdx+4];
60
```

그림 7-225 구글 편집기의 총 4개의 like

13 먼저 50번째 줄을 전체 드래그해서 복사한 후 다음 줄에 붙여넣기 하고 like를 dislike로 변경합니다.

```
50          var likes = detailsResponse.items[0].statistics.likeCount;
51          var dislikes = detailsResponse.items[0].statistics.dislikeCount;
```

그림 7-226 likes를 참고해 dislikes 추가

14 나머지 likes 근처에 dislikes를 추가합니다.

```
55          // Collects title, publish date, channel, views, comments, likes,
        dislikes details and pastes into tab.
56          var detailsRow = [title,publishDateFormatted,channel,views,comments,
        likes, dislikes];
57          dataSheet [∅] dislikes            (local var) dislikes:…  ow]);
```

그림 7-227 계속해서 dislikes를 추가

15 다시 ▷실행 버튼을 누릅니다. 이번에도 오류 메시지가 나타납니다. 오류 메시지는 그림 7-228과 같습니다. 그 이유는 기본 칼럼은 6개였는데 dislikes를 하나 더 추가해 7개 데이터가 발생하면서 생긴 오류이기 때문입니다.

342

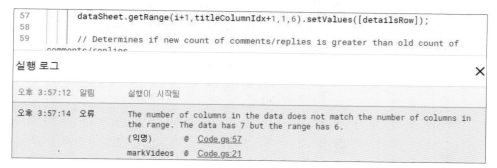

그림 7-228 칼럼 수 차이로 생긴 오류

16 57번째 줄의 6을 7로 변경합니다.

그림 7-229 칼럼 수를 변경

17 다시 ▷실행 버튼을 누릅니다. 실행 로그가 정상적으로 수행되었다면 다시 구글 시트로 돌아옵니다. 7번째 칼럼인 I 열의 값들을 불러올 수 있었습니다. 빈 I1 셀에 'Dislikes'를 입력합니다.

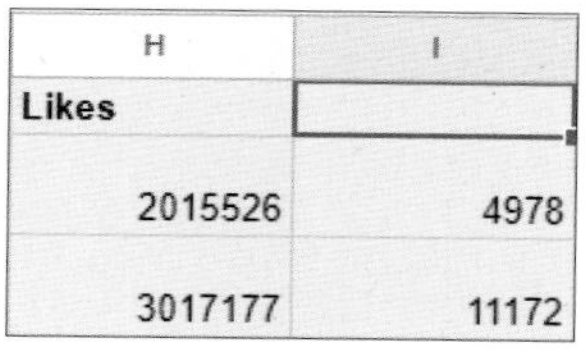

H	I
Likes	
2015526	4978
3017177	11172

그림 7-230 칼럼명 Dislikes를 추가

18 해당 데이터를 Tableau Desktop에서 새 데이터 원본 〉 서버에 연결 〉 Google 스프레드시트 (Google Sheets) 커넥터를 이용해 자신을 인증하고 데이터를 연결합니다.

19 자신만의 대시보드를 만들어 봅니다.

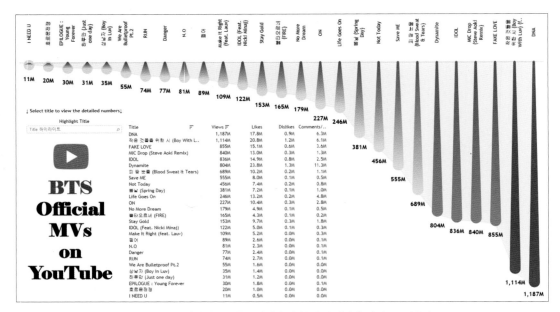

그림 7-231 관심 있는 유튜브 채널의 영상들을 수집한 후 대시보드 만들기

06 | 웹 데이터 수집

(시작하기에 앞서) 웹 데이터 수집은 해당 웹을 운영하는 곳의 정책에 따라 바뀔 수 있습니다. 여러분이 본 책을 보는 시점에는 변경될 수도 있으니 구글 개발자 도구를 참고해서 상황에 맞게 업데이트해 봅니다.

이번에는 웹 페이지에서 특정한 영역에 있는 데이터를 xpath를 활용해서 스크래핑해 보겠습니다.

xpath란?

XML Path Language로 XML 문서에서 특정 위치에 있는 값을 찾을 때(경로 지정) 사용하는 언어입니다.

상위 폴더에서 하위 폴더로 구조화된 요소들을 찾아보겠습니다. 여기에서는 구글 시트에서 IM-PORTXML 함수를 활용해서 필요한 xpath 영역을 가져오는 실습을 하겠습니다. 『태블로 굿모닝 굿애프터눈』 데이터를 출판사별로 수집해 보겠습니다.

다만 해당 웹 페이지를 운영하는 곳에서 페이지 개편 등이 있는 경우 이후에는 동일하게 실습이 안 될 수도 있으니, 해당 영역을 어떤 식으로 스크래핑할 수 있을지 이 책을 참고해서 다양한 사례를 테스트해 봅니다.

1. 구글 시트에서 새로운 스프레드시트를 오픈합니다.

2. 새로운 시트의 이름을 '굿모닝 굿애프터눈_출판사별 웹 데이터 수집'으로 입력합니다.

3. 하단의 시트 이름을 'Yes24'로 변경합니다.

4. 여기에서는 먼저 인터넷 서점인 'Yes24'에서 『태블로 굿모닝 굿애프터눈』을 검색하거나 다음 url로 이동합니다. (http://www.yes24.com/Product/Goods/85164396)

5. 제목 부분을 스크래핑하기 위해 제목 영역에 우클릭 〉 검사를 선택합니다. 만약 원하는 위치부터 바로 검사하고자 한다면 개발자 도구가 화면 오른쪽이나 아래쪽에 나타나는데, 이때 좌측 상단에 있는 마우스 포인터로 스크래핑하려는 영역에 마우스 오버하면 개발자 도구에 해당 부분이 음영 처리되는 것을 볼 수 있습니다. 여기에서는 제목 부분이 'div class가 gd_titArea'에서 h2에 대한 부분이 제목입니다.

그림 7-232 예스24의 책 정보를 수집

6️⃣ B2 셀에 먼저 '= IMPORTXML'을 입력합니다. IMPORTXML 함수는 XPath 쿼리를 사용해서 특정한 HTML을 추출하고자 할 때 사용합니다. IMPORTXML은 콤마를 기준으로 앞에는 수집하려는 웹 사이트 URL을 입력하고 콤마 뒤에는 수집하려는 위치의 xpath_query를 입력합니다.

그림 7-233 IMPORTXML 활용 예시

그리고 다음과 같이 B2셀을 모두 채웁니다.

= IMPORTXML("http://www.yes24.com/Product/Goods/85164396", "//div[@class = 'gd_titArea']/h2")

해당 웹 페이지에서 div의 class가 'gd_titArea'에서 h2 영역을 가지고 오겠다는 뜻입니다.

7 A2 셀을 '제목'으로 입력합니다.

8 A3 셀을 '부제'라고 입력합니다.

9 그리고 Yes24에서 제목인 h2 영역 아래에 h3 영역이 부제에 대한 부분입니다. 이번에는 B3 영역을 다음과 같이 입력합니다.

= IMPORTXML("http://www.yes24.com/Product/Goods/85164396","//div[@class = 'gd_titArea']/h3")

10 A4 셀에 '필자'로 입력합니다.

11 개발자 도구에서 마우스 포인터를 이용해 필자 영역에 마우스 오버하면 span class = "gd_auth"에 a[1]이 강승일, a[2]가 송재환입니다.

그림 7-234 필자 불러오기

필자 중에서 '강승일'만 가지고 오겠다면 B4 셀에 다음과 같이 입력합니다.

= IMPORTXML("http://www.yes24.com/Product/Goods/85164396","//span[@class = 'gd_auth']/a[1]")

필자 중에서 '송재환'만 가지고 오겠다면 B4 셀에 a[1] 대신 a[2]를 입력합니다.

= IMPORTXML("http://www.yes24.com/Product/Goods/85164396","//span[@class = 'gd_auth']/a[2]")

이번에는 출판사 이름을 수집하겠습니다.

12 A5 셀에 '출판사명'이라고 씁니다.

13 B5 셀은 출판사 영역에 마우스 포인터를 두면 span class = "gd_pub"입니다.

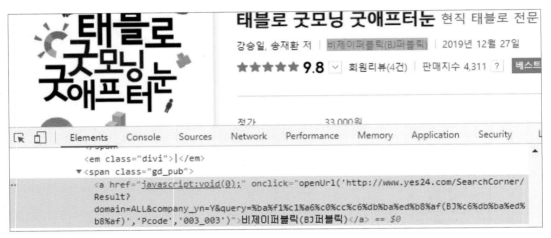

그림 7-235 출판사 정보를 수집

따라서 다음과 같이 입력합니다.

= IMPORTXML("http://www.yes24.com/Product/Goods/85164396","//span[@class = 'gd_pub']")

TIPS

개발자 도구에서 class = 뒷부분이 쌍따옴표(double-quotation)로 되어 있는데 구글 시트에서는 해당 부분은 작은따옴표(single-quotation)로 반드시 변경해야 합니다. Xpath_query 앞뒤로 ""(double-quotation)로 감싸 이곳과 구분하기 위해서 작은따옴표로 처리해야 한다는 점 꼭 기억하도록 합니다.

14 A6 셀에 '출간일'이라고 입력합니다.

15 B6 셀에 출간일 정보를 넣기 위해 해당 영역에 마우스 포인터를 올리면 span class = "gd_date"로 나옵니다. 이 영역을 구글 시트로 가져오겠습니다.

그림 7-236 출간일 정보 가져오기

= IMPORTXML("http://www.yes24.com/Product/Goods/85164396","//span[@class = 'gd_date']")

16 A7 셀에 '리뷰 총점'이라고 입력합니다.

17 B7 셀에 리뷰 총점(점수)을 가져오겠습니다.

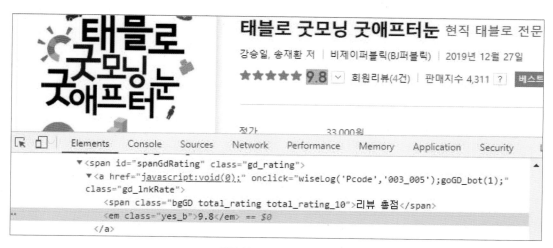

그림 7-237 리뷰 점수 불러오기

위치는 span 〉 a 〉 em class에 있습니다. 따라서 다음과 같이 입력합니다.

= IMPORTXML("http://www.yes24.com/Product/Goods/85164396","//span/a/em[@class = 'yes_ b']")

18 A8 셀에 '회원리뷰'라고 입력합니다.

19 B8 셀에 회원리뷰 건수를 추가하겠습니다.

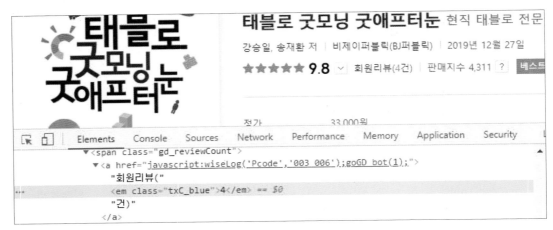

그림 7-238 리뷰 수 가져오기

= IMPORTXML("http://www.yes24.com/Product/Goods/85164396","//span/a/em[@class = 'txC_blue']")

20 A1 셀에 '필드', B1 셀에 '필드값'을 입력합니다. 이 외에도 '알라딘'과 '교보문고'에서도 비슷한 영역을 수집 연습해 봅니다.

```
=IMPORTXML("https://www.aladin.co.kr/shop/wproduct.aspx?ItemId=222718641","//ul/li/div/a[@class='Ere_bo_title']")
```

	A	B	C	D	E
	필드	필드 값			
	제목	태블로 굿모닝 굿애프터눈			
	부제	- 현직 태블로 전문 강사가 알려주는 데이터 시각화 노하우			
	저자	강승일			
	출판사	비제이퍼블릭			
	정가	33,000원			
		1,650원(5%) +	멤버십(3~1%)		
		+ 5만원이상 구매시 2,000원			
		1,340원 (도서구입비 소득공제 대상 및 조건 충족 시)			
		26,400원			
		신간도서 단 1권도 무료			
		지금 택배로 주문하면 내일 수령			
		최근 1주 90.8%	(중구 중림동 기준) 지역변경		

그림 7-239 알라딘에서 수집한 『태블로 굿모닝 굿애프터눈』 정보

```
=IMPORTXML("http://www.kyobobook.co.kr/product/detailViewKor.laf?
ejkGb=KOR&mallGb=KOR&barcode=9791190014588","//h1/strong")
```

A	B
필드	필드 값
제목	태블로 굿모닝 굿애프터눈
부제	현직 태블로 전문 강사가 알려주는 데이터 시각화 노하우
저자	강승일
출판사	비제이퍼블릭
별점	4
총 별점	10
정가	33,000원
판매가	29,700
할인율	10
할인금액	3,300

그림 7-240 교보문고에서 수집한 『태블로 굿모닝 굿애프터눈』 정보

CHAPTER 08

Tableau의
새로운 기능들

『태블로 굿모닝 굿애프터눈』 출간 이후에 출시된 Tableau Desktop의 주요 기능들을 소개합니다.

『태블로 굿모닝 굿애프터눈』 출간 이후에 출시된 Tableau Desktop의 주요 기능들을 소개합니다.

01 | 2020.1 버전

https://www.tableau.com/ko-kr/2020-1-features

(1) 버퍼 계산

버퍼 계산은 거리를 반지름을 사용하여 원형 모양으로 만들어 표시합니다. 기본적으로는 맵 형태와 결합해서 표현하며, 상수 값으로 고정하기보다는 매개 변수와 결합하여 매개 변숫값의 범위에 따라 이 반지름을 동적으로 처리합니다.

여기에서는 서울시 강남구 기준으로 스타벅스 매장을 불러와 삼성역 주변 매장 중 반경 N Meter를 기준으로 매장들의 겹치는 부분을 확인해 봤습니다.

1 매개 변수를 활용해 범위를 임의로 설정합니다.

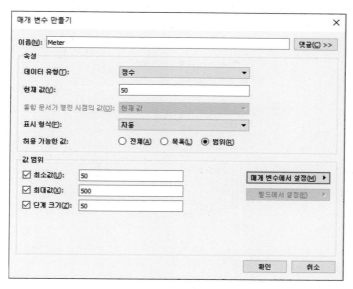

그림 8-1 버퍼를 Meter 기준으로 설정

2 계산된 필드를 만듭니다.

그림 8-2 Buffter 함수를 적용한 계산식 만들기

3 맵에 적용하고 매개 변수에 따라 화면이 동적으로 변경되는 것을 확인할 수 있습니다.

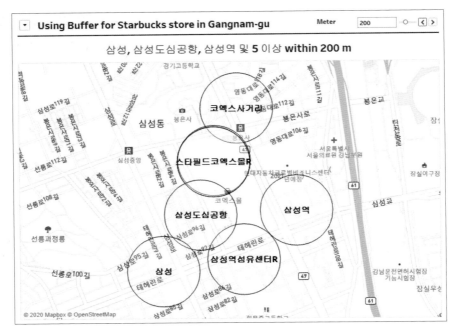

그림 8-3 반경 200m 기준

그림 8-4 반경 400m 기준

02 | 2020.2 버전

https://www.tableau.com/ko-kr/2020-2-features

(1) 관계

2020.1 버전까지는 데이터 원본 페이지에서 다른 데이터 원본과 연결할 때는 조인과 유니온처럼 물리적인 결합만 지었습니다. 그러나 2020.2 버전부터는 관계라는 기능이 추가되어 조인과 달리 데이터를 병합하지는 않습니다. 독립된 각각의 테이블이 연관되어 연결됩니다.

예를 들어, A라는 테이블과 B라는 테이블의 안쪽을 조인 연결하면 물리적으로 테이블끼리 연결되어 이후에도 A 테이블을 사용할 때 B 데이터와 공통된 값들만 활용할 수밖에 없었습니다.

그런데 A 테이블과 B 테이블을 관계로 설정한다면 A와 B 테이블이 각각 존재하고 관계 설정되었을 때 마침내 계약이 이뤄집니다.

다음은 2020.2 버전부터 가능한 데이터 모델링의 계층 이미지입니다. 상위에 논리적 계층이 있고 관계를 맺을 수 있습니다. 이 논리적 계층 아래에서 각각 물리적 계층을 갖는데 이 물리적 계층에서는 조인과 유니온이 발생합니다. 즉 물리적으로 결합하고 상위에서 논리적으로 관계만 설정해 줍니다.

다음은 운영 시간, 일간 매출, 매장 정보 3개의 데이터 원본으로 모델링하는 예시입니다.

1 운영 시간 데이터 원본의 Sheet1이 캔버스에 연결합니다.

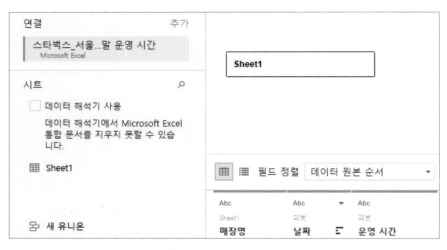

그림 8-5 운영 시간 데이터를 연결

2 매출 데이터 원본을 불러오고 캔버스에 있는 Sheet1 테이블과 조인 연결하겠습니다. 이때 캔버스에 있는 Sheet1을 클릭하면 물리적 계층 레이어가 생기는데 이때 매출 데이터 원본의 Extract 테이블을 연결합니다.

그림 8-6 물리적 결합은 조인 연결

3 매장 데이터를 유니온 연결하고, Sheet1 우측에 두면 관계 설정 누들이 연결됩니다. 그러면 각각의 물리적 계층을 관계로 설정합니다.

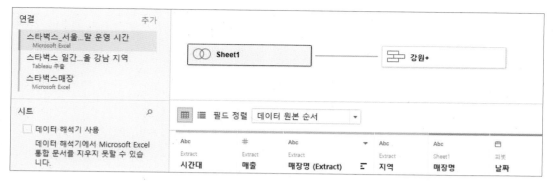

그림 8-7 두 논리적 테이블을 관계 설정한 모습

관계를 활용해서 테이블을 결합할 때 이점은 다음과 같습니다.

① 데이터 원본을 쉽게 정의 및 변경할 수 있습니다.

② 물리적 결합 시에 이탈되는 세부 수준을 올바르게 활용할 수 있습니다.

③ 시각화된 결과물에 적용된 필드가 있는 테이블만 쿼리해 성능 향상에 도움됩니다.

그렇다고 조인과 유니온을 사용하지 않는 것은 아니니 물리적 결합과 논리적 연관을 잘 활용해 봅니다.

(2) 메트릭

참고링크 https://www.instagram.com/p/CAumT8MnPzj/?igshid= taltr0mvyu5u

메트릭은 클릭 한 번으로 KPI를 쉽게 살펴볼 수 있는 기능입니다. 메트릭은 라이브든 추출이든 상관없이 백그라운드 작업으로 데이터가 거의 즉각적으로 로드됩니다. 또한 모바일 환경친화적으로 Tableau Mobile App을 통해서 이동 중에도 쉽게 핵심 지표를 살펴볼 수 있는 기능입니다.

1 Tableau Desktop에서 구현한 Viz를 Tableau Server 또는 Tableau Online에 연결된 상태로 '서버' 메뉴 〉 통합 문서 게시를 선택한 후 업로드합니다.

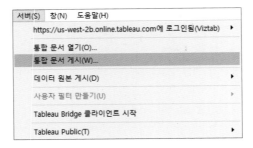

그림 8-8 Tableau 서버 또는 온라인에 통합 문서 게시

2 Tableau Server 또는 Tableau Online에서 업로드한 뷰를 선택하고 뷰 상단의 '알림'과 '구독' 사이에 2020.2 버전부터 생긴 메트릭을 선택합니다.

그림 8-9 메트릭을 선택

3 뷰 우측에 메트릭에 대한 도움말로 뷰에 있는 마크를 선택하라는 가이드가 나옵니다.

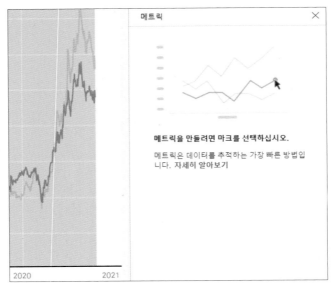

그림 8-10 가이드 안내대로 추이를 살펴보고 싶은 마크 선택

4 선택한 마크를 기준으로 해당 메트릭의 이름과 설명 그리고 이 메트릭의 추이를 살펴볼 수 있는 날짜 필드 중 원하는 필드를 선택할 수 있습니다. 설정이 다 완료되었다면 '만들기' 버튼을 누릅니다.

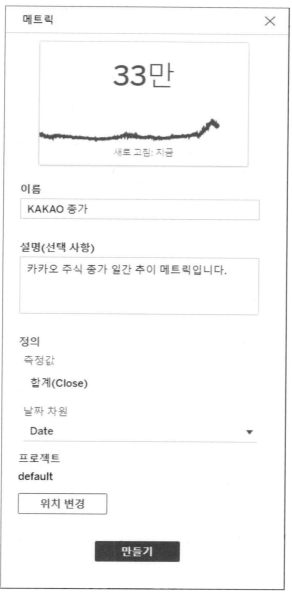

그림 8-11 설정하려는 메트릭 정의

메트릭이 모두 완성되었습니다. 이제 '메트릭으로 이동' 링크를 누릅니다.

성공: 메트릭 "KAKAO 종가"을(를) 프로젝트 "default"에 만들었습니다.　　메트릭으로 이동　　✕

그림 8-12 메트릭 설정 완료

6 메트릭을 통해 맞춤형 헤드라인을 바로 확인할 수 있습니다. 마크를 이동하면 해당 값을 이전 마크와 비교해 변동 내용을 알아서 계산하여 알려 줍니다.

 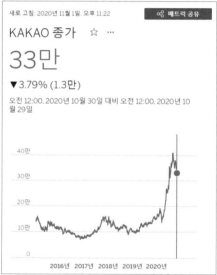

그림 8-13 메트릭에서는 마크를 이동할 때마다 맞춤형 헤드라인을 볼 수 있음

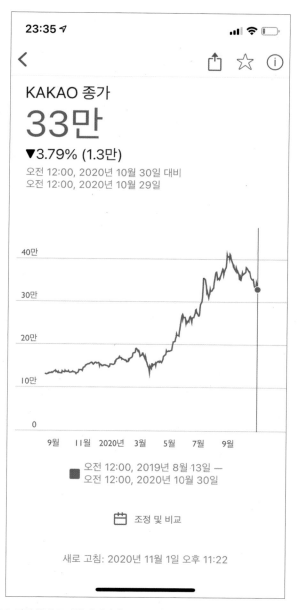

그림 8-14 이동 중에 모바일 앱에서 손으로 스와이프하면서 지표를 바로 살펴볼 수 있음

03 | 2020.3 버전

https://www.tableau.com/ko-kr/2020-3-features

(1) 계산의 IN 연산자

계산된 필드를 만들 때 계산에 'IN' 연산자를 사용하여 지정된 값을 쉼표로 값을 지정하여 필드에 있는 값과 비교해서 살펴볼 수 있습니다.

예전에는 복잡하게 계산된 필드를 썼다면 간단한 IN 연산자로 추가하는 방법을 확인해 보겠습니다. SUPERSTORE_2018-2021.xlsx 파일을 활용해 보겠습니다.

1 [시도]와 [시군구] 필드를 행 선반에 올립니다.

2 [시군구] 기준으로 "중구", "종로구", "용산구"를 "서울 도심권"으로 분류해 보겠습니다.

그림 8-15 IN 함수 적용

3 [서울 도심권_IN] 필드를 드래그해서 행 선반의 [시도] 앞에 놓고 '참'을 맨 위로 올립니다.

서울 도.. ⹀	시도	시군구	
참	대구광역시	중구	Abc
	대전광역시	중구	Abc
	부산광역시	중구	Abc
	서울특별시	용산구	Abc
		종로구	Abc
		중구	Abc
	울산광역시	중구	Abc
	인천광역시	중구	Abc
거짓	강원도	강릉시	Abc

그림 8-16 IN 함수를 적용해서 중구·용산구·종로구는 참으로 구분

4 이 경우에 [시군구] 기준으로 중구는 '서울특별시' 외에도 '대구광역시', '대전광역시', '부산광역시', '울산광역시', '인천광역시'에도 있습니다.

여기에서는 서울특별시 중구를 '서울 도심권'으로 설정하기 위해서 2020.2 이전 버전에서 만드는 계산식을 먼저 확인하겠습니다.

그림 8-17 2020.1 버전까지는 이와 같은 계산식을 적용

IF, AND, OR, THEN, END로 이어지는 계산식이었습니다.

5 2020.3 버전부터 IN 연산자로 간단하게 만드는 방법을 확인해 보겠습니다.

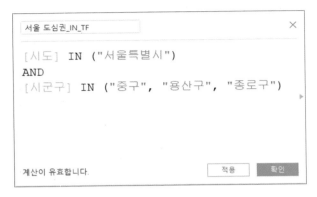

그림 8-18 이전보다 효율적으로 계산식 만들기

6 앞에서 만든 [서울 도심권_IN_TF] 필드를 드래그해서 행 선반의 [시도] 앞에 두면 그림 8-19와 같이 원했던 대로 서울특별시의 '용산구', '종로구', '중구'가 '참(True)'으로 인식됩니다.

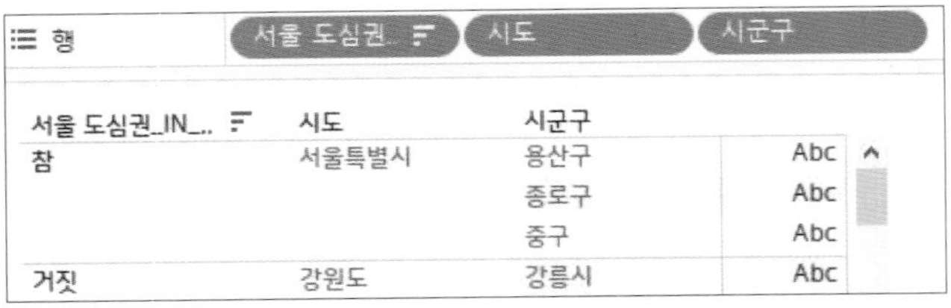

서울 도심권_IN... ☰	시도	시군구	
참	서울특별시	용산구	Abc
		종로구	Abc
		중구	Abc
거짓	강원도	강릉시	Abc

그림 8-19 앞에서 만든 계산식을 행 선반 맨 앞에 위치시킴

또는 필터 선반에 넣고 '참'을 선택하면 해당 값만 표현하는데 간단한 계산식으로 만들 수 있습니다.

그림 8-20 필터에 적용한 모습

(2) 예측 모델링 함수

Tableau 2020.3 버전부터 예측 모델링 함수(MODEL QUANTILE, MODEL PERCENTILE)가 추가되었습니다.

기존에는 분석 패널에 있는 '추세선'과 '예측' 기능을 추가할 수 있었고, 고급 통계 계산 이후에 Tableau에서 시각적 분석을 하기 위해서는 R이나 Python과 연동했어야 합니다.

이제는 Tableau에서 제공하는 추세와 예측을 함께 적용한 예측 모델링 함수를 활용해 고급 분석에 도전해 봅니다.

여기에서는 MODEL QUANTILE 함수를 활용해서 사분위수 기준 중앙값으로 예측 모델링을 해 보겠습니다.

1 COVID-19 daily new cases in S.Korea.hyper 추출 파일을 연결합니다.

2 [날짜] 필드를 '연속형 일' 기준으로 열 선반에, [신규 확진자] 필드를 행 선반에 올립니다. 그러면 데이터 원본상 일간 신규 확진자 수 추이가 라인 그래프로 표시됩니다.

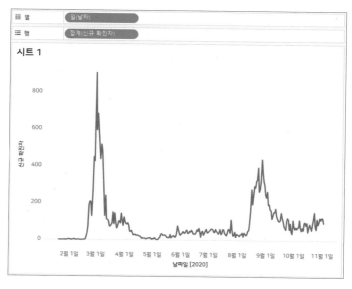

그림 8-21 일간 신규 확진자 추이를 막대 그래프로 표현

3 필드명이 'c. 사분위수 예측 중앙값_신규 확진자'인 계산된 필드를 만듭니다. 이때 사분위수 기준 MODEL_QUANTILE 함수를 적용합니다.

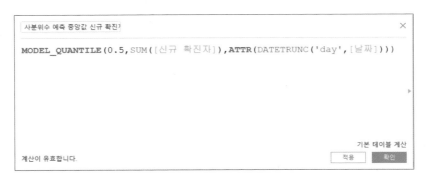

그림 8-22 MODEL_QUANTILE 함수 적용

① MODEL_QUANTILE 함수는 지정된 사분위수를 기반으로 입력한 값을 기반해 예측합니다.

② 0.5는 Quantile(사분위수) 기준으로 중앙값에 해당합니다.

③ DATETRUNC는 [날짜] 필드를 기준으로 'day'(일별)로 연속형으로 잘라 내는 함수입니다.

④ ATTR 함수는 MODEL_QUANITLE에서 활용하는 측정값을 [신규 확진자]에서 SUM으로 집계해 이곳도 집계 형태로 변환하기 위해서 ATTR 함수를 추가합니다.

4 [c. 사분위수 예측 중앙값_신규 확진자] 필드를 행 선반에 넣고 [신규 확진자] 필드와 이중축을 적용합니다.

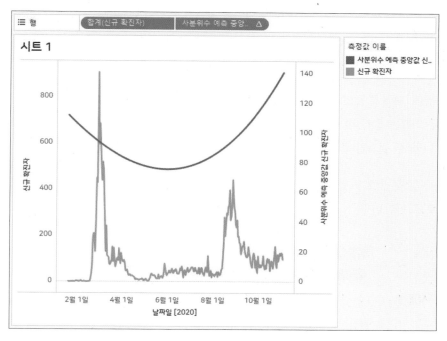

그림 8-23 신규 확진자와 MODEL_QUANTILE을 적용한 필드를 이중 축으로 적용

5 계산식을 만들어 그림 8-24와 같이 마지막 날짜를 기준으로 30일을 미래로 추가해 보겠습니다.

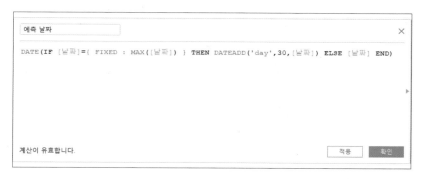

그림 8-24 예측 날짜 필드 생성

① [날짜] = {FIXED: MAX([날짜])}가 의미하는 것은 [날짜] 중에서 가장 큰 날짜와 가장 최신 날짜가 같은 경우를 말합니다.

② 가장 최신 날짜인 경우에 DATEADD 함수를 활용해 날짜를 더한다는 뜻입니다. 날짜를 더할 때 'day'(일간) 기준으로 '30'일을 더하고, 나머지 날짜는 원래 그대로 [날짜] 필드대로 보여 주겠다는 뜻입니다.

③ 맨 앞에 DATE로 감싼 이유는 원래는 DATE 없이 필드를 생성해서 이 필드의 원래 필드 유형은 '날짜 및 시간'이었는데, 데이터 원본이 일간 기준이므로 데이터 유형을 '날짜'로 변경하면 자동으로 'DATE' 함수가 반영된 결과입니다.

6　기존에 열 선반에 있던 [날짜]는 제거하고 그 대신 앞에서 만든 [예측 날짜]를 '연속형 일' 기준으로 표시합니다.

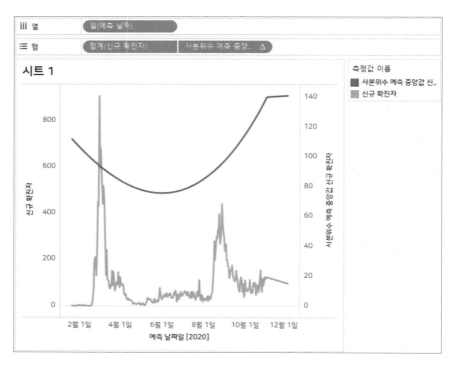

그림 8-25 날짜 대신 예측 날짜를 열 선반에 올림

7　그리고 오른쪽 축인 '사분위수 예측 중앙값 신규 확진자' 축을 우클릭해 축 동기화를 선택합니다.

8 그런데 앞의 이미지에서 오렌지색인 '신규 확진자'가 최근 날짜 이후에 30일을 더한 값이 나와서 이 부분을 실제 데이터 원본에 있는 값만 나오도록 계산식을 하나 더 만들겠습니다.

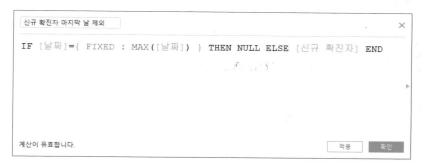

그림 8-26 마지막 날은 제외 처리

① 날짜 중에서 가장 큰 값인 최근 데이터는 Null로 표시하고, 나머지인 최근 날짜 이전 데이터는 그대로 신규 확진자 수로 보여 주겠다는 뜻입니다.

9 [신규 확진자 마지막 날 제외] 필드를 기존의 행 선반에 있던 [신규 확진자] 대신에 배치합니다. '1null'로 표시기가 나타나는 것은 최근 날짜를 NULL로 만들었기 때문입니다.

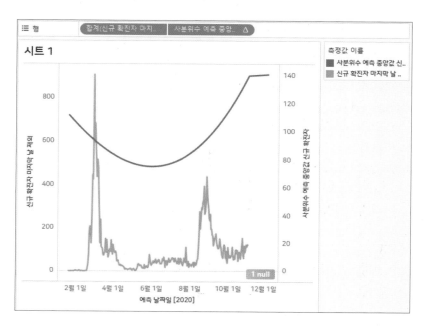

그림 8-27 최근 날짜가 NULL이라 1NULL 표시기가 나타남

10 이제 앞에서 만든 [사분위수 예측 중앙값 신규 확진자] 필드를 편집한 후 [신규 확진자] 필드를 [신규 확진자 마지막 날 제외]로 대체합니다. 그리고 확인 버튼을 누릅니다.

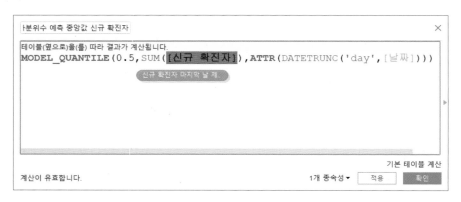

그림 8-28 기존 필드를 새 필드로 대체

11 오른쪽 축인 '사분위수 예측 중앙값 신규 확진자'를 우클릭해 '축 동기화'를 선택합니다.

12 뷰에서 라인 중 파란색인 '사분위수 예측 중앙값 신규 확진자'의 최근 날짜 기준으로 라인에 마우스 오버하면 데이터 원본 기준으로 2020년 11월 2일이 제외되었으므로 가장 끝은 11월 1일이고 예측을 반영한 DATEADD 30이 추가된 날짜는 12월 2일입니다. 그러면 이 30일 동안 누락된 값을 표시하는 방법은 없을까요?

이처럼 누락된 값을 표현하고자 할 때는 날짜가 누락되어 열 선반에 있는 [예측 날짜]에 우클릭해 '누락된 값 표시'를 선택합니다.

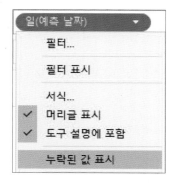

그림 8-29 누락된 값 표시 선택

13 마지막으로 예측 계산이 누락된 값에 대해서도 예측 작동을 하기 위해 상단 '분석' 메뉴의 '누락된 값에서 속성 유추'를 선택합니다.

14 기타 필요한 내용을 깔끔하게 업데이트한 대시보드입니다. 각자 필요한 내용을 추가하도록 합니다.

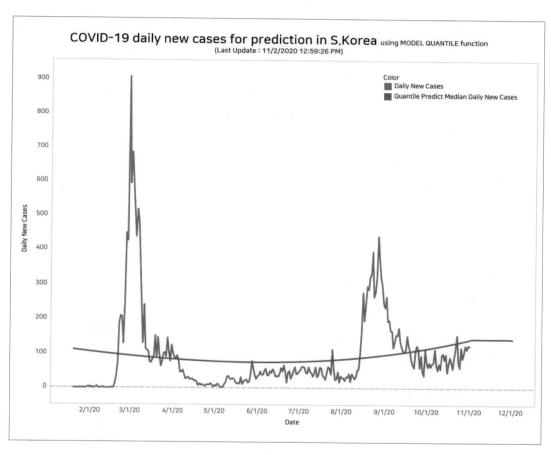

그림 8-30 완성된 화면

04 | 2020.4 버전

https://www.tableau.com/ko-kr/2020-4-features

(1) 맵에 다중 마크 지원

2020.4 버전부터 맵에 다중 마크 계층을 사용할 수 있게 되었습니다. 여기에서는 우리나라 인구수 데이터를 활용해 한 시트에 지역·시도 기준으로 파이 차트를 만들어 선버스트 차트를 구현해 보겠습니다.

1 [시도]의 지리적 역할을 '시 / 도'로 설정합니다.

2 [시도] 필드를 만들기 〉 그룹을 선택하고 그림 8–31과 같이 지역이라는 필드를 만듭니다.

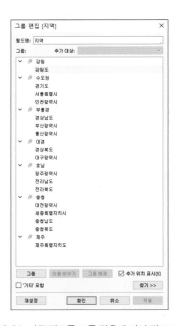

그림 8-31 시도 필드를 그룹 적용해 지역 필드 만들기

3 그림 8-32와 같이 계산식을 만듭니다.

그림 8-32 한 시트에 여러 개 마크를 놓기 위해 기준점 하나 만들기

4 측정값에 있는 [기준점] 필드를 더블 클릭하면 맵이 표시되면서 위도와 경도가 0인 곳에 기준점이 찍힙니다.

5 측정값에 있는 [기준점] 필드를 이번에는 드래그하면 생성되는 마크 계층 추가에 올립니다.

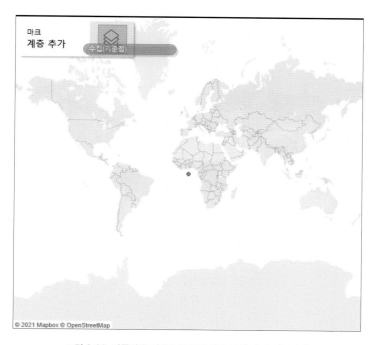

그림 8-33 기준점을 기준으로 마크 계층이 하나 더 만들어짐

6 다시 한 번 더 [기준점] 필드를 이번에는 끌어당겨서 생성되는 마크 계층 추가에 올립니다.

그림 8-34 맵으로 이뤄진 마크가 총 3개 만들어짐

7 모든 마크를 '맵'에서 '파이'로 변경합니다. 그리고 기본 마크를 맨 아래에 있는 첫 번째 기준점 마크를 오픈합니다.

8 그림 8-35와 같이 계산식을 하나 더 만듭니다.

그림 8-35 추후에 파이 차트의 크기에 활용

9 [1] 필드를 기준점 첫 번째 크기 마크에 올리고 슬라이더를 오른쪽 끝까지 이동시킵니다.

10 여기에서는 배경 맵을 삭제하겠습니다. 상단 '맵' 메뉴 〉 배경 맵 〉 '없음'을 선택합니다. 그러면 위도와 경도 모두 1의 위치에 파이 차트 하나가 생깁니다.

11 [지역] 필드는 색상 마크에 올리고 색상 마크에서 효과의 테두리는 흰색으로 지정합니다.

12 [지역] 필드는 인구수 합계 기준으로 내림차순으로 정렬합니다.

13 [시도] 필드는 레이블 마크에, [인구수] 필드는 각 도 마크에 올립니다.

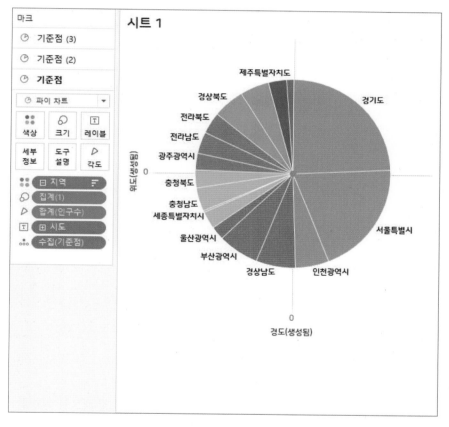

그림 8-36 기준점 첫 번째 마크에 적용한 결과

14 이번에는 기준점 (2) 마크를 오픈합니다. 그리고 [1] 필드를 기준점 (2)의 크기 마크에 올립니다.

15 [지역] 필드는 색상 마크에 올리고 색상 마크에서 효과의 테두리는 흰색으로 지정합니다.

16 [지역] 필드는 레이블 마크에, [인구수] 필드는 각 도 마크에 올립니다.

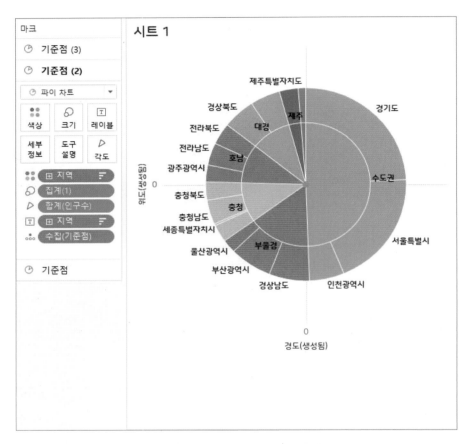

그림 8-37 기준점 두 번째 마크에 적용한 결과

17 이번에는 기준점 (3) 마크를 오픈합니다. 색상 마크를 선택한 후 흰색으로 지정합니다.

18 [연도]와 [인구수] 필드를 각각 레이블 마크에 올립니다.

19 이번에는 기존에 만든 [1] 필드를 쓰지 않고 그림 8-38과 같이 마크의 빈 여백을 더블 클릭한 후 MIN (1)을 입력해 임시 계산을 만듭니다.

그림 8-38 마크의 빈 여백을 더블 클릭하면 임시 계산 가능

20 그 대신 생성된 MIN (1)은 기본적으로 세부 정보 역할을 하게 되는데 아이콘을 클릭해 역할을 크기로 변경합니다. 그러면 기존보다 파이 크기가 커집니다.

TIPS

왜 기존에 만든 [1] 필드를 쓰지 않고 MIN (1)을 별도로 만들었을까요?

[1] 필드를 사용하면 크기 슬라이더를 변경했을 때 나머지 기준점 (1), (2)에도 적용되므로 별도의 필드를 임의로 만들었습니다.

21 연도별로 애니메이션을 적용해서 화면을 보고자 합니다. 차원에 있는 [연도] 필드를 페이지 선반에 올립니다.

22 페이지 컨트롤러에서 재생 버튼을 눌러서 연도별 변화를 확인합니다.

23 마지막으로 행 선반과 열 선반에 있는 필드를 각각 우클릭해 머리글 표시를 해제하고 라인 서식에서 격자선과 0 기준선을 모두 없음으로 처리하면 화면이 깔끔해집니다.

기존에는 만들기 어려웠던 Sunburst 차트를 맵의 다중 마크를 활용해 구현했습니다. 다양하게 적용할 수 있는 예시들이 많으니 자기가 가진 데이터를 활용해 구현해 봅니다.

추가적인 화면을 구성하면 그림 8-39와 같이 대시보드를 구현할 수 있습니다.

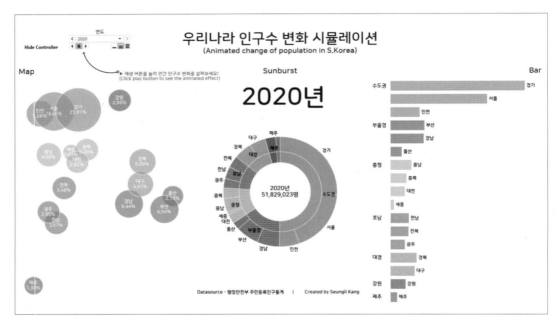

그림 8-39 우리나라 인구수 변화 시뮬레이션을 Map, Sunburst, Bar로 구현

자기 커리어에 활용하기

Tableau Desktop에서 만든 Viz를 개인 Tableau 퍼블릭에 업로드해서 자신의 실력을 표현해 봅니다. 또한 꾸준한 업로드를 통해서 자신의 포트폴리오로 활용하면 더욱 좋습니다.

01 | Tableau Public으로 나만의 포트폴리오 만들기

Tableau Desktop에서 만든 Viz를 개인 Tableau 퍼블릭에 업로드해서 자신의 실력을 표현해 봅니다. 또한 꾸준한 업로드를 통해서 나만의 포트폴리오로 활용하면 더욱 좋습니다.

(1) Tableau Public 만들기

https://public.tableau.com/ko-kr/s /에서 우측 상단의 '등록' 버튼을 눌러 프로필을 만듭니다.

(2) Tableau Public - 자신의 프로필 편집

프로필 이름 옆에 있는 편집을 눌러 Tableau Public에서 기본 제공하는 소셜 미디어 채널인 Facebook, Twitter, LinkedIn으로 자신의 페이지 주소를 공유하거나 홈페이지 및 자신의 소개글을 추가해 봅니다.

Seungil Kang ✏ 편집

Seoul, South Korea | vizibusy.tistory.com

🐦 in **226** 비주얼리제이션 **70** 팔로워 **63** 팔로잉

I am a Data Visualization Specialist and an author of Tableau specialized book '태블로 굿모닝 굿애프터눈'
- Tableau Data Visualization Contest 1st prize (hosted by Korea Tableau User Group, April 2017)…
자세히 읽기

그림 9-1 자기소개로 업데이트해 보기

(3) Tableau Public - Tableau Desktop에서 업로드하기

Tableau Desktop에서 서버 메뉴 〉 Tableau Public에서

첫째, 처음으로 업로드할 경우 'Tableau Public에 다른 이름으로 저장'합니다.

둘째, 이전에 업로드한 것을 똑같은 이름으로 덮어씌울 경우 'Tableau Public에 저장'을 선택합니다.

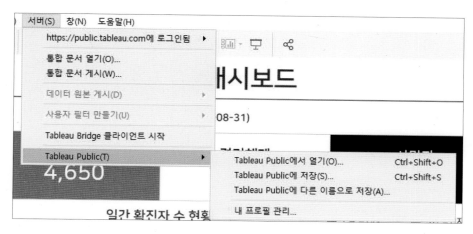

그림 9-2 Tableau Public에 업로드

(4) Tableau Public - 추출(Extract) 만드는 방법

Tableau Public에 업로드할 때 위와 같은 오류 표시가 나는 경우 해당 데이터 원본을 '추출'로 변경해야 합니다.

추출 만드는 방법은

첫째, 데이터 원본 페이지에서 우상단의 연결을 라이브(Live) 대신 추출(Extract)을 선택합니다.

둘째, 워크시트에서 사이드바에 있는 데이터 패널 〉 데이터 원본에서 우클릭 〉 '데이터 추출'을 선택합니다.

자세한 사항은 아래 링크를 참고합니다.

https://help.tableau.com/current/pro/desktop/ko-kr/extracting_data.htm

(5) Tableau Public - 영감(Inspiration) 추가 방법

Tableau Public에 업로드한 후 영감을 받은 Public URL을 입력하면 자동으로 그 하단에 영감받은 Public의 제목과 작성자를 링크 형식으로 노출합니다.

그림 9-3 자신이 참고한 Tableau Public URL을 입력

(6) Tableau Public - 다운로드 비허용 방법

Tableau 퍼블릭에서 워크북 다운로드 비허용은 일단 업로드하면 업로드한 페이지의 제목 오른쪽에 있는 세부 정보 편집 〉툴바 설정 〉'다른 사용자가 이 통합 문서와 해당 데이터를 다운로드하거나 탐색 및 복사할 수 있도록 허용'을 체크 해제합니다.

그림 9-4 툴바 설정에서 다른 사람들의 다운로드 비허용 설정

(7) Tableau Public - Google 스프레드시트로 자동 업데이트 설정하는 방법

(Google 스프레드시트로 자동 업데이트하는 경우에만 적용 가능) Google 스프레드시트를 이용해 실시간으로 데이터를 가져오는 경우 Tableau 워크북을 퍼블릭에 매일 업데이트할 필요 없이 매일 Google 스프레드시트로 데이터 업데이트가 가능합니다.

예를 들어, 앞에서 다룬 Google 스프레드시트로 데이터를 자동으로 불러와서 만든 대시보드를 Tableau Public에 업로드하면 하루에 한 번 자동 갱신됩니다.

또한 데이터 원본(Google 스프레드시트)에 데이터만 리프레시하고 Tableau 퍼블릭에 Google 스프레드시트 '업데이트 요청' 버튼을 누르고 리프레시하면 데이터 원본에 변경된 데이터 기준으로 화면이 변경됩니다.

그림 9-5 Google 스프레드시트를 활용한 대시보드는 자동으로 업데이트 가능

02 | Tableau Public 2주 동안 미션 수행하기

여러분이 꾸준히 연습하도록 6회 차 학습 자료를 제공합니다. 이 학습 자료를 잘 활용하고 싶다면? 2주 동안 매주 월, 수, 금에 하나씩 학습 자료를 Tableau Desktop 또는 라이선스가 아직 없다면 체험판을 설치해서 2주간 실습해 봅니다. 만약 체험 기간이 종료되었다면 Tableau Public을 다운로드 받은 다음에 실습해 봅니다.

개인 Tableau Public을 만들어 꾸준히 업로드해서 자신만의 포트폴리오로 만들어 봅니다.

1일 차. Tableau Public 활용 1일 차

데이터 원본 - 국내 코로나19 현황 추출.hyper(데이터 출처 - 질병관리청 KCDA)

참고 페이지 - https://tabsoft.co/3gMdyud

(1) '국내 현황' sheet

1 측정값을 하나의 사각형으로 표현할 수 있는 방법이 있을까요?

> **HINT** '측정값 이름'을 활용하기

2 최근 날짜의 데이터만 나오도록 할 수 있는 방법이 있을까요?

> **HINT** 계산식 이름: f. 최근 날짜

계산식: [날짜] = {FIXED: MAX([날짜])}

3 워크시트 제목에 최근 날짜를 표시하는 방법이 있을까요?

> **HINT** 제목 편집 > 삽입

4　'누진확진자'와 '격리해제'는 흰색 바탕, '격리 중'은 빨간색 계열, '사망자'는 검은색 바탕으로 적용하는 방법은?

> **HINT**　별도의 색상 범례 적용

(2) '일간 확진자 수 현황' sheet

1　[확진자] 필드를 행 선반에 올리면 어떤 마크가 먼저 노출되나요?

2　[날짜] 필드를 열 선반에 올리면 마크가 어떤 마크로 바뀌나요? 그 이유를 알 수 있을까요?

3　날짜 필드의 불연속형 vs 연속형 차이를 아나요?

4　행 선반에 올린 [확진자]를 복제한 후 [확진자] (2)는 '퀵 테이블 계산' 〉 '차이'를 활용해 [일간 확진자]를 만들어 봅니다.

5　행 선반에 있는 [확진자]와 [일간 확진자]를 이중 축으로 만들고 각각 라인과 막대 마크로 설정합니다.

(3) 'COVID-19 현황 대시보드' dashboard

'국내 현황' sheet와 '일간 확진자 수 현황' sheet로 대시보드를 만듭니다.

1　대시보드란? 복수 개의 시트를 이용해 빠르게 인사이트를 구할 수 있는 화면을 말합니다. 필터 액션을 통해서 원하는 값만 빠르게 찾을 수 있습니다. (1일 차 과제에는 적용 안 됨)

2　대시보드 제목을 표시하는 방법이 있을까요? 대시보드 제목의 크기를 28px로 변경합니다.

3　대시보드 제목과 국내 현황 워크시트 제목 사이에 라인을 추가하는 방법이 있을까요? 색상 범례 제목 표시는 해제하고 '확진자' 범례를 '누적 확진자'로 변경합니다.

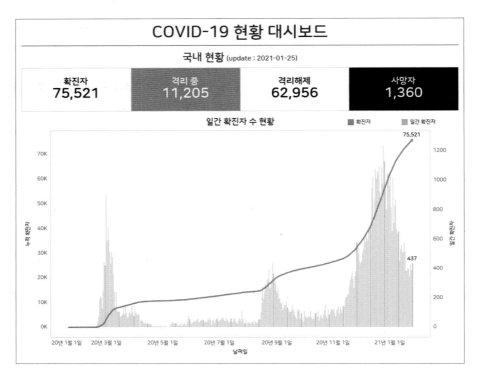

그림 9-6 COVID-19 현황 대시보드

(4) Tableau Public 활용 2일 차

데이터 원본 – 태블로 굿모닝 굿애프터눈_Yes24 판매지수.hyper(데이터 출처 – Yes24 & 필자 개인 데이터)

참고 페이지 – https://tabsoft.co/3p8NZsN

1. 열 선반: [날짜]를 연속형 일(날짜), 행 선반: [Yes24 판매지수]를 올려 봅니다.

2. 2null로 나오는 이유를 알 수 있을까요?

3. 어느 날짜에 값이 누락되어 있나요? 확인하는 방법이 있을까요? (상세한 검증은 테이블 형태로 보는 것이 좋습니다.)

4. 누락된 날짜의 값을 바로 이전(전날)의 값으로 대체하고자 합니다. 어떤 방법이 있을까요?

5 필드명 – Yes24 판매지수_new라는 계산식을 만듭니다.

IIF(ISNULL(SUM([Yes24 판매지수])), PREVIOUS_VALUE(0), SUM([Yes24 판매지수]))

6 행 선반의 [Yes24 판매지수_new]와 복제한 [Yes24 판매지수_new] (2)를 각각 라인과 원 마크로 설정하고 이중 축을 적용합니다.

7 원 마크의 색상을 필드명 '시작 or 끝 or 최대 or 최소'를 넣습니다.

필드명 – 시작 or 끝 or 최대 or 최소

IF [Yes24 판매지수_new] = WINDOW_MAX([Yes24 판매지수_new]) THEN "Max"

ELSEIF [Yes24 판매지수_new] = WINDOW_MIN ([Yes24 판매지수_new]) THEN "MIN"

ELSEIF FIRST() = 0 THEN "First"

ELSEIF LAST() = 0 THEN "Last"

ELSE "etc"

END

8 위의 계산식을 응용해 시작, 끝, 최대, 최소 마크에만 레이블을 추가해 봅니다.

9 [날짜]를 필터에 설정한 후 원하는 날짜 기간을 설정해 봅니다. 날짜 표현 방식은 '기준 날짜'입니다.

10 추세선을 추가합니다.

11 대시보드에서 이미지 개체를 활용해 『태블로 굿모닝 굿애프터눈』 이미지를 삽입합니다. 그리고 대상 URL을 다음과 같이 설정해 클릭해 해당 웹 페이지로 이동하도록 합니다.

http://www.yes24.com/Product/Goods/8516439

12 'Date' 필터와 'Color(원래 별칭: 시작 or 끝 or 최대 or 최소)' 색상 범례를 세로 개체를 활용해 적용합니다.

13 대시보드를 최대한 비슷하게 적용해 봅니다.

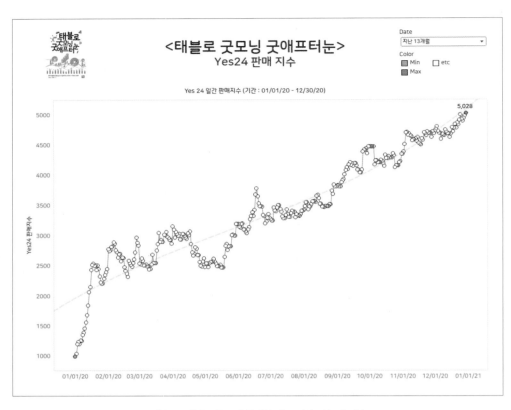

그림 9-7 『태블로 굿모닝 굿애프터눈』 판매 지수 대시보드

(5) Tableau Public 활용 3일 차

데이터 원본 - 서울 최고 기온 날씨_1990-2020.hyper(데이터 출처 - 기상청)

참고 페이지 - https://tabsoft.co/3l8DzqN

1 1990 ~ 2020년 서울 시내 일간 최고 기온 데이터입니다. 화면은 8월만 구성해 봅니다.

2 워크시트를 4개 또는 5개로 구성해 봅니다. 하단의 초순 / 중순 / 하순에 따른 그래프 1개와
상단의 Min, Avg, Max 최고 기온 총 3개 그리고 필자는 대시보드 제목을 워크시트로 만들
어서 총 5개이나 대시보드 제목을 제외하고 4개로 구성해도 됩니다.

3 [Year]라는 매개 변수를 만들어서 해당 연도와 그렇지 않은 나머지 연도를 색상으로 구분합
니다.

4 대시보드 우측 상단에 있는 이미지 다운로드는 대시보드 좌측 하단에 있는 '다운로드' 개체를 활용해서 만듭니다. '다운로드' 개체에서 기본 디폴트는 PDF로 다운로드하나 이것을 편집해 '이미지로 다운로드'로 변경하고 서식을 활용해 테두리를 추가합니다.

5 대시보드 및 워크시트의 백그라운드 색상을 짙은 회색 계열로 통일해 봅니다. (다른 색을 활용해도 상관없습니다.)

6 하단에 있는 그래프는 라인과 원을 이중 축으로 만듭니다.

7 초순, 하순, 중순을 나누는 계산식을 만듭니다.

필드명 - 초순 / 중순 / 하순 구분

계산식은 다음과 같음

IF DATEPART('day', [날짜]) < = 10 THEN "초순"

ELSEIF DATEPART('day', [날짜]) < = 20 THEN "중순"

ELSE "하순"

END

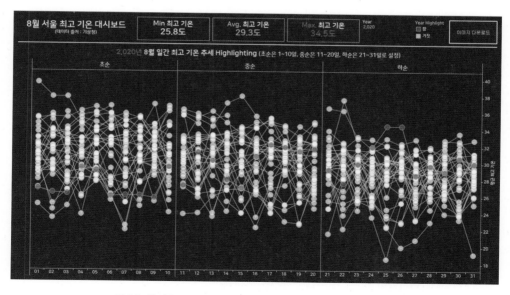

그림 9-8 한 달을 10일 기준으로 초순, 중순, 하순으로 나눈 날씨 대시보드

(6) Tableau Public 활용 4일 차

데이터 원본 – 인천공항 항공통계_지역별통계_2019.hyper(데이터 출처 – 인천국제공항공사)

참고 페이지 – https://tabsoft.co/2GGrt9g

1 데이터 원본 페이지에서 필터를 추가합니다. (데이터 원본 필터) 데이터 원본 필터: [지역] – 한국 제외, [여객 도착] – 1보다 크거나 같은 값을 포함합니다.

2 데이터 원본 페이지 〉 우상단 필터: 추가 〉 데이터 원본 필터 편집: 추가 〉 필터 추가: 지역 〉 한국 제외

3 데이터 원본 페이지 〉 우상단 필터: 추가 〉 데이터 원본 필터 편집: 추가 〉 여객 도착: 최소 = 1

4 데이터 원본 필터란?

데이터 원본에 있으나 Tableau에서 사용하지 않는 필드의 값을 제외하거나 해당 값만 계속 쓰고자 할 때 활용하는 필터입니다. 데이터양을 줄일 때 유용합니다.

여기에서는 한국으로 도착하는 지역(국가명)을 기준으로 살펴보기 때문에 지역에서 한국을 제외하고 여객 도착이 없는 경우 분석할 필요가 없어서 최소 인원을 1로 설정합니다.

⑤ 계산된 필드 만들기

필드명 – 인천공항 경도

126.4497508

⑥ 계산된 필드 만들기

필드명 – 인천공항 위도

37.4464602

⑦ 계산된 필드 만들기

필드명 – 인천공항 Point

MAKEPOINT([인천공항 위도], [인천공항 경도])

⑧ 계산된 필드 만들기

필드명 - Destination Point

MAKEPOINT([Latitude], [Longitude])

⑨ 계산된 필드 만들기

필드명 - Route

MAKELINE([Incheon Airport Point], [Destination Point])

⑩ [Route] 필드를 더블 클릭하면 View에 어떤 변화가 있나요?

⑪ [지역] 필드를 활용해 색상 마크에 올립니다.

⑫ [여객 도착] 필드를 크기 마크에 올립니다.

⑬ 맵의 배경 맵을 어둡게 설정하는 방법은? (맵 계층 활용)

⑭ [지역] 필드를 필터로 추가하고 다중 값 드롭다운으로 설정합니다.

⑮ 지금까지 실습한 대시보드 만들기로 각자 대시보드를 구성해 봅니다.

그림 9-9 물류와 전염병 등 이동 경로를 표시하는 데 활용

(7) Tableau Public 활용 5일 차

데이터 원본 -Kpop Idol Instagram List.hyper

참고 페이지 - https://public.tableau.com/profile/seungilkang#!/vizhome/K-popIdolInstagramRank/
K-popIdolInstagramRank

목표 – K-pop 아이돌 멤버들의 상위 N명 리스트를 만들어 봅니다.

사전 작업 – 데이터 원본을 오픈하면 데이터 원본 페이지에 총 행이 548개로 나타납니다. 즉 548명의 아이돌이 있는 데이터입니다. 이 숫자를 반드시 기억해 주길 바랍니다.

시트로 넘어온 다음에 차원과 측정값이 잘못 위치되어 있는 필드 위치를 변경합니다.

1 측정값에 있는 [Rank]는 평균 n위와 같은 형식으로 표시할 것은 아니므로 측정값 대신 차원으로 위치 이동시킵니다. (방법은 [Rank] 필드를 drag해서 차원 영역으로 보냅니다.)

2 차원에 있는 [Name] 필드를 drag해서 행 선반에 올립니다. 그러면 상태 표시줄에 마크가 523개라고 나오는데 데이터 원본의 총 548명과 다릅니다.

왜 그럴까요?

차원에 있는 [Group] 필드를 drag해서 행 선반의 [Name] 오른쪽에 둡니다. 이제는 총 548명이 나옵니다. 앞에서는 전체 인원이 나오지 않았는데 이젠 왜 정상적으로 나올까요?

3 차원으로 역할을 변경한 [Rank] 필드를 drag해서 행 선반의 [Name] 왼쪽에 위치합니다.

4 팔로워 수 상위 N명의 아이돌로 필터 처리해 보겠습니다. 행 선반에 있는 [Name] 필드에 우클릭 〉 필터 〉 상위 탭 〉 필드 기준: 상위 10 우측에 있는 아래 버튼을 눌러 '새 매개 변수 만들기'를 선택합니다.

매개 변수 이름 - p. Top N
값 범위 - 최솟값: 10, 최댓값: 100, 단계 크기: 10으로 설정한 후 확인 버튼 선택

즉 [Name] 필드에서 [Followers] 합계 기준으로 상위 p. Top N값만큼 필터 처리하겠다는 뜻입니다.

5 매개 변수인 [p. Top N]에 우클릭해 '매개 변수 표시 선택'을 합니다. [p. Top N] 매개 변수의 현재 값이 10인데 리스트에는 12명이 나타납니다. [p. Top N] 매개 변수의 값을 30으로 변경하면 리스트는 총 34명이 나타납니다.

우리가 설정한 값과 실제 노출되는 리스트의 차이는 왜 발생할까요? 그 이유는 동일한 이름을 가진 아이돌들이 여럿이기 때문입니다.

예를 들어, Jisoo라는 이름을 가진 아이돌이 'Blackpink, '[Tahiti], 'Lovelyz' 그룹에도 있기 때문입니다.

따라서 한 그룹에는 동일한 이름의 멤버는 없으므로 [Name]과 [Group] 필드를 합친 새로운 필드를 하나 만들겠습니다.

6 좌측 사이드바 빈 여백 우클릭 〉 계산된 필드 만들기를 선택합니다.

필드명 - Group + Name

계산식 - [Group] + " " + [Name]

7 차원에 새로 생성된 [Group + Name] 필드를 드래그해서 행 선반의 [Rank]와 [Name] 사이에 위치시킵니다.

8 필터 선반에 있는 [Name]에 우클릭 〉 '필터 지우기'를 선택합니다.

9 그 대신 행 선반에 있는 [Group + Name] 필드에 우클릭한 후 필터 〉 상위 탭 〉 필드 기준: 상위 10 우측에 있는 아래 버튼을 눌러 [p. Top N]을 선택합니다.

즉 [Group + Name] 필드에서 [Followers] 합계 기준으로 상위 p. Top N값만큼 필터 처리하겠다는 뜻입니다.

그러면 [p. Top N]의 현재 값이 10일 때 리스트는 10명, 20일 때는 20명, 30일 때는 30명만 리스트에 나오는 것을 확인할 수 있습니다.

10 행 선반에 있는 [Group + Name] 필드의 값은 형태로는 꼭 필요하나 리스트에서는 이미 [Name]과 [Group] 필드가 있어 노출할 필요가 없을 것 같습니다. 이럴 때는 [Group + Name] 필드에 우클릭 〉 머리글 표시를 해제합니다.

11 [Gender] 필드를 드래그해서 행 선반의 [Group] 뒤에 위치시킵니다.

12 이후 대시보드는 크기를 가로 600px, 세로 600px 사이즈로 구성한 후 참고 url 및 이미지를 참고해서 제작해 봅니다.

13 아래 내용을 구글링해서 추가 작업을 해 봐도 좋습니다.

리스트에서 클릭하면 해당 아이돌의 인스타그램으로 이동하도록 설정합니다. 차원에 있는 [Instagram] 필드를 드래그해서 세부 정보 마크에 올립니다. 그리고 대시보드 메뉴 > 동작(작업 or Action)에서 어떤 작업을 추가하면 될까요?

[발견한 인사이트]

1) 어떤 그룹의 아이돌들이 상위권에 있나요?

2) 요즘 빌보드 Hot 100 1위 그룹의 멤버들이 이 리스트에 보이나요?

3) Group 필드에 [그룹명] 앞뒤로 [ ]로 된 것은 어떤 의미일까요?

K-pop Idol Instagram Ranking
(source : dbkpop.com)

p. Top Ranker

50

Rank	Name	Instagram	Group	Gender	Followers
01	Lisa	lalalalisa_m	Blackpink	Girl	44,602,040
02	Jennie	jennierubyjane	Blackpink	Girl	37,582,768
03	Rosé	roses_are_rosie	Blackpink	Girl	34,089,250
04	Jisoo	sooyaaa__	Blackpink	Girl	34,051,989
05	Chanyeol	real__pcy	EXO	Boy	22,661,847
06	Sehun	oohsehun	EXO	Boy	21,213,035
07	Jackson	jacksonwang852g7	GOT7	Boy	20,884,309
08	Baekhyun	baekhyunee_exo	EXO	Boy	19,685,050
09	G-Dragon	xxxibgdrgn	Big Bang	Boy	19,073,369
10	IU	dlwlrma	Solo	Girl	17,525,135
11	Taeyeon	taeyeon_ss	Girls' Generation	Girl	15,375,756
12	Hyuna	hyunah_aa	[4minute]	Girl	14,486,666
13	Suzy	skuukzky	[miss A]	Girl	13,442,416
14	Lay	layzhang	EXO	Boy	12,552,503
15	BamBam	bambam1a	GOT7	Boy	12,250,156
16	Yoona	yoona__lim	Girls' Generation	Girl	11,823,818
17	T.O.P	choi_seung_hyun_tttop	Big Bang	Boy	11,204,149
18	Taeyang	__youngbae__	Big Bang	Boy	11,129,605
19	Tao	hztttao	[EXO]	Boy	10,693,044
20	Kai	zkdlin	EXO	Boy	9,705,375

그림 9-10 팔로워 기준 상위 아이돌 리스트

(8) Tableau Public 활용 6일 차

데이터 원본 - 스타벅스 서울 매장.hyper

참고 페이지 - https://tabsoft.co/3pg8dB6

스타벅스 매장 파일로 임의대로 화면 작성을 해 봅니다. 참고 페이지는 그냥 참고만 합니다. 참고 페이지의 대시보드에서 개선해야 할 것이 있을까요? 있다면 자신만의 화면을 구성해 봅니다.

또한 앞에서 실습한 내용을 바탕으로 서울 시내 한강을 기준으로 강남과 강북 지역으로 만들어 그림 9-11처럼 맵 마크로 설정하고 구별 매장 수는 원 마크를 만든 후 표시 / 숨기기 기능을 활용해 그림 9-12와 같이 제작해 봅니다.

HINT Address 필드를 사용자 지정 분할로 [시도]와 [시군구]로 분할해 제작해 봅니다.

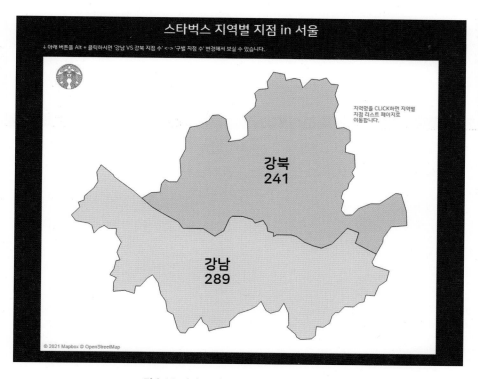

그림 9-11 강남 vs 강북 스타벅스 매장 수 - 맵 마크

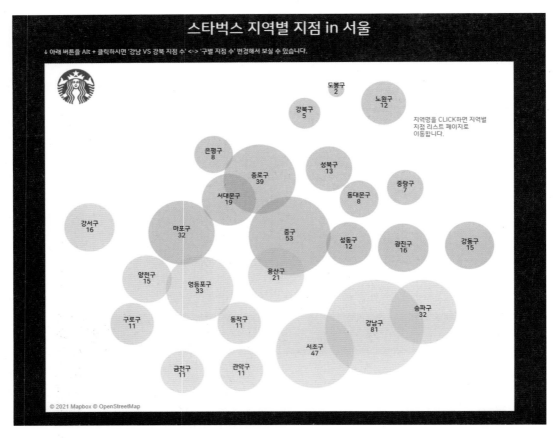

그림 9-12 구별 스타벅스 매장 수 - 원 마크

또는 그림 9-13처럼 밀도 마크를 활용해 어느 지역에 매장이 많이 몰려 있는지 확인할 수도 있습니다. 마지막으로 앞에서 만든 대시보드의 임의 지역을 선택하면 해당 지역 기준으로 화면을 필터 처리할 수도 있습니다.

그림 9-13 테이블과 밀도 마크로 화면 구성

'집합 값 변경'이란?

https://help.tableau.com/current/pro/desktop/ko-kr/actions_sets.htm

'매개 변수 변경'이란?

https://help.tableau.com/current/pro/desktop/ko-kr/actions_parameters.htm

03 | Tableau 자격증으로 전문가 되기

(1) Tableau Badges

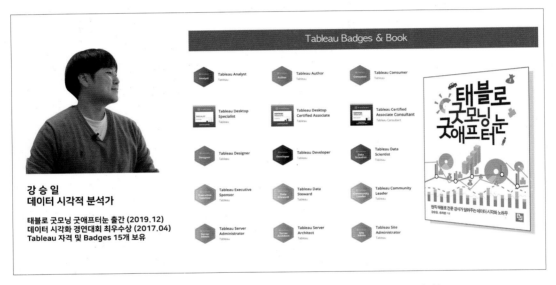

그림 9-14 Tableau 배지와 자격증을 취득하면 온라인으로 Tableau 배지 수령 가능

1 Tableau Badges란?

https://www.tableau.com/ko-kr/learn/learning-paths

Tableau 자격증에 아직 도전하기 어렵다면 배지를 획득해 봅니다. Tableau Badges는 자신의 조직 내 역할에 따라 각각의 학습 경로가 있으며, Tableau에서 제공하는 맞춤형 학습 경로에 따라 간단한 인증을 통해서 배지를 얻을 수 있습니다. 크게 세 분야(비주얼라이제이션 개발, 조직 내 데이터 문화 활성화, 배포 및 관리)에 총 12개 배지가 있으며, 각각의 학습을 거쳐서 배지 획득에 도전해 봅니다.

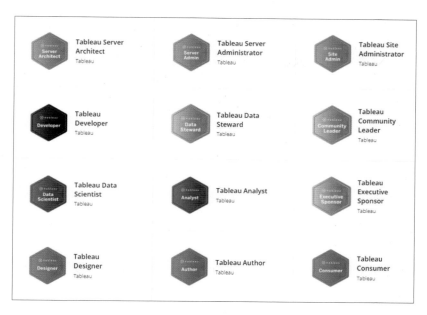

그림 9-15 총 12개의 Tableau Badges

이를 획득한 후 LinkedIn 및 개인 소셜 미디어 채널에 업로드해 봅니다.

(2) Desktop Specialist

Tableau 자격증 중에 Specialist 자격증에 대해서 소개합니다.

그림 9-16 Tableau Desktop Specialist 자격증

필자는 2018년 10월 말에 자격증이 나오자마자 응시해 합격했습니다.

Tableau Desktop Specialist란?

https://www.tableau.com/ko-kr/learn/certification/desktop-specialist

위 페이지에 들어가면 그림 9-17과 같은 설명이 있습니다.

그림 9-17 Tableau Desktop Specialist 개요, 출처 - Tableau 홈페이지

비용은 $100입니다. 다른 Tableau 자격증과는 달리 자격 유효 기간이 Permanent(영구적)인 것도 장점입니다.

현재 Tableau 신규 버전은 2020.4 버전이나 시험은 2020.1 버전으로 진행되며, 여러분이 자격증 시험을 준비하는 시점에서는 버전이 달라질 수 있으니 새 기능들도 유심히 살펴보도록 합니다.

(3) Specialist 자격시험 구성

제한 시간: 60분

질문 형식: 객관식(답이 하나), 복수 답변(답을 2개 이상 고르기), 실습(직접 Tableau Desktop에서 데이터를 연결해 푸는 문제)

문항 수: 30

채점 방식: 자동 채점 방식으로 문제 유형 타입별로 배점이 다르며, 실습 문제에 가중치가 부여됩니다.

합격 점수: 70%

많은 분이 필자에게 Tableau Tableau 자격증과 관련해서 준 질문 중에서 Top 5를 정리해 공유합니다.

Q 시험이 어렵나요?

A 시험은 어렵지 않습니다.

(이게 무슨 소리야? 하는 분도 있겠지만 사실입니다.) 시험은 어렵지 않으나 한글이 아닌 외국어(우리나라 사람들은 대부분 영어로 시험 응시)로 치르는데, 외국어(영어)의 문제보다는 Tableau 전용 영어 용어가 익숙하지 않아서 발생합니다.

예를 들어, Q) Select the most likely use cases for a Story. (Select all that apply.)와 같은 문제가 있다고 해 봅니다.

여기서 Story는 뭘까요? Tableau에서 스토리는 정보를 전달하기 위해 함께 사용되는 일련의 비주얼라이제이션입니다. (In Tableau, a story is a sequence of visualizations that work together to convey information.)

또한 스토리 포인트가 무엇인지 물어보는 경우에도 단순히 이야기 흐름(주제)이 아니라 스토리가 순차적으로 정렬된 시트의 모음인 경우에 각 개별 시트를 스토리 포인트라고 합니다. (At the same time, a story is also a collection of sheets, arranged in a sequence. Each individual sheet in a story is called a story point.)

Q 시험은 어디서 신청하고 얼마나 자주 시험이 있나요?

A 시험은 https://tableau.lcsexams.com/ 페이지에서 신청 가능하며, 신청 시에 개인 정보 입력 및 결제 정보까지 완료해야 시험 시간을 선택할 수 있습니다.

시험 시간은 30분 단위로 있으며, 원하는 시간이 비활성화되어 있다면 해당 시간에 다른 사람이 신청한 상태이므로 다른 시간대를 선택합니다.

Q 시험은 오프라인에서 치는 건가요?

A 시험은 온라인에서 치릅니다.

시험 시간 즈음에 위 페이지 링크에 로그인한 후 들어가서 Start Exam을 선택하면 시험 페이지로 이동되고, Proctor(감독관)의 안내에 따라 60분 동안 시험을 치릅니다.

가상 머신(Virtual Machine)에서 바탕 화면에 있는 Tableau Desktop(현재는 2020.1 버전)과 데이터 원본 폴더 그리고 FireFox(검색 활용)를 활용해 시험을 치릅니다. 개인적으로 Specialist 자격 취득한 후에 Tableau Software 공식 Instagram에 소개되었습니다.

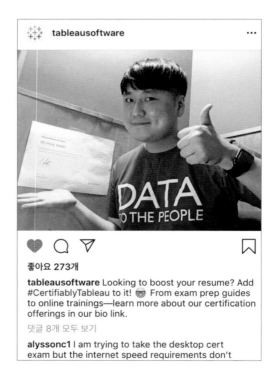

그림 9-18 Tableau Desktop Specialist 자격증 취득 후 Tableau 소셜 미디어 채널에 소개

Q 시험 치는 동안 검색할 수 있나요?

A 오픈북 성격이라고 보면 됩니다.

시험 문제에서 어렵거나 이해가 안 되는 경우에는 아래 두 가지 케이스로 접근합니다.

① Googling(구글에서 검색합니다)

예를 들어, 문제에서 Q) Which statement about dimension is true? (select all that apply)라는 문제인 경우, 'dimension'에 대해서 잘 모르면 구글에서 다음과 같이 검색합니다.

검색 결과에서 주소가 help.tableau.com으로 시작하는 링크가 Tableau의 도움말 페이지이므로 최대한 해당 url로 시작하는 곳을 방문하길 바랍니다.

그림 9-19 Tableau Desktop Specialist 개요, 출처 - Tableau 홈페이지

② Using Google Translate(or / & Papago) (구글 번역 또는(그리고) 네이버 파파고 활용)

아무래도 한국어 시험이 아니므로 대부분 영어로 시험을 칠 텐데, 영어 문제를 drag해서 구글 번역 또는 파파고에 붙여서 빠르게 해석합니다. 미국에서 개발된 소프트웨어이다 보니 한국어 검색 결과보다는 영어로 된 검색 결과 위주로 봐야 하며, 구글에 검색 결과가 많다 보니 구글 번역 결과가 가장 좋습니다.

다만 최근에는 네이버 파파고로도 (Tableau) 영어 번역 결과가 좋아 시험 준비 중에 적절히 두 가지를 모두 테스트해 보고 시험 때는 60분 동안 30문제를 풀어야 합니다. 그러므로 최대한 아는 문제는 바로 답을 체크하고, 모르는 문제 위주로 검색 및 번역을 활용해 봅니다.

시험 문제는 어떤 유형으로 나오나요?

이 질문의 상당 부분은 객관식인가요 아니면 주관식도 있나요? 이런 류의 질문이 많았습니다.

① 문제는 모두 객관식이며, 보기는 대체로 4개 중에 고르는 문제가 가장 많습니다.

그런데 여기에서 주의해야 할 사항은 4개 중에 정답이 1, 2, 3개인 경우가 있습니다. 문제로 나오는 문장 맨 끝에 (Select all that apply)라고 되어 있으면 대체로 정답은 2개 또는 3개입니다. 괄호 부분이 없다면 정답은 하나입니다. 간혹 True or False로 묻는 경우가 있는데 True나 False 둘 중 하나를 선택합니다.

② 이론과 hands-on 문제의 비중은 6:4 정도로 이론 문제가 많습니다.

Tableau의 기능이나 어떤 위치에서 어떤 기능을 활용할 수 있는지와 같은 이론 문제가 60%가량 되며, Tableau Desktop을 오픈해서 데이터를 연결한 후 풀어서 답을 구하는 문제가 40%가량 됩니다.

③ 문제 지문 중에 대문자로 나오는 경우에 유의해서 보길 바랍니다.

문제 처음에 나오는 대문자를 제외한 나머지 대문자는 데이터의 원본 이름이거나 데이터 연결 방식 또는 특정 필드(차원 또는 측정값)이거나 필드 내 특정 항목 등이 이에 해당합니다. 이 외에도 추가로 할 수 있는 Tips은 다음과 같습니다.

TIPS

시험은 웬만하면 집보다는 조용한 공간을 찾길 추천합니다. 필자는 주말에 회사에서 시험을 쳤는데 조용하고 집중이 잘되었습니다. 시험 칠 때 책상 위에는 노트북과 마우스 그리고 여권(국제적으로 자신을 증명할 수 있는 문서)만 두어야 합니다.

종이, 펜, 물 등이 있는 경우에 책상에서 치울 것을 Proctor가 얘기합니다. (왜냐하면 감독관이 카메라가 달린 노트북의 카메라로 현재 있는 위치의 상하좌우를 모두 비추라고 합니다.)

시험 칠 때 우선 아는 답 위주로 체크하고 모르는 경우에는 내비게이션에서 다른 문제 번호를 눌러서 스킵한 후 다시 돌아와 해당 문제를 다시 풀 것을 추천합니다.

처음에는 이해가 안 되던 것들도 다시 보면 생각나는 경우가 종종 있습니다.

제출 후에 잠시 뒤에 Congratulation!으로 나오면 합격입니다.

그런데 최근에 필자가 쳤던 Tableau Certified Associate Consultant 시험에서는 Congratulation으로 표시되지 않았지만 이후에 받은 메일에서 합격 여부를 확인할 수 있었습니다. 이 부분은 최근에 변경되었을 수도 있으니 혹시 Congratulation이 나오지 않더라도 추후에 시험 결과 메일로 확인해 봅니다.

시험 결과에는 전반적인 점수 외에도 4개의 큰 카테고리별 점수 %가 표시되어 있습니다. (시험 종류에 따라서는 각 카테고리 점수는 없이 Pass, Fail로만 나오기도 합니다.)

다른 일반 시험과 달리 4개 중에 특정 % 이하인 경우에 과락과 같은 것은 없고 전체 점수 중 70% 만 넘으면 합격입니다.

시험 합격 후에 Tableau 자격증 디렉터리에 자신의 이력을 노출해 봅니다.

CountryCode를 'KR'로 설정하면 한국에서 자격증을 취득한 사람들 리스트를 볼 수 있습니다. https://www.tableau.com/support/certification/directory

Candidate ID	Full Name	Country Code	Title	Earned Date	Inactive Date	F... S.
			Tableau Desktop Certified Associate	20-Apr-19	20-Apr-21	A.
993127	**Seungil Kang**	KR		6-Feb-21	6-Feb-23	A.
			Tableau Desktop Specialist	26-Oct-18	None	A.
1043188	**Seungil Kang**	KR	Tableau Certified Associate Consultant	28-Aug-20	28-Aug-22	A.

그림 9-20 Tableau 자격 취득자 디렉터리

다만 해당 리스트의 노출 여부는 자신이 시험 신청한 곳에서 Title Dashboard에서 Directory 부분을 체크하면, working day 기준 2 ~ 3일 후에 자격증 디렉터리에 표시됩니다.

https://tableau.lcsexams.com/TitleDashboard.aspx

그림 9-21 View Badge 버튼을 클릭하면, 배지 취득 페이지로 이동

View Badge를 누르면, 그림 9-22와 같이 Tableau Badge에 대한 인증 페이지로 이동됩니다.

그림 9-22 자신이 취득한 배지 또는 자격증에 대한 설명이 나옴

관련해서 샘플 문제를 몇 개 만들어 봤습니다. 동일한 문제는 아니므로 참고만 합니다.

Sample Q-1) Which of the following describes 'Blue fields' in Tableau Desktop? (select all that apply.)

a. Can aggregate numbers

b. Can draws axes

c. Can be treated as finite

d. Can create a header

TIPS

핵심 키워드는 다음과 같습니다.

① 파란색 필드 = 불연속형

개별적으로 구분, 유한한 범위, 뷰에 추가하면 머리글 추가

Blue = Discrete

Separate and Distinct, Finite

Discrete fields draw headers.

② 초록색 필드 = 연속형

단절이 없고 끊어지지 않는 무한대 범위, 뷰에 추가하면 축을 추가

Green = Continuous

Unbroken, Without Interruption, Infinite

Continuous fields draw axes

Sample Q-2) Using COVID-19 cases.hyper, which exact day was the most tested for COVID-19 in S.Korea?

a. November

b. 2020-11-01

c. August

d. 2020-08-26

이 문제에서 핵심 키워드는 '정확한 날짜'입니다. 따라서 [Date] 필드를 열 선반에 올릴 때 불연속형이 아니라 연속형으로 표시하고, [Test] 필드를 행 선반에 올려서 가장 큰 값을 레이블 또는 도구 설명 등으로 체크해서 정답을 구합니다.

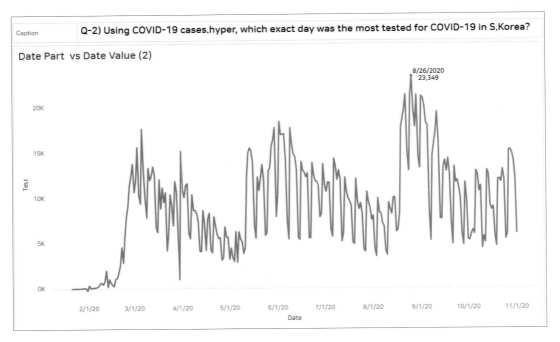

그림 9-23 정답을 빠르게 찾는 훈련 해 보기

(4) Desktop CA

https://www.tableau.com/ko-kr/learn/certification/desktop-certified-associate

비용: $250

필수 전제 조건: 없음

제품 경험 권장 기간: 5개월 이상

제품 버전: 시험마다 다르니 시험 응시 전에 반드시 체크 필요(대략 최신 버전에서 1 ~ 3 버전 이전 버전으로 시험 진행. 예를 들어, 2020.4 버전이 최신 버전이라면 시험 버전은 2020.1 ~ 2020.3 사이 버전으로 실시)

자격 유효 기간: 2년

필자는 2017년 현재는 이름이 변경된 Qualified Associate 시험에 합격했고 유효 기간이 2년이 지나 2019년에 시험을 다시 봐서 합격했습니다. 자격 유효 기간이 2년이라 책 출간 시점인 2021년 2월에 다시 응시해서 재인증을 받았습니다.

그림 9-24 2017년 4월 합격 인증서

그림 9-25 2019년 4월 합격 인증서

그림 9-26 2021년 2월 합격 인증서

필자는 가슴 아픈 과거가 있습니다: 2017년 3월에 처음 CA(당시엔 QA) 시험에 불합격했습니다. 당시에는 다른 회사에서 Tableau를 전문적으로 활용하는 업무가 아니었지만 개인적으로 9개월 정도 열심히 활용한 상태라 시험에 합격할 수 있으리라 생각하고 응시했는데 보기 좋게(?) 불합격했습니다. 당시에는 100점 만점에 75%인 75점이 합격 커트라인이었으나 필자가 획득한 점수는 70점이었습니다.

지금과는 배점이 다르지만 총 7개 카테고리에서 다른 카테고리 점수는 괜찮았으나 Data Connections 부분에서 22점 만점 중에 4점만을 기록해 불합격에 크게 기여(?)했습니다.

개인적으로 활용할 때는 데이터 원본을 그대로 활용하다 보니 Tableau에서 다루는 데이터 연결 과정인 조인, 유니온, 블렌딩 등에 대한 고민이나 활용이 없어 점수를 얻지 못한 것 같습니다.

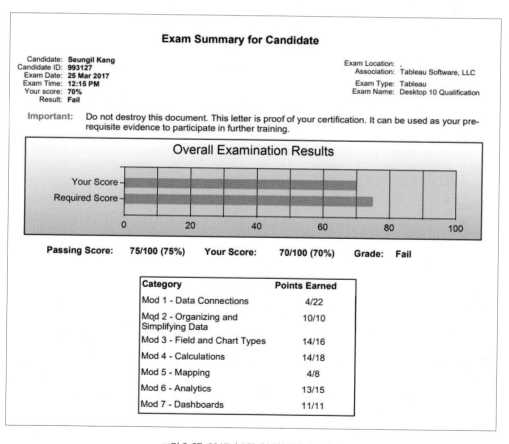

그림 9-27 2017년 3월에 불합격한 QA 시험

불합격 후에는 한동안 충격에서 헤어나올 수 없어서 Tableau를 활용하고 싶지 않았는데, 다시 마음을 잡고 시험을 등록해 지난번 시험에서 부족했던 Data Connections에 관한 공부를 중점적으로 해서 시험에 합격했습니다.

Exam Summary for Candidate

Candidate: Seungil Kang
Candidate ID: 993127
Exam Date: 30 Apr 2017
Exam Time: 09:00 PM
Your score: 88%
Result: Pass

Exam Location:
Association: Tableau Software
Exam Type: Tableau
Exam Name: Desktop 10 Qualification

Important: Do not destroy this document. This letter is proof of your certification. It can be used as your pre-requisite evidence to participate in further training.

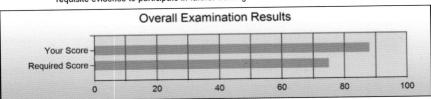

Passing Score: 75/100 (75%) Your Score: 88/100 (88%) Grade: Pass

Category	Points Earned
Mod 1 - Data Connections	18/22
Mod 2 - Organizing and Simplifying Data	10/10
Mod 3 - Field and Chart Types	8/16
Mod 4 - Calculations	18/18
Mod 5 - Mapping	8/8
Mod 6 - Analytics	15/15
Mod 7 - Dashboards	11/11

그림 9-28 2017년 4월에 합격한 QA 시험

Exam Summary for Candidate

Candidate: **Seungil Kang**
Candidate ID: **993127**
Exam Date: **07 Feb 2021**
Exam Time: **01:00 PM**
Your score: **97%**
Result: **Pass**

Exam Location: **.**
Association: Tableau Software, LLC
Exam Type: Tableau
Exam Name: Desktop Certified Associate

Important: Do not destroy this document. This letter is proof of your certification. It can be used as your pre-requisite evidence to participate in further training.

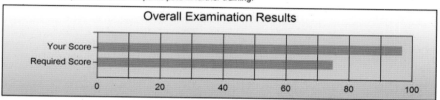

Passing Score: 92/123 (75%) Your Score: 119/123 (97%) Grade: Pass

Category	Percent Correct
Mod 1 - Data Connections	100
Mod 2 - Organizing and Simplifying Data	100
Mod 3 - Field and Chart Types	100
Mod 4 - Calculations	100
Mod 5 - Mapping	50
Mod 6 - Analytics	100
Mod 7 - Dashboards	87

그림 9-29 2021년 2월에 합격한 QA 시험

여느 자격시험들처럼 Tableau 자격시험은 자신의 활용 능력에 대한 자기만족 및 대외에 자신의 능력을 인증받을 수 있는 기회입니다. 시험에 응시해서 한 번에 합격하면 제일 좋겠지만 만약에 불합격이 나오더라도 부족한 부분을 공부해서 합격의 기쁨을 누려 보길 추천합니다.

(5) CA 자격시험 구성

1) 제한 시간: 2시간

2) 질문 형식: 객관식(답을 하나만 선택), 복수 답변(2개 이상 선택), 참 / 거짓(True or False 중 선택), Hands-on(실습)으로 직접 Tableau Desktop에서 데이터를 연결해서 구해야 하는 문제

3) 문항 수: 36

4) 채점 방식: 자동 채점 방식으로 문제 타입에 따라 배점이 다르며, 실습 문제에 가중치가 부여됩니다.

5) 합격 점수: 75%(75점이 아니라 전체 점수에서 75%가 넘어야 합격임)

관련해서 샘플 문제를 통해서 본 시험의 수준을 체크해 봅니다. 동일한 문제는 아니지만 시험 수준을 체크해 봅니다.

Sample Q-1) Using Sample Superstore.xlsx, split Order ID, and filtered by State to only select Texas (TX). Which year is the most Profit of Corporate Segment in Texas?

a. 2011

b. 2012

c. 2013

d. 2014

이 문제에서 핵심은 우선 사용자 지정 분할을 적용하는 것입니다. [Order ID] 필드를 행 선반에 올려놓으면 ' - ' 구분자를 기준으로 값이 있는데 그중에서 두 번째에 있는 값이 연도가 됩니다. 그림 6-30과 같이 사용자 분할을 만드는데 'Use the separator'는 ' - '를 입력하고, Split off는 'All'을 선택합니다.

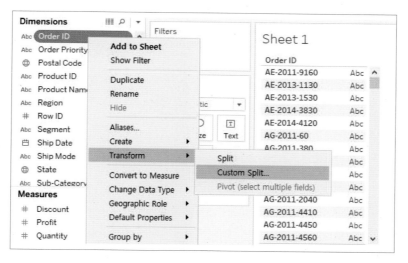

그림 9-30 필드를 우클릭 〉 변환(Transform) 〉 사용자 지정 분할(Custom Split) 활용

그리고 그중에서 [Order ID – Split 2] 필드명을 [Year]로 변경해도 되지만 시간 관계상 수정 없이 바로 이 필드를 활용합니다.

그다음에는 문제에 따라 필터를 설정하고 측정값에 있는 Profit(수익)을 활용해서 화면을 구성합니다. 여기에서는 Texas 주의 수익이 매년 마이너스를 기록해서 막대가 가장 짧은 연도가 수익이 가장 높은 연도입니다.

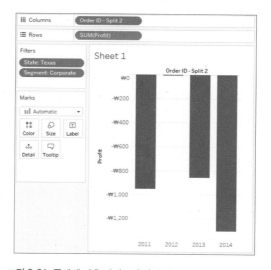

그림 9-31 문제에 나온 가이드에 따라 화면을 구성해 답 구하기

Sample Q-2) Using COVID-19 Worldwide cases.hyper, create COVID-19 virus map. what is the total cases number in the easternmost country of Oceania?

이 문제에서 핵심은 맵으로 표현할 수 있느냐입니다. Oceania 대륙에서 가장 동쪽 끝에 있는 국가를 판단할 수 있다면 어렵지 않은 문제입니다. 정답은 그림 9-32에서 쉽게 확인할 수 있습니다.

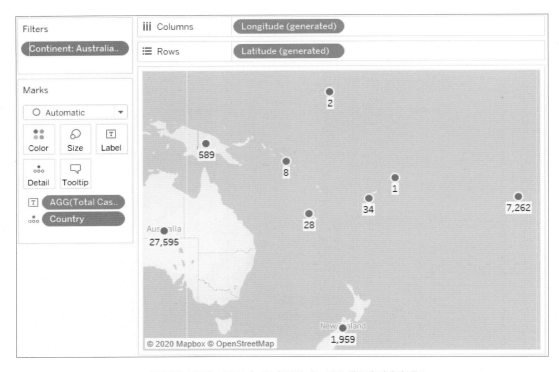

그림 9-32 특정한 위치의 숫자를 확인할 때는 맵을 활용해 정답에 접근

(6) Tableau Certified Associate Consultant

그림 9-33 Tableau Certified Associate 자격 배지

https://www.youracclaim.com/badges/b73b36e9-8979-4557-807e-1163c09284ed

이 자격증은 관련 업무를 하는 사람들만 취득하는 자격증입니다. CA 자격증보다는 좀 더 난이도가 있는 자격시험으로 보기가 7 ~ 8개인데 모두 답을 고르라는 문제도 있어서 필자도 당황한 시험이었습니다.

그러나 Tableau의 다양한 제품군 및 데이터 시각적 분석에 대해 좀 더 체계적으로 공부할 수 있는 계기였습니다.

그 외에 필자가 준비하는 시험으로는 Desktop Certified Professional과 Server CA 준비로 추후에 기회가 된다면 관련 내용은 필자의 블로그에 후기를 남기겠습니다.

마치며

팬데믹으로 인해 예상보다 일찍 비대면 활동이 우선되는 세상으로 접어들었습니다. 이 책을 처음 준비하는 과정에서는 조만간 코로나19가 종식되리라 생각하고 작성한 많은 내용이 기간이 지나면서 상황이 때로는 호전되고 때로는 악화하면서 책의 콘텐츠도 그에 맞게 업데이트할 필요가 있어 출간 시점까지 다소 많은 시간이 걸렸습니다. 그 과정에서 데이터 시각화하는 데 다양한 시도를 하고 주변으로부터 많은 피드백을 받을 수 있었습니다.

이 책을 보는 직장인들은 회사에서는 정형화된 보고 방식도 있고 기존에 다른 사람이 만든 템플릿에서 쉽게 변경할 수 없다면 좀 더 가벼운 주제로 다양한 시도를 하고 다른 사람들과 공유도 하고 피드백도 받아 보길 바랍니다. 갑작스럽게 시각적 표현 방식을 변경하면 때로는 다른 사람들에게 거부감을 줄 수 있습니다. 따라서 급격한 변화보다는 주변을 설득할 수 있게 다양한 케이스로 주변 동료, 팀장, 상위 직책자 순으로 피드백을 받으면서 업데이트하는 것을 추천합니다.

이 책을 보는 대학(원)생 그리고 취준생 여러분은 최근에 다양한 시각적 분석에 대한 공모전 등이 있습니다. 따라서 여러분은 가급적 다양한 케이스의 데이터로 연습하길 추천합니다. 대부분 공모전에서는 주최하는 곳에서 분야별 데이터 원본을 제공하니 해당 데이터와 비슷한 샘플 데이터 및 공공 데이터들 또는 필요하다면 데이터를 크롤링하거나 자체적으로 만들어서 준비하길 바랍니다. 개인 참가 외에도 팀을 조직해 참여하는 것도 추천합니다. 데이터를 시각적으로 표현하는 방식은 정답이 없기 때문입니다. 같은 데이터를 보더라도 개인들의 경험과 선호하는 방식에 따라 아주 다양한 접근 방식이 존재합니다. 따라서 팀을 조직해 서로의 표현 방식을 토론을 거쳐서 상호 피드백 및 업데이트하는 방식을 추천합니다. 공모전 외에도 취업 및 커리어 발전을 위한 준비 과정에서 해당 분야의 현업 담당자들과 관계도 맺길 바랍니다. 요즘은 조금만 검색해 보면 현업 담당자들이 운영하는 YouTube나 Instagram 등의 개인 채널에서 얻을 수 있는 취업 관련 소스뿐만 아니라 온라인 클래스 등을 통해서 배울 수 있는 것이 아주 많습니다. 또한 필자와 같이 LinkedIn을 통해서 자신의 콘텐츠를 내보내거나 많은 업계 인사이트를 얻을 수 있는 방법도 있으니 비대면 세상 속에서도 온라인을 통해 다양한 기회를 포착하길 바랍니다.

찾아보기

데이터 시각적 분석 태블로로 끝내기

현직 태블로 전문 강사가 알려주는 고급 데이터 분석 기술

초판 1쇄 발행 | 2021년 3월 26일

지은이 | 강승일
펴낸이 | 김범준
기획/책임편집 | 이동원
교정교열 | 이혜원
편집디자인 | 정해욱
표지디자인 | Aa페이퍼

발행처 | 비제이퍼블릭
출판신고 | 2009년 05월 01일 제300-2009-38호
주소 | 서울시 중구 청계천로 100 시그니쳐타워 서관 10층 1011호
주문/문의 | 02-739-0739   **팩스** | 02-6442-0739
홈페이지 | http://bjpublic.co.kr   **이메일** | bjpublic@bjpublic.co.kr

가격 | 30,000원
ISBN | 979-11-6592-056-2
한국어판 © 2021 비제이퍼블릭

예제 파일 다운로드 | https://github.com/bjpublic/tableau2